276/93

24.

Halldór Laxness

Zeit zu schreiben

Biographische Aufzeichnungen

Mit einem Nachwort von
Rolf Hädrich

Nymphenburger Verlagshandlung

Aus dem Isländischen von Jón Laxdal
Die Originalausgabe erschien 1963 unter dem Titel
»Skáldatimi«

Inhaltsverzeichnis

Klosterausweis

Orden, gegründet von unserem Heiligen Vater, Papst Pius dem Zehnten, am 8. März 1910 in dem Kloster Saint Maurice de Clervaux, zum Zwecke der Fürbitte für die Rückkehr der skandinavischen Völker Dänemarks, Schwedens und Norwegens zum katholischen Glauben.
Monsieur Kiljan Guðjónsson Laxness wird als Ordensbruder bestätigt, den 21. März 1923.
I. V. des Vorstehers Dom Alardo, Abt (signiert mit einem Stempel) Fr. H. Claus o. s. b.

Der neue, knapp 21 Jahre alte Ordensbruder war im obengenannten französischen Kloster im Großherzogtum Luxemburg zum katholischen Glauben übergetreten. Die Taufe war »sub conditions« vorgenommen worden, also unter dem Vorbehalt, daß die frühere lutherische Taufe unzulänglich gewesen sei und daher bei Gott nicht ihr Ziel erreicht haben könnte.
Es war kurios gewesen, wie die Bischöfe bei der Taufzeremonie vor dem Hochaltar lateinische Beschwörungsformeln gemurmelt hatten: daß Teufel und Satanas ausgetrieben würden, die diesen Mann, der einst in eine unter dem Bannfluch stehende Ketzerei hineingetauft worden sei, verfolgten; daß die Gottesgnade groß sei, erlöst zu werden von jenem sächsischen Klotz (Luther), der in den skandinavischen Ländern auf Kosten anderer unter die Heiligen der Christenheit gereiht worden sei und der diese Länder auf alle Ewigkeit zu einer Art abgelegener sächsischer Provinz gemacht habe – ja, wie gut es sei, von alledem erlöst zu werden. Jetzt gelte es, die Ärmel hochzukrempeln und sich eine Aufgabe zu suchen.

Bedauerlicherweise war Island in jene Beschwörungsformeln nicht einbezogen; die Erinnerung an dieses Land war damals, als der Orden gegründet wurde, im Vatikan längst versunken und begraben. Finnland hatte man übrigens ebenfalls vergessen. Größere Komplikationen wurden durch eine Verordnung des Bischofs von Luxemburg vom 29. Juni 1921 vermieden, die beide Länder in die Gebete einbezog, so daß auch meine Seele gerettet war. Hauptauflage in diesem Orden war, einmal am Tag die Marienpsalmen zu lesen in der Hoffnung auf Rückkehr der skandinavischen Länder zum rechten Glauben und ferner um Linderung der Fegefeuerqualen der abgeschiedenen skandinavischen Seelen zu beten ...

Nach Luxemburg war ich in der Weihnachtsfastenzeit 1922 von Leipzig her gekommen. Den größten Teil des vergangenen Sommers über hatte ich mich auf Bornholm bei Schou aufgehalten, einem Bildhauer, der ein alter Freund meiner Familie war, und auf Fjön bei Thorkil Skat Rördam, einem Pfarrer, der irgendwelche fortschrittlichen Neuerungen in den lutherischen Glauben eingeführt hatte, die kennenzulernen es mich freilich nicht gelüstete; meine theologischen Überlegungen zielten eher in die entgegengesetzte Richtung. Anschließend hielt ich mich einige Wochen bei Freunden in Deutschland auf, u. a. in Leipzig bei Johann Jónsson, dem Dichter, der das schmalste, aber kostbarste lyrische Werk unter allen isländischen Dichtern meiner Generation verfaßt hat, einem meiner teuersten Kameraden.

Auf Bornholm hatte ich holländische katholische Geistliche kennengelernt, die mich durch ihr wohlgefälliges Benehmen und durch die Bücher, die sie mir liehen, für sich einnahmen. Um diese Zeit faszinierte mich die Autobiographie von Johannes Jørgensen, betitelt »Die Legende meines Lebens«; sie ist von intensiver Glaubensleidenschaft erfüllt. Im Laufe des Herbstes schrieb ich Jørgensen einen Brief nach Assisi und erklärte ihm, daß sein Buch in mir den Appetit geweckt habe, das geistige Leben in der Umgebung des Papstes kennenzulernen; ob der Aufenthalt in einem italienischen Kloster dazu geeignet sei. Johannes Jørgensen antwortete mir voller Liebenswürdigkeit, die Klöster in Italien seien arm, kalt und mittelalterlich; vor kurzem sei jedoch von dem reichen französischen Abt Coëtlosquet und seinen Verwandten ein modernes Kloster mit Zentralheizung und anderem Komfort gebaut worden; es sei von französischen und belgischen Mönchen bewohnt, befände sich in Luxemburg und gehöre dem Benediktinerorden an. Dort herrsche eine äußerst kultivierte Atmosphäre. Er schrieb auch, daß in diesem Kloster für die Rückkehr Skandinaviens zum rechten Glauben auf immerdar gebetet würde. Jørgensen besaß unter Katholiken einen respektablen Ruf, obwohl seine Heiligenbiographien über Franz, Birgitta usw. in ihrer Art ebenso langweilig waren wie die »Legende meines Lebens« fesselnd. Als er meinen Brief erhielt, hatte er nicht lange gezögert, sondern gleich seinen Freunden in Saint Maurice, den Benediktinermönchen, mitgeteilt, er werde ihnen bald einen jungen Dichter aus Skandinavien schicken, den man aufnehmen und im Glauben stärken möge.

Vom katholischen Glauben, wie er sich in der Lebensart der Benediktinermönche offenbarte, war ich schnell in Bann gezogen. Besonders faszinierte mich die katholische Liturgie mit ihren Zeremonien, und ich wurde das knappe Jahr lang, das ich in dem Kloster zubrachte, nicht müde darin, mich in diese sakralen Formen zu vertiefen. Obwohl ich mich dort nur als Gast aufhielt, ohne den spezifischen Pflichten des Mönchslebens nachkommen zu müssen, strebte ich danach, regelmäßig am *Opus Dei* teilzunehmen, das nie kürzer als sechs Stunden pro Tag währte und an Feiertagen, deren es in der katholischen Kirche viele gibt, sogar bis zu zwölf Stunden dauerte. Nicht zuletzt war ich vom gregorianischen Gesang fasziniert, den die französische Kongregation der Benediktiner im Kloster von Solesmes im letzten Jahrhundert zu neuer Blüte gebracht hatte. Als ich einmal einem homosexuellen Freund von den Zaubern dieses Mönchsgesangs auf einem Ton – dem *planus cantur* – vorschwärmte, in den ich mich ein ganzes Jahr lang von morgens bis abends vertieft hatte und hinzufügte, er sei am ehesten mit dem Klippfisch zu vergleichen, auf den man ebenfalls um so gieriger werde, je öfter und je mehr man von ihm esse, da sagte dieser gute Freund zu meiner großen Verwunderung: »Du mußt ein Homosexueller sein«, und offenbarte, daß er sich sexuell errege, wenn er Mönche unisono singen höre.

Im Spätsommer 1923 fuhr ich nach Paris und landete auf Veranlassung von Pater Jón Sveinsson, der sich Nonni nannte und – wenigstens bei den Katholiken – damals der berühmteste isländische Schriftsteller Europas war, im Gefolge von Jesuiten. Nonni half, drei Generationen von Europäern mit seinen Kindergeschichten aus dem Leben in Akureyri vor hundert Jahren zu prägen, die in jeder Schule außerhalb Skandinaviens gelesen wurden, oder genauer: südlich einer bestimmten Grenzlinie in Norddeutschland. Sogar Adenauer erklärte einmal, er selbst und alle seine Kinder hätten jeden Buchstaben von Nonni verschlungen.

Jón Sveinsson schickte mich nach Lourdes, ein Wunder zu erbitten. Ich sollte dort Kerzen kaufen und sie beim Lesen der Marienpsalmen vor dem Bildnis der Heiligen Jungfrau in der Grotte brennen lassen, damit eine reiche Frau in Paris geheilt würde, die an Krebs litt. Leider mißlang das Wunder. Die Idee war wahrscheinlich von Grund auf zu jesuitisch, auch war die Frau ihrem Ende bereits so nahe, daß es sicherlich eine Versündigung wider Gottes Willen gewesen sein dürfte, Kerzen für sie abzubrennen; sie starb. Trotz dieses Pfuschwerks bin ich dann nach London gefahren, um tiefer in die Gedankenwelt der Jesuiten einzudringen.

»Wie geht es l'âme liturgique? Und was hat l'âme liturgique heute Neues zu berichten?« fragte der Abt von Saint Maurice, Dom Alardo, jeden Tag im Aufenthaltsraum, wo das

›Klosterkapitel‹, der Vorstand der Mönchsgemeinde, mitsamt seinen Gästen Kaffee und Likör nach dem Mittagessen trank. Diese »âme liturgique« war ich. Während der ganzen Zeit, die ich im Kloster verbrachte, hatten die Mönche drei Gäste. Wir waren im Gästeflügel des Klosters untergebracht, dessen Zimmer gewöhnlichen Hotelzimmern ähnelten. Die zwei anderen waren ein blaß aussehender stiller Junge – Duarte, Prinz von Braganza, der Kronprätendent der Portugiesen (sein Geschlecht lebte im Exil) – und sein Erzieher, ein deutschsprachiger Priester. Die Umgangssprache war Französisch; ich lernte es dort, und es wurde mir von allen ausländischen Sprachen die vertrauteste, obwohl ich es infolge jahrzehntelangen Mangels an Praxis später nur mehr recht ungelenk sprach. Mönche und Prälaten aus den entferntesten Winkeln der Welt machten in unserem Kloster ›Urlaub‹; mit ihnen sprach man lateinisch. Damals wurde mir bewußt, daß einfaches Konversationslatein, wie es von den Priestern der katholischen Kirche verwendet wird, eine außerordentlich leichte und zugängliche Universalsprache wäre. Ich selbst übte mich nicht sehr im Lateinischen – hauptsächlich aus dem Grunde, weil die hohen Prälaten, die uns als Gäste aus Ost und West besuchten, wenig mit einem Jüngelchen aus einem Lande zu sprechen hatten, das nur auf der einen oder anderen Landkarte zu finden ist.

Mein verehrungswürdigster Freund im Kloster war ein alter deutscher Mönch aus dem Rheinland, der Pater Beda hieß und Doktor der Theologie war; ein alter Weiser mit einem mondförmigen, von einem grauen Bartkragen umrahmten Gesicht, wie Magnus von Melkot (dem Urbild des Großvaters Björn im Roman »Das Fischkonzert«), mit machtvollen breiten Schultern, aber einem außerordentlich krummen Rücken. Beda war Theologieprofessor im Kloster Monte Cassino und an einer römischen Universität gewesen, außerdem Beichtvater eines deutschsprachigen kaiserlich-königlichen Herrscherhauses, das Europa lange Zeit drangsaliert und ausgebeutet hatte; er war der letzte Vertraute Ex-Kaisers Karl von Österreich und dessen Sippe und schrieb wöchentlich der Kaiserwitwe Zita Trostbriefe nach der Insel Madeira. Von allen Klosterinsassen war er der schlichteste im Gehaben, sanftmütig und demütigen Herzens, immer fröhlich im Umgang, voll klassischer Bildung jenseits der theologischen; er verfügte über eine Menschenkenntnis, wie sie nur altbewährte Beichtväter besitzen, und war entsprechend tolerant.

Unvergeßlich bleiben die Stunden, die ich mit meinen Freunden im Kloster verbrachte, gelehrten und frommen Benediktinermönchen; das gleiche gilt für die Begegnungen mit Menschen aus anderen Ländern, Gästen, die dorthin auf ihrer Wahrheitssuche gelangt waren, mit größerer Begabung ausgestattet als ich, den Edelmut der Hausherren und deren große Güte, *la douceur Benedictine*, zu genießen. Manche Prachtmenschen aus den skandinavischen Ländern, vornehmlich jedoch Sonderlinge und psychisch Kranke, fanden den Weg dorthin durch Gottes Gnade, um das wahre Charisma päpstlicher Taufe auf ihr Haupt und *sal sapientiae*, das Salz der Weisheit in ihren Mund zu erlangen, wobei ich allerdings annehme, daß sie alles wieder ausgespuckt haben, *in nomine domini*. Es freut mich gleichwohl jedesmal, wenn ich höre, daß das Kloster unverändert existiert und daß immer neue Mönche dort singen. Gott muß sich wohl noch heute Tag und Nacht die unermüdlichen Litaneien anhören, die ihn bitten, Skandinavien aus den Klauen der Ketzerei zu erretten, was der Allwissende möglicherweise vermittels der EWG geschehen läßt, die ein katholisches Unternehmen ist – ähnlich wie in grauer Vorzeit die Isländer ohne Gezeter den christlichen Glauben annahmen, um mit anderen Nationen Handel treiben zu können. Wann zuvor war die römische Allweisheit schon zimperlich bei der Wahl ihrer Mittel, um das Gute durchzusetzen? Schließlich hat sie ja auch Johannes XXIII. zu höchsten Ehren erhoben, den

Papst, der keinen Unterschied zwischen Katholiken und Kommunisten machte, sondern beide als seine Kinder ansah und alle Menschen miteinander versöhnen – und gleicherweise erlösen – wollte.

Ich will nur die Namen dreier suchender Seelen nennen, die wie ich die Wahrheit inmitten der luxemburgischen Heide gefunden haben – allesamt Dänen. Zuerst kam der Dichter Holmbo, Jünger und Pilger, um sich in Saint Maurice mit mächtigem Zeremoniell taufen zu lassen; doch er hatte es eilig, denn das Leben ist kurz: Er verabschiedete sich bald und konnte nicht schnell genug nach Arabien gelangen, wo er sich in der heiligen Stadt Mekka, erfüllt von fanatischem Eifer, zusätzlich den mohammedanischen Glauben zulegte – kurz darauf wurde er in der Wüste umgebracht. Sodann Dr. Konrad Simonsen, sechsundvierzig, rotbraun im Gesicht, eine Brille in jeder Hand, als er ankam, ein Hansdampf in allen Gassen. In seiner Heimat war er dadurch berühmt geworden, daß er den weisen alten Georg Brandes auf dem Altar der Kritik geschlachtet hatte; mich, ein gerade zwanzig Jahre altes Greenhorn, machte er zu seinem Lehrmeister und wurde danach mein ›Patensohn‹. Simonsen war einer der lustigsten Menschen, die ich je kennengelernt habe. Er verhehlte nicht, daß er homosexuell war. Anläßlich des Tages seiner Taufe verschenkte er eine Unmenge Schokolade an die Novizen. Der Bruder Koch beschlagnahmte sie jedoch und verwandelte sie in Suppe.

Der Wahrheitsdurst Konrad Simonsens wurde durch den Papstglauben nicht gestillt. Er setzte die Suche fort und ging nach Afrika, wo er die Saharamission kennenlernte, deren Anhänger er nun wurde. Ihre Gemeinde bestand hauptsächlich aus männlichen Katzen, die in Käfigen gehalten wurden. Später kehrte er nach Kopenhagen zurück und konvertierte zum »wahren Glauben«, den eine erleuchtete Schauspielerin, Anna Larsen-Björner, dort in einem Zelt außerhalb der Stadt verkündete. Darauf landete er für einige Zeit bei Geisteskranken und Spintisierern. Ich besuchte ihn in der dänischen Hauptstadt, als er von einer Millionärin beherbergt wurde, die am Nörrebro sowie in Köge jeweils ein Gratishotel für alle Sonderlinge des Königreichs, die sie nur auftreiben konnte, unterhielt. Sie hatte selbst einen Knacks. Zu guter Letzt wurde Dr. Simonsen zum Spiritismus bekehrt und starb während des 2. Weltkriegs mitten in einer Vortragsreihe über Parapsychologie an der Kopenhagener Universität.

Der dritte Däne hieß Suhr, ein Student und Landwirtschaftsexperte, der um der Demut vor Gott und den Menschen willen nach Argentinien zum Schweinehüten gereist war. Das Schwein wird als ein schmutziges Tier angesehen, und so stellt es eine geistige Übung für Heilige dar, einem solchen Tier zu dienen, um dergestalt seinen eigenen Hochmut zu brechen. Wie mir Suhr erzählte, machte er jedoch die Erfahrung, daß just das Schwein die reinlichste von allen Kreaturen und daß es lediglich die Schuld der Menschen sei, wenn Schweine unsauber wären. Nach derartiger Erkenntnis hielt er sich nicht länger für wert, Schweine zu hüten, wandte sich wieder der nördlichen Erdhälfte zu und ruhte nicht eher, als bis er in Rom vor den Papst treten durfte, der ihn zu den Benediktinermönchen nach Saint Maurice schickte. Suhr war ein hochgelehrter Mann, als er zu uns nach Clervaux kam, um sich dort in die Geheimnisse des Glaubens einweisen zu lassen, und ein in jeder Beziehung prachtvoller Mensch. Er zog später die Kutte an, wurde Mönch, schließlich in Dänemark katholischer Bischof und damit einer der höchsten Würdenträger jenes Landes. Als ein guter Bekannter von mir, der Botschafter ist, viele Jahre später zufällig das Kloster in Saint Maurice aufsuchte, fiel sein Blick auf eine höchst respektable Messingtafel im Entrée, die die Namen berühmter Männer aus den skandinavischen Ländern aufführte, die sich mit Gottes und des Ordens Hilfe der heiligen katholischen Kirche zugewandt hatten und im Kloster getauft worden seien. Der Verfasser dieser Zeilen war nicht der unterste auf der Liste. »Hattest du nicht das Gefühl«, fragte ich, »dort den Anfang eines Heiligenverzeichnisses der katholischen Kirche vor dir zu haben?« »Aber nein«, meinte er, »es schien mir vielmehr, daß dort die Soldaten aufgeführt waren, die im Kriege gefallen oder vermißt sind.« »Aber doch nicht Bischof Suhr«, antwortete ich ganz spontan.

1925, als ich in Taormina auf Sizilien wohnte, ließ Dom Alardo, der Abt von Saint Maurice, mir von seinem Sekretär folgendes mitteilen: *23. Juli. Sa Paterité Reverendissime ne retire pas sa promesse; vous pouvez toujours considerer Saint Maurice comme votre maison & vous serez recu comme chez vous.* Wenn ich heute »zu mir nach Hause« führe, zum Kloster auf der luxemburgischen Heide, würde ich dort sicherlich viele brave Mönche antreffen, gottesfürchtig und nicht weniger gelehrt als die, die ich seinerzeit kennenlernte: den ehrwürdigen Abt Dom Alardo fände ich dort nicht mehr vor.

Dom Alardo war ein Vorbild, zu dem ich in Sohnesverehrung mehr aufsah als zu jedem anderen Menschen. Es scheint kaum glaublich, daß er nur wenig mehr als ein Jahrzehnt älter war als ich. Mir bleibt das herzenswarme und quasi umarmende Lächeln dieses jungen Prälaten für immer unvergeßlich, der, etwa fünfunddreißig Jahre alt, wegen seiner tiefen Gläubigkeit, Ehrlichkeit und Güte gegen alle Menschen bereits zum Oberhaupt von achtzig Priestern geworden war, von denen die meisten älter waren als er selbst. Dom Alardo bewies gleichwohl als Wirtschafter und als Prior, wie Gott *und* den Menschen Wohlgefallen abzugewinnen war. Unter seiner Anleitung wuchs und gedieh das Kloster. Männer des Geistes, Pioniere der Wissenschaft aus vielen Ländern, Berühmtheiten auf vielerlei Gebieten, Weltenbummler, Exzentriker und Neurotiker nicht zu vergessen, suchten das Kloster auf; die einen, um ein Essen zu erbitten, andere, um sich den Heiligen Geist einzuverleiben, wieder andere, um die Kutte auf sich zu nehmen. Bedeutende Politiker und Staatsoberhäupter der verschiedensten Länder besaßen ebenso wie verwahrloste Poeten aus den entlegensten Gegenden der Welt in Dom Alardo einen großen Freund. Soweit ich weiß, war er gleichermaßen Beichtvater der Großherzogin von Luxemburg wie jenes analphabetischen französischen Laienbruders, Bruder Bernard, der im Kuhstall die niedrigsten Arbeiten verrichtete und sich für einen der größten Sünder dieses Jahrhunderts hielt. Unter Dom Alardos Wirtschaftsführung dehnte das Kloster seine Äcker und Obstgärten in dem unfruchtbaren Heideland aus, die Schweineställe wurden vergrößert, ebenso die Kuhställe und Bienenstöcke; schließlich galt das Kloster als einer der größten und vorbildlichsten Wirtschaftsbetriebe des Landes und erzielte einen immensen finanziellen Gewinn. Dom Alardo wurde zum Günstling der Kurie, die diesen jungen Prälaten bewunderte, der mit Gottes Gnade und Huld Rosen aus einem trockenen Stock sprießen ließ.

Gut zwanzig Jahre später las ich in einer skandinavischen Illustrierten die Sensationsnachricht über einen Abt, der aus seinem Kloster in Luxemburg geflohen sei und einige Millionen in Gold habe mitgehen lassen. Ich fragte katholische Freunde Dom Alardos nach dem Wahrheitsgehalt des Berichts, aber sie verweigerten jede Auskunft. Es vergingen einige Jahre, und ich vergaß die Geschichte. Vor noch gar nicht langer Zeit wollte es der Zufall, daß eine deutsche Zeitschrift um ein Interview mit mir nachsuchte und einen etwa gleichaltrigen Redakteur schickte. Bei näherem Bekanntwerden stellte sich dann heraus, daß wir beide in unserer Jugend in Saint Maurice de Clervaux unter Dom Alardo unsere Reife erlangt hatten. Unsere Liebe zu diesem Ort war von jener Art, die nicht verblaßt, auch wenn Jahre vergehen. Dom Alardo, so sagte jener deutsche Redakteur, sei der Mann gewesen, dem er am ehesten hätte gleichen

wollen, nicht zum wenigsten wegen seiner Milde und Bescheidenheit und seiner angeborenen persönlichen Vornehmheit.

Auf meine Frage nach Dom Alardos gegenwärtigem Er-
gehen antwortete er, daß der Abt in der Tat kurz nach dem
letzten Weltkrieg aus Saint Maurice unter Mitnahme des
Klostervermögens – eines Riesenbetrages – verschwunden
sei. Er wohne jetzt in Paris, sei ein agiler Geschäftsmann
und mit einer berühmten Schönheit verheiratet – wenn ich
mich recht erinnere, mit einer Portugiesin. Das immense
Vermögen, das er aus dem Kloster mitgenommen hatte,
sehe er als sein Eigentum an, denn unter seiner fünfund-
zwanzigjährigen Wirtschaftsführung sei das Kloster aus
dürftigen Anfängen zu einem Riesenunternehmen herangewachsen, das das Geld nur so scheffele. Bezeichnend dafür, wie beliebt und hochangesehen Dom Alardo war, ist
die Tatsache, daß, als von der Polizei auch nur die Vorbe-
reitungen für eine Untersuchung seines Vergehens getroffen
wurden, die Ältesten des Klosters wie auch alle Mönche,
desgleichen die Bischöfe des Landes und am Ende das groß-
herzogliche Herrscherhaus für Dom Alardo eingetreten
sind. Sogar der Heilige Vater soll höchst persönlich verfügt
haben, daß niemand in der Christenheit ein Haar am
Haupte dieses seines liebenswürdigen Sohnes krümmen
solle, der da bei Nacht und Nebel fortgegangen war.

Wer finanzierte den »Großen Weber von Kaschmir«?

Einar Pétursson, Haraldur Arnason, Gunnar Kvaran, Björn Olafsson, Digurður Gudmundsson Arch., Kristján Albertsson, Púlli, Asgeir Asgeirsson, Þórður Albertsson, Ingimar Brynjólfsson.

Was für Namen das sind? Ich fand diesen Zettel in einem alten Umschlag wieder, den ich einmal in einem Nachtquartier in Fljótsdal zusammen mit anderem wertlosem Papierkram wegwarf, der sich in meiner Brieftasche angesammelt hatte. Mein damaliger Gastgeber und guter Freund in Fljótsdal, der Arzt Bjarni Guðmundsson, überreichte mir dreißig Jahre später in Selfoss den Umschlag mit den Schnipseln und sagte: »Du hast diese Zettelchen auf dem Nachttisch vergessen, als du neulich bei mir zu Gast warst.« Es ist interessant, die Erinnerung an Tage, die unwiderruflich im Strom der Vergangenheit dahingeschwunden sind, wieder aufzufrischen. Welche Art von Leben war das damals? Beim Sichten der Schnipsel finde ich unter anderem Fahrscheine aus den Tagen, als ich eine Reise zum Mittelmeer unternahm, um den »Großen Weber von Kaschmir« zu schreiben: *Reykjavik bis Hull, Passagierschiff ›Lagarfoss‹, 9. 5. 1925, Erste Klasse, Preis 165 Isl. Kronen.* Von der Fortsetzung der Reise findet sich noch ein Eisenbahnticket von Sizilien Richtung Norden über die Berge aus dem Winter danach und eine Fahrkarte Zweiter Klasse von Taormina nach Chiasso an der Schweizer Grenze. Aus irgendeinem Grund muß mir diese Klasse dann nicht gefallen haben, denn ich war wohl nicht viel weiter als über die Straße von Messina hinausgelangt, als ich ein »Biglietto Speziale« kaufte, ein Zusatzbillett für die Erste Klasse über die ganze restliche Strecke bis zur italienischen

Nordgrenze, für das ich eine Quittung über den Differenzbetrag erhielt. Sodann finden sich Eintrittskarten zu allen Wundern der Stadt Rom, eine Rechnung des unvergleichlichen Hotels meiner alten Freundin Maria Dinesen in Rom, die damals in der Via delle Fiamme ansässig und ein ›junges Mädchen‹ war – sie ging auf die Sechzig zu und ist nun, da ich hier in ihrem Hotel sitze und diese Zeilen schreibe, neunzig, Maria führt immer noch ein gediegenes, blitzsauberes Hotel, in dem englische Admirale, in karierte Baumwolle gekleidet, Urlaub machen, und läßt noch immer zweimal am Tag die größten Köstlichkeiten auftischen, die in der Geschichte Roms je gesehen wurden. Als ich damals im Frühjahr 1925 auf der Fahrt nach Sizilien ihre Gastfreundschaft genoß, trug ich den »Weber« unsichtbar in mir und brachte ihn im Winter darauf auf dem Wege nach Norden in einem Päckchen unter dem Arm heim. Unter den erwähnten Zettelchen befinden sich auch Reste von Valuta – typische Souvenirs von Reisenden, denen es nicht gelingt, ihr Kleingeld umzuwechseln, ehe die nächste Grenze erreicht wird. Als Kuriosum liegt da die Erinnerung an eine noch ältere Zeit, nämlich eine Note der Deutschen Reichsbank mit den Unterschriften von zwölf Reichsbankdirektoren – sie lautet auf fünfzig Milliarden Mark. Von dieser »Weber«-Reise stammen ferner noch zwölf belgische Francs, die nicht ausgegeben wurden. Seltsam erscheint es mir, hier einen nicht eingelösten, auf 52,53 französische Francs lautenden Scheck der Isländischen Landesbank für die Banque des Pays du Nord in Paris mit der Unterschrift von Georg Olafsson und Kristinn Danielsson zu finden. Es ist mir ein Rätsel, was es mit diesem Scheck auf sich hat. Offensichtlich war ich seinerzeit in Paris so betucht, daß es mir nicht der Mühe wert erschien, in eine Bank zu marschieren, um diesen isländischen Scheck einzulösen.
Deutlichster Hinweis darauf, daß es kein schlechtes Los war, im Jahre 1925 isländischer Schriftsteller zu sein, ist die

Namensliste, die zu Beginn dieses Kapitels abgedruckt ist. Es sind die Namen derjenigen Männer, die einen Wechsel unterschrieben, um das nötige Geld für einen Mann herbeizuschaffen, der – damals dreiundzwanzig – erklärte, er wolle für ein Jahr ans Mittelmeer, um dort einen Roman zu verfassen. Kristján Albertsson war zu jener Zeit auf dem besten Wege, sich als wichtigster Literaturkritiker Islands einen Namen zu machen; in seiner Hand lag es, einen Autor entweder ins Bewußtsein der Öffentlichkeit zu bringen oder aber ihn in der Versenkung verschwinden zu lassen. Der zweite Initiator dieses ›Unternehmens Italienreise‹ war die Wochenzeitschrift »Vørður« (»Der Wächter«) unter der Leitung von Arni Jónsson. Ich verpflichtete mich, gegen ein fürstliches Honorar monatlich zwei Feuilletons für Jónssons Zeitschrift zu verfassen. Dieser Parlamentarier und Redakteur, der – wie ich glaube – gegen all die Ansichten und Ideen war, denen ich anhing (außer denen, die er lustig fand, am Stammtisch zum besten zu geben), war dennoch bereit, sich in Stücke zu reißen für einen dummen Jüngling, dem er in keiner Weise verpflichtet war. Manche der ehrwürdigen Persönlichkeiten, die den Wechsel für mich unterschrieben, waren gerade zu höchsten Würden in Island gelangt, einige sind Minister geworden, der eine Staatsoberhaupt.

Als ich mich zu Beginn des Sommers in Taormina aufhielt, jener Stadt, die man die ›Perle Europas‹ nannte, und mit der Arbeit am »Großen Weber von Kaschmir« angefangen hatte, war ich mancherlei Nöten ausgesetzt: Der Klimawechsel und die ungewohnte italienische Küche peinigten mich ebenso wie ein fremdes Insektenreich mit Arten, die stachen und bissen und Gift spien; am schlimmsten setzten mir die Moskitos zu, die die ganze Nacht wie ein Zigeunergeiger im ungarischen Caféhaus an meinem Ohr summten. Neue und immer wieder neue Fieberwellen lösten sich bei mir in der Sommerhitze ab, so daß ich beschloß, mich schleunigst aus diesem Backofen zu entfernen. Touristensaison war hier der Winter, im Sommer fanden sich nur wenige Ausländer ein – abgesehen von landflüchtigen Homosexuellen, die hier eine internationale Kolonie unterhielten, und einzelnen kurzbehosten Sandalendeutschen mit Blechnapf und Ziehharmonika auf dem Rücken. Ich war pleite, hatte mein Reisegeld schon in London, Paris und Rom ausgegeben, durfte jedoch auf Kredit in der Pensione Bolognari logieren, die eigentlich geschlossen hatte; niemand war außer mir im Hause, die Eigentümer hielten sich in einem Badeort auf. Ich schickte ein Telegramm nach Island und bat um eine rasche Überweisung von Valuta. Nach wenigen Tagen kam, telegraphisch überwiesen, Geld bei der Post in Taormina an, einige tausend Lire. Das schien kein Betrag, um viel damit unternehmen zu können, nicht einmal zu der Zeit, bevor die Lira fiel. Auch in isländischer Währung war dies keine große Summe. Kurz nachdem mir das Geld ausbezahlt worden war, fanden jedoch einige italienische Bekannte von mir heraus, daß sich die Postgewaltigen geirrt hatten, denn die Lire, von denen in der telegraphischen Überweisung aus Island die Rede war, waren nicht Papier-, sondern Goldlire. Die italienische Post hatte mir also die gleiche Menge in Papier ausgehändigt, die in Gold für mich in Island einbezahlt worden war.

Ich hatte gehofft, diesen Ort meiner Plagen in den nächsten Tagen verlassen zu können, doch nun begann wegen der isländischen Goldlire ein Bürokratenkrieg, der mich mit Händen und Füßen an die Post in Taormina fesselte. Die Aufklärung des Irrtums bedurfte eigentlich nicht vieler Worte; dennoch dauerte das Hin und Her der Korrespondenz den ganzen Sommer über und bis in den Winter hinein; zunächst befaßten sich nur die isländische und die italienische Postdirektion mit der Angelegenheit, dann aber wurden noch alle möglichen anderen Instanzen in die Sache verwickelt, so auch die internationalen Postgewaltigen in der

Schweiz sowie dänische Zuständige durch Vermittlung der dänischen Botschaft in Rom, die Island damals diplomatisch vertrat. Mit jeder Woche, die verging, nahmen die elenden Goldlire in den Augen der Bürokratie an Wert immer noch zu. Folglich saß ich all die Monate hindurch in Sizilien und sammelte Schulden. Gegen Weihnachten war der Papierkrieg zu Ende, die Goldlire wurden zum Tages-Goldkurs ausgehändigt, und ich stand plötzlich mit einem kleinen Vermögen in der Tasche da.

Dieser Aufenthalt in Taormina, der sich gegen meinen Willen so sehr verlängert hatte, verschaffte mir immerhin unerwartete Möglichkeiten, Lebensgewohnheiten und Mentalität der Italiener kennenzulernen. Ich habe lange von der Erfahrung mit diesem Volk gezehrt. Wie erwähnt, war ich gerade dreiundzwanzig Jahre alt geworden, als ich nach Taormina kam. In diesem Jünglingsalter war es ein leichtes, mit wem auch immer Umgang zu pflegen; die Stadt war klein, wenn sie während des Hochsommers von Gästen entleert war. Ich glaube, ich habe die ganze Hauptstraße gründlichst kennengelernt und ziemlich viel über die schmalen Seitengassen, die von ihr ausgingen, gewußt. Unter anderem gewann ich eine Grunderkenntnis über die Italiener, daß sie einem nämlich beistehen, wenn man in der Klemme steckt – im Gegensatz zu manchen anderen Völkern, die einem Fremden sehr gern den Weg weisen, auch freundlich über das Wetter zu plaudern verstehen, sich aber unvermutet in Luft auflösen und nicht mehr vorhanden sind, sobald der Gast in einer wirklichen Schwierigkeit steckt. Wenn bei mir irgendwann Not am Manne sein sollte, dann möchte ich unter Italienern sein. Sie schröpfen zwar Leute, die nicht zu handeln verstehen, und Provinzler aus Nordeuropa, wenn sie sehen, daß diese mit Hosentaschen, die vollgestopft sind mit losen Banknoten, herumspazieren; das empfinden die Italiener als Selbstverständlichkeit. Der Ausländer jedoch, der krank und ohne Mittel dasteht oder dem ein Unfall widerfahren ist, besitzt einen Schlüssel zum Herzen der Italiener. Als man in Taormina feststellte, daß hier ein junger Mann Tausende von Meilen von seiner Heimat entfernt und mittellos gestrandet war, wurde er zum Lieblingskind aller, selbst der Mafia. Er gehörte der ganzen Stadt. Es ist ein Kapitel für sich, daß in der Pensione Bolognari, in der ich wohnte, niemals vom Bezahlen die Rede war; die Wirtin, diese dicke, verständnisvolle und herzensgute Frau, sagte sogar zu mir, als wäre nichts auf der Welt selbstverständlicher: »Geben Sie mir einfach Bescheid, wenn Sie Geld benötigen, Sie bekommen, was Sie brauchen.« Als ich aber dann endlich genügend Geld in den Händen hatte, um der lieben Frau alles zurückzuzahlen, hatte sie sich inzwischen leider das Leben genommen.

Die Monate in Taormina verbrachte ich in Gesellschaft von Globetrottern, die den Sommer in dieser Stadt verbrachten, und wurde der ›Kumpel‹ von Playboys bzw. Gigolos, wie es damals hieß, die gegen Abend die Straßencafés bevölkerten, wenn sie die Mittagshitze überschlafen hatten. Dies waren wahrhaftige Goldmäulchen im Gespräch und wirkten wie aus der Schale gepellt, auch wenn sie nur ein einziges Hemd besaßen, das sie schnell wuschen, wenn sie in der Nacht nach Hause kamen; die speckfette Brillantine glänzte meilenweit vom blauschwarzen Haar. Manche dieser gutaussehenden Jünglinge hatten mit häßlichen Weibern aus Deutschland und Amerika ein Verhältnis, die klapperdürr waren wie Ziegen. Erstaunlich viele waren mit gebildeten Mädchen aus gutem Haus in Skandinavien verlobt oder hatten ihr Herz wie einen Handschuh für deutsche unverheiratete Töchter mit Gretchenfrisur umgewendet, um sie, wie einst Dr. Faust, durch Verführung zum Höllenfraß zu machen. Diese quicken jungen Schürzenjäger besaßen ästhetischen Schönheitssinn und eine blumige Ausdrucksweise, die das Gestammel hochgebildeter vermögender Dandys aus dem Norden armselig und klobig erscheinen ließ. Und die wohlerzogenen und sittenstrengen nordischen Maiden, die Bischofstöchter hätten sein können, starrten wie neugeborene Kälber Friseurlehrlinge an, die behaupteten, Grafen und Fürsten zu sein, obwohl man nie genau untersucht hatte, ob sie überhaupt schon lesen und schreiben konnten. Einer dieser meiner Freunde hatte das Glück gehabt, in einem alten Schloß mit einer frühchristlichen Kapelle unterzukommen, die zur Zeit der Mauren in eine Moschee verwandelt worden war. Er hatte sich einen großen Familiennamen zugelegt und gab für allerlei hohe Herrschaften Feste. Mit einem dänischen Mädchen von isländischer, weit in die Vergangenheit zurückreichender Abkunft hatte er ein Verhältnis, das ihm aus der Gosse herausgeholfen hatte; das Schicksal wollte es, daß sie von ihm den Sohn Steingrimur Thorsteinsson bekam. Als ich ihn das nächste Mal in Dänemark traf – dorthin hatte es ihn mit seiner Geliebten verschlagen, er war gezwungen worden, sie zu heiraten –, da befleißigte er sich des Maurerhandwerks – wohl der tiefste Fall, der einem Traummann aus Sizilien widerfahren kann. Manche meiner italienischen Freunde waren eigentlich Homosexuelle, auch wenn sie ihren Lebensunterhalt auf eine dem widersprechende Weise verdienten. Taormina war für all diese Leute ein idealer Aufenthalt, denn dort konnten sie den größten Teil der Nacht über auf sein und zu eben der Tageszeit schlafen, in der Dichterlinge bei 40 Grad am Tisch saßen, ein Monokel als einzige Leibeshülle tragend, und Insektenmonster sowie Kriechtiere von sich abwehrten, während sie Romane verfaßten. Ich lernte damals, wie auch später, viele Homosexuelle kennen; sie machten auf mich denselben missionarischen Eindruck wie zum Beispiel Menschen, die der Erwachsenentaufe anhängen. Viele von meinen homosexuellen Bekannten meinten, daß ich ›seelenlos‹ sei, da ich ihren ›Glauben‹ nicht teilte. Ich muß noch erwähnen, daß einer meiner besten Bekannten in Taormina Bambara Salvatore war; ein Mann dieses Namens spielt im »Großen Weber von Kaschmir« eine große Rolle, doch hat der Romanheld mit der realen Person nichts weiter gemein als den Namen, den zu verwenden mir der Genannte liebend gern erlaubte.

Diese neu gewonnenen Freunde waren jedoch nicht die einzigen, die unermüdlich einen zwielichtigen fremden Dichterling verwöhnten, der aus einem Land stammte, das niemand aus der Stadt kannte. Ich glaube, es hat kein Ristorante gegeben, in dem nicht sogar der Wirt höchstpersönlich den Mann, der auf sein Geld wartete, gebeten hätte, zu jeder Zeit auf Kredit das zu sich zu nehmen, wonach es ihn an der Tavola oder an der Bar gelüstete. So ging es Woche für Woche, Monat für Monat – alles gratis für diesen Phantom-Menschen, per favore, signore, immer die gleiche gute Laune, die gleichen fröhlichen Gespräche, dieselbe freundschaftliche Fürsorge. Das gleiche galt für die Handwerker der Stadt. Der Schuhmacher nähte für mich per Hand die vielleicht vollkommenste Schuhbekleidung, die ich je in meinem Leben besessen habe; der Friseur erzählte lustige Geschichten, verbeugte sich, lächelte und gab mir noch ein Trinkgeld, wenn ich montags zum Haareschneiden kam; in der Buchhandlung konnte ich in den Regalen wühlen und Bücher nach Lust und Laune mitnehmen. Sogar der Bettler Peppino spielte gratis für mich auf seiner Flöte, wann auch immer ich an ihm vorbeiging, wo auch immer er im Straßenstaub saß; selbst der Esel, den man tagein, tagaus unter seiner Last verprügelte und den man an die Pforte unter meinem Fenster angebunden hatte, schrie die ganze Nacht hindurch und gab erschütternde Laute von sich, als sei er es eigentlich gewesen, der die Welt von ihrer Sünde erlöst hätte. Schließlich stammte er ja vielleicht von dem Esel ab, auf dem der Heiland geritten war, als er loszog, die Welt zu erlösen.

Und so sind sie alle aufgezählt, die den »Großen Weber von Kaschmir« finanzierten.

Des »Webers« Misogynie

Quand c'était déjà tard, on m'a communiqué aujour-d'huit que vous aviez eu l'amabilité de me donner votre permission de faire un dessin de mademoiselle votre fille. Comme je m'étais engagée accompagner en voyage un ami malade, qui partira pour la France demain matin, je regrette profondément de n'y trouver le temps avant mon depart. A mon retour ici après quelques mois, je vous serais singulièrement reconnaissant d'obtenir la permission de profiter de votre accord très aimable.

Was für ein Dokument bzw. Briefentwurf könnte das wohl sein? Es ist auf der Rückseite eines Umschlages niedergeschrieben und mit Streichungen sowie Korrekturen durchsetzt, als sei es von lebensentscheidender Bedeutung gewesen, daß jeder Buchstabe internationalen diplomatischen Gepflogenheiten gemäß peinlich genau ausgeführt wäre. Ein Datum enthält das Dokument nicht, auch keinen Hinweis auf Namen oder Adresse des Empfängers.

Der Inhalt des Dokuments lautet folgendermaßen:

Leider erreichten mich Ihre Zeilen heute zu spät, durch die Sie mir die Güte erzeigen, mir zu erlauben, eine Skizze von Ihrem Fräulein Tochter zu entwerfen. Da ich versprochen habe, einen kranken Freund von mir zu begleiten, der schon morgen früh nach Frankreich aufbricht, bedaure ich es zutiefst, vor meiner Abreise keine Gelegenheit mehr dafür zu finden. Wenn ich jedoch in einigen Monaten nach hier zurückkkehre, werde ich Ihnen außerordentlich verpflichtet sein, von Ihrer so freundlichen Erlaubnis Gebrauch machen zu können.

Hatte ich vielleicht ein Mädchen zeichnen wollen und darum bei seinem Vater oder seiner Mutter um Erlaubnis ersucht? Und hatte ich dann eine Lösung finden wollen, vor allem wegzulaufen? Aber, so frage ich mich, waren meine Entschuldigungsgründe nicht allzu durchschaubare Ausreden und Ausflüchte? Was werden wohl die Eltern des Mädchens gesagt haben, als sie diesen Brief erhielten? Oder das arme Mädchen selbst, das in dieser Angelegenheit nicht allzu viel zu sagen zu haben schien? Oder hatte ich dieses Schreiben nur entworfen, um es im »Weber« zu verwenden? Aber warum dann auf Französisch?

Bei gründlicher Nachforschung in meinem Gedächtnis wurde mir neulich bewußt, daß (wie so oft früher, so auch in diesem Fall) das, was anderen Menschen geschah, mich mehr interessierte als das, was mir selber zustieß. Unter Gasthausrechnungen, Eintrittskarten und Fahrscheinen fand ich den Schnappschuß eines Mannes um die Vierzig mit jener allgemeinen Schönheit des Gesichts und Neugier der Augen, wie sie so häufig bei Deutschen anzutreffen sind, dabei gezeichnet von einer inneren Unsicherheit und Haltlosigkeit – eine Selbstgefährdungen signalisierende Mischung von Schüler und Professor. Auf der Rückseite des Fotos steht *Roma Dez. 1925.* Nun erinnere ich mich wieder: Es ist der deutsche Kunstmaler Richard Becker, mein intimster Kamerad in der Entstehungszeit des »Webers«. Wir tranken morgens immer zusammen Kaffee bei der kurzen Frau auf dem Corso, er malte zwei Porträts von mir und zeichnete ein weiteres. Ich verfaßte einen Nachruf auf ihn für eine Zeitung im Saarland, wo er dreißig Jahre später als bekannter Künstler starb.

Als ich an dem Artikel über Becker arbeitete, konnte ich mich nicht mehr daran erinnern, daß ich ein Bild von ihm besaß; jetzt, wo ich es wieder in Händen halte, kommen assoziative Erinnerungsprozesse bei mir in Gang, und mir wird wieder gegenwärtig, was es mit diesem Dokument auf sich hat.

Hier beginnt ein Stück Literaturgeschichte: Zehn Jahre nach Entstehung des »Webers« fand sich bei einem meiner

Freunde in Reykjavik eine Kurzgeschichte mit dem Titel »Ereignis in der Tiefe«, die ich ihm 1925 aus Sizilien geschickt hatte. Kurz nachdem sich die Erzählung wiedergefunden hatte, ließ ich sie 1934 in »Samtiðen« (»Gegenwart«) veröffentlichen, der Zeitschrift meines damaligen Verlegers Eggert P. Briem. Sie wurde 1951 wiedergedruckt in »Abschnitte«.

Richard Becker verlieh seinen Bildern von der gelbgrauen, ausgetrockneten Landschaft Siziliens ein so starkes Cézanne-Flair, daß das eigentliche Motiv zur Nebensache wurde. Er malte Häusergruppen, als seien sie mit einem Rasiermesser geschabt worden, bis nichts übrigblieb außer Variationen eines gnadenlosen Lichts. Die Bäume wirkten ebenfalls wie glattrasiert und ähnelten von ihrer Form her häufig männlichen Geschlechtsorganen. Ein anderes Sujet Beckers waren bärenstarke Frauengestalten, splitternackt und oft in frechen, plumpen Stellungen, als solle der Weibsteufel in ihnen zum Vorschein gebracht werden. Ich nehme an, daß er solche Frauen gehaßt und mehr als alles andere auf der Welt gefürchtet hat. Dagegen war er begeistert von gertenschlanken blutjungen Mädchen, und sie erwiderten seinen Enthusiasmus.

Er hatte wirklich ein unbeschreiblich geschicktes Talent, mit elfenhaften Jungfrauen anzubändeln. Zwei von ihnen habe ich gesehen: Feengestalten, unbefleckt und ohne Fehl an Leib und Seele. Wenn es aber so weit war, daß diese beinahe schon unwirklichen Märchengestalten sich für ihn ihrer Ätherhülle entledigen und materialisieren wollten, verwickelte sich Richard Becker in viele Wenn und Aber und erklärte diesen Rückzug seinen Bekannten dann unermüdlich mit eindrucksvollen Worten. Ehe jene Luftgestalten bis drei zählen konnten, war er ihnen zu weit entfernten Orten entwischt, wo er anfing, wieder teuflische Riesenweiber und auf Besen reitende Hexenungetüme mit gewaltigen Hinterpartien zu malen, alle mit Speckwurstfalten und un-

28

frohem Gesichtsausdruck, als würden sie Männer zum Wegwerfen gebären.

Es ist behauptet worden, daß mein Klosteraufenthalt die
Misogynie im »Weber« bestimmt habe. In Saint Maurice
gab es jedoch überhaupt keine frauenfeindliche Einstellung;
vielmehr war es die reinste Verstellung, wenn Mädchen
nicht angeschaut wurden, sobald sie in der Nähe waren
(zum Beispiel bei der Hohen Messe am Sonntag – Beichte,
wenn das Wegsehen mißlang!); im Grunde tat man dies
und anderes, wann immer die Chance sich dazu bot. Der
Katholizismus war mir eine willkommene Gelegenheit überall da, wo es eigentlich unmöglich war, gegen die Lehre zu
handeln. Dagegen mußte der Mann, der ein halbes Jahr
lang mit Richard Becker seinen Morgenkaffee trank, sich
davon überzeugen, daß jedes wohlgeformte feenhafte Mädchen seiner innersten Natur nach eine »Jungfernhexe« war,
wie die Deutschen sagen, wenn nicht gar eine »Pulverhexe«.
Die drei Porträts, die der Künstler von mir anfertigte, zeigen mich einmal als Engel mit Monokel, das andere Mal als
leibhaftigen Teufel und beim dritten Mal als Kreuzung von
beidem.

»Ereignis in der Tiefe« schildert die Erlebnisse Richard Bek-
kers mit einer blutjungen, wunderschönen Jungfrau, die
seiner Wohnung gegenüber auf der anderen Seite der überaus schmalen Gasse wohnte und oft ein wenig an die frische
Luft auf ihren Balkon hinaustrat. Ihr Vater war Offizier
und hielt sich die meiste Zeit bei seinem Regiment auf; wenn
er am Sonnabend nach Hause kam, war er gekleidet wie
Graf Danilo. Am Sonntag ging er abends auf dem Corso
spazieren, an einem Arm seine Tochter, am anderen seine
Gattin, einer nach italienischen Vorstellungen bildschönen
Frau.

Meine Erzählung beschreibt die Annäherung eines Kunst-
malers an ein begehrenswertes Modell und wie es ihm gelingt, so weit bei ihr zu gelangen, daß gewissermaßen nichts

mehr zu wünschen übrigbleibt. Damit endet »Ereignis in der Tiefe« – nach der alten Regel in der Kunst wie im Leben, daß jedes Spiel auf seinem Höhepunkt abgebrochen werden sollte.

In der Realität gestaltete sich die Romanze allerdings so, daß der Maler und das Mädchen lediglich begannen, einander in der Stadt abzupassen und zu versuchen, Rendezvous zu vereinbaren. Dabei dürfte die Frage gefallen sein, ob er vielleicht ein Bild von ihr anfertigen dürfe. Das Mädchen ging zu seiner Mutter und fragte, ob der deutsche Professor aus dem gegenüberliegenden Haus von ihr eine Skizze machen dürfe. Sofort wurde das Dienstmädchen losgeschickt mit der Erklärung der Mutter der Nymphe, es sei ihr durchaus willkommen, wenn er herüberkommen wolle. Fortsetzung und Ende der Geschichte sind dem zu Beginn dieses Kapitels mitgeteilten Entwurf eines Dank- und Antwortbriefs an die Dame zu entnehmen, den ich für meinen Freund auf Französisch abfaßte, damit der geziemende gesellschaftliche Kodex eingehalten würde; am selben Tag, nachdem Richard Becker den Brief bei der Post eingeworfen hatte, floh er Hals über Kopf aus Sizilien, begleitet von seinem »ami malade«, der ihm selbst da das »ewig Weibliche« in ein Ungeheuer verwandelte, wo es sich um den Glanz ätherischer Schönheit handelte.

Ein Redner ohne Inspiration

Als ich im Frühling 1926 mit dem »Großen Weber von Kaschmir« unter dem Arm nach Reykjavik zurückkehrte, mußte ich nicht lange überlegen, wie sich mein Leben in Zukunft gestalten würde. Hatte ich eigentlich erwartet, daß die Verleger in atemloser Ungeduld darauf warten würden,

dieses Opus eines neuen Genies herausbringen zu dürfen –
ein Mosaikwerk aus allem, was zu jener Zeit hochaktuell
war, den Surrealismus nicht auslassend, der damals tau-
frisch war, überdies bis an den Rand mit dem Latein mittelalterlicher Gebetsbücher gefüllt. Ich glaube, daß der »Weber« sämtlichen isländischen Verlegern, die es damals gab,
angeboten wurde, aber keiner wollte seinen Namen für ein
derart schlechtes Buch hergeben. Sie hielten es für undenkbar, daß irgend jemand dieses Buch kaufen würde. Das
Manuskript setzte seine Wanderung von Verlag zu Verlag
fort, während ich mich nahezu ein halbes Jahr lang im Ost-
teil des Landes aufhielt, um für ein neues Buch Material
zu sammeln. Als ich nach Reykjavik zurückkehrte, war beinahe ein Jahr seit Vollendung des »Großen Webers« vergangen, und ich stand vor der Abreise nach Amerika. Durch
einen Zufall ging das arme Weberlein jedoch nicht völlig
verloren. Ein Freund von mir, Erlenður Guðmundsson, Beamter der Zolldirektion, meinte, ich dürfe das Manuskript
nicht wegwerfen, obwohl ihm persönlich die meisten darin
geäußerten Ansichten fernlägen. Er würde lieber vergnüg-
liche Bücher lesen, die Ansichten verbreiteten, die er ablehnte, als langweilige Bücher, die ihm gedanklich näher-
stünden. Sicherlich ist diese Einstellung beispielhaft für
wirkliches demokratisches Bewußtsein. Auf welche Art auch
immer, wir müßten eine Möglichkeit finden, das Manuskript noch vor meiner Abreise zu veröffentlichen. Er schlug
vor, Subskribenten für einen so großen Teil der Auflage
aufzutreiben, daß man mit dem Druck anfangen könnte,
um den Text dann in acht kleinen Heften herauszubringen,
die man auf den Straßen und an den Haustüren verkaufen
würde. Diese Idee wurde tatsächlich realisiert und immerhin mit dem Erfolg, daß wir den Buchdrucker vor Schaden
bewahren und die Jungen, die das Buch verkauften, entloh-
nen konnten.
Die meisten Leser des »Großen Webers« waren sich darin

einig, daß dies eines der unbedeutendsten Werke sei, die jemals in Island erschienen waren. Viele Literaturkritiker hielten es für eine Schande, ein solches Werk in unserer Sprache herauszubringen. Selten ist ein Dichterling so sehr beschimpft worden wie ich. Ein guter Bekannter von mir jedoch, Kristján Albertsson, der seinerzeit alles, was in Island hof- und salonfähig war, dazu gebracht hatte, den Wechsel zu unterschreiben, mit dem die Entstehung des Opus ermöglicht wurde, war ganz anderer Ansicht. Er verfaßte eine Rezension des Buchs, die in Island durch die Überschrift »Endlich – endlich!« berühmt wurde.

Kurz bevor ich das Schiff nach Amerika bestieg, traf ich einen braven Mann, den ich flüchtig kannte. Er hatte seine Jugendjahre in Nordamerika verbracht und fragte mich nach meinem Reiseziel. Ich sagte, daß ich vorhätte, zwei Jahre in Amerika zu bleiben. Als er mit seinen Fragen fortfuhr, fügte ich hinzu, daß ich nun schon so viele Zentren der Welt kennengelernt hätte, daß jetzt unbedingt Hollywood an der Reihe sei. Als er darauf hinwies, wie teuer das Leben in Amerika wäre, antwortete ich, daß ich fünfzig Dollar in der Tasche hätte. Da sagte dieser vortreffliche Mann: »Ich bin mir nicht sicher, ob es einer Begabung bedarf, ein Buch wie den ›Großen Weber von Kaschmir‹ zu schreiben, aber um mit fünfzig Dollar in der Tasche nach Amerika aufzubrechen, dazu gehört ein wirkliches Talent.«

Auf dem staubigen Dachboden eines Hauses in Reykjavik ist jahrzehntelang eine kleine Schachtel unbeachtet liegengeblieben, wodurch einige alte Briefe und Manuskripte vor der Leidenschaft eines fleißigen Pyromanen bewahrt wurden. Inmitten dieses Wusts alter Papiere geraten mir einzelne Blätter in die Hände, die in meinem Hirn Bilder längst vergangener und vergessener Geschehnisse wachrufen. Zum Beispiel entdeckte ich hier einen blauen Zettel, der wie eine spanische Wand dreimal gefaltet ist. Es ist der

Veranstaltungskalender des California-Clubs, San Francisco, für den Monat März 1928. Am 27. März ist ein Konzert der Pianistin Pauline Hillebrand-Suber vorgesehen, sie wird Liszt und Chopin spielen. Aber auch ein Redner mit dem seltsamen Namen Hall d'Or Killian Laxness (wahrscheinlich durchs Telefon buchstabiert) wird angekündigt. Er wird den Vortrag »On the Spirit of Icelandic Literature and Art« halten.

Vorträge sind mir nie ein angenehmer Zeitvertreib gewesen; mich überkommt unbändiges Schlafbedürfnis, wenn ich welche höre, das sich immens verstärkt, wenn ich selber welche halten soll. In Amerika begann ich damit, Vorträge nach einem vorbereiteten Manuskript zu halten, was die Amerikaner ›eine Rede *lesen*‹ nennen und geradezu verachten. Ich verfaßte die Reden je nach Lust und Laune: als Nationalheld, als Philosoph oder als Professor – jeweils der Rolle angepaßt, die mich zu spielen gelüstete. Sehr bald entdeckte ich, daß bei derartigen Veranstaltungen ein sorgfältig ad hoc vorbereiteter Text nicht das Richtige war. Dennoch bestritt ich während dieser zwei Jahre in Kalifornien meinen Lebensunterhalt größtenteils durch Reden, die ich in Vereinen und Klubs hielt, und rückblickend kann ich nicht feststellen, daß es dazu größerer Begabung bedurft hätte, als den »Großen Weber« zu schreiben.

Die amerikanischen Frauenvereine sind in ihrer Art einmalige Institutionen. Während ihre Ehemänner Blut und Wasser schwitzend durch die Stadt rasen, um Geld zu verdienen, streben die Frauen hochkulturelle geistige Erhebung an. Die Vereine haben zu ganzen Schwärmen von Gelehrten Kontakt, die eine bei den Amerikanerinnen beliebte Rhetorik pflegen und darin gehörige Routine erwerben. Manche Schriftsteller begründen so ihre Popularität: Sie sausen wie ein Wirbelwind kreuz und quer durchs Land, um vor diesen Frauenvereinen ihre Reden zu halten. Mein Wirkungsbereich als Vortragskünstler reichte nie über Los

Angeles samt Vorstädten hinaus, doch blieb mein Ruhm trotz dieser Tätigkeit weiterhin auf dem Nullpunkt. Dabei wurde ich nie mit einem geringeren Titel als dem eines Professors, Doktors oder gar mit beiden Titeln zusammen angesprochen oder angekündigt. Obwohl mir diese Darbietung überhaupt nicht liegt, war die Nachfrage der mannigfachen Vereine und Gruppen größer, als ich zu bewältigen vermochte. Wenn es mir an einem Abend gelang, fünfzig Dollar zu verdienen, dann war mir, als hätte ich das Glück des Himmels in den Händen; wenn gar von einer dieser edlen Institutionen hundert Dollar bezahlt wurden, so hatte ich einen triftigen Grund, eine Pause einzulegen und eine Weile nicht erreichbar zu sein.

Das Leben und Wirken in amerikanischen Klubs hat eine nicht abreißende Kette von Festen zur Folge. Nirgendwo auf der Erde lernt man auf dieselbe unverbindliche Weise eine solche Menge angenehmer Leute kennen, doch kann auch dies auf die Dauer ein wenig langweilig werden.

Aus meiner Zeit als Redner ohne Inspiration ist mir ein Ereignis besonders in Erinnerung geblieben: ein Vortrag in einem gigantischen Saal in Los Angeles; für dieselbe Veranstaltung war noch ein zweiter Redner (wie ich dann merkte, ein inspirierter) vorgesehen. Wir stammten jeder aus einer entlegenen Ecke der Welt (er aus Äthiopien, ich aus Island) und sollten von unseren Heimatländern erzählen. Selten stand Island so schlecht in einem Wettkampf mit Äthiopien da wie an jenem Abend, und schon gar nicht in einem Wettkampf des Worts. Ich durfte als erster sprechen zum Glück, denn niemand hätte wohl die Geduld aufgebracht, mich zu Ende anzuhören, wenn die Rede meines Mitstreiters zuerst dran gewesen wäre. Dafür, daß ich jegliche andere Hautfarbe schöner finde als die des sogenannten Weißen, kann ich nichts. So war ich sofort völlig eingeschüchtert, als ich die Hautfarbe meines Nachredners erblickte. Er war nämlich ein Musterexemplar von Farbigem und so blauschwarz, daß er ein grünes Leuchten von sich gab, wie ein Rabe in der Herbstsonne. Dazu kam noch, daß er ein Prinz war, was in seiner Sprache Ras heißt. Selten habe ich mich wegen der rotvioletten Farbe des weißen Mannes so geschämt wie in dem Moment, als wir uns Seite an Seite auf dem Podium hinsetzten. Ich wurde aufgerufen, meinen Vortrag zu halten. Wohl eine halbe Stunde lang versuchte ich, am Rednerpult eine gute Figur abzugeben und irgendwelche unnützen Wissensbrocken über Island aus mir herauszuquälen. Trotz meiner Bemühungen, sie von dem Gegenteil zu überzeugen, glaubten die meisten Zuhörer, es handle sich um Irland oder Finnland. Zu jener Zeit hatte ich es mir bereits abgewöhnt, ein ausgearbeitetes Manuskript vor mir liegen zu haben, wenn ich Vorträge hielt, was nun jedoch zur schlimmen Folge hatte, daß ich mich an nichts mehr erinnern konnte, was zu erzählen ich mir vorgenommen hatte. Nicht einmal vom isländischen Schneehuhn wußte ich mehr zu berichten, von dem Gunnar Gunnarsson behauptet hat, es sei das einzige gewesen, was ihm eingefallen sei, als er einmal im Ausland über unsere Heimat einen Vortrag halten sollte. Ich bemühte mich, mein tödliches Unvermögen mit schwachen Witzchen zu überspielen, die aber wirkungslos an den Zuhörern abprallten – entweder, weil sie die Witze nicht verstanden, oder weil ich die Pointen nicht richtig zusammenbrachte. Der Ras war inzwischen längst aufgestanden und wartete ungeduldig darauf, daß ich endlich die Klappe hielt. Und kaum war mein Vortrag in einer akustischen Windstille verebbt, da schob er sich an mir vorbei und holte zum gigantischen Donnerschlag aus. Er war in der Art von Rednerkunst geschult, wie sie Politiker beherrschen, die den ganzen Tag brüllend auf einem Marktplatz verbringen und so den Pöbel auf ihre Seite zu ziehen verstehen. Wenn diese Menschen auch nur »Guten Tag« sagen, dann klingt dies, als würden gerade Himmel und Erde untergehen. Bestimmt war er ein Freiheitsheld seines Landes. An Ort und Stelle erklärte er sämtlichen Ländern den Krieg, die Äthiopien nicht wohlgesonnen seien, insbesondere den Engländern und den Franzosen. Seine Stimme erreichte ein Volumen, das Louis Armstrong zur Ehre gereicht hätte; aus seinen Augen schossen rote und grüne Blitze, seine Lippen bedeckten sich mit Schaum, als er anfing, die farblosen Volksstämme der nördlichen Regionen zu beschreiben. Es ist unnötig zu betonen, daß der Mann nur wenige Minuten gesprochen hatte, als schon alles unter dem donnernden Applaus der Zuhörer drunter und drüber ging. Der rotviolette Redner ohne Inspiration jedoch, der vor ihm gesprochen hatte, nahm mitten in einem Sturm der Zustimmung die Gelegenheit wahr und schlich sich hinaus.

Amerikanische Lektüre-Splitter

Als ich vom Himmel (Saint Maurice) wieder zur Erde zurückgekehrt war, führte mich ein seltsamer Instinkt dazu, Amerika zu meinem Aufenthaltsort zu machen – als glaubte ich, dort mehr irdische Wirklichkeit auf einen Schlag anzutreffen als anderswo. Vielleicht war dies ein richtiger Entschluß, wenn man davon ausgeht, daß als nächste denkbare Lernstufe irgendwo hinter dem Ohr schon Rußland steckte.

Ich grüble über undatierten und vergilbten losen Blättern, die ich im schon erwähnten alten Papierkram fand; sie tragen die Handschrift meiner Jahre in Amerika. Lange versuche ich, sie zu entziffern, ohne irgend etwas von ihrem Inhalt zu begreifen.

Die Stadt Nautilus hatte als eine der ersten Gemeinden im Lande damit begonnen, die »Wochen«-Sitte zu pflegen, die sich inzwischen so fruchtbar ausgebreitet hat, daß wir uns jetzt an »Fernstudium-Wochen«, »Christian-Science-Wochen«, »Knochenheil-(Osteopathie-)Wochen« und an »Georgia-Kiefer-Wochen« erfreuen können.

Wenn irgendeine aufdringliche, betriebsame und ewig-rührige Sekte ein Warenhaus oder ein Wohltätigkeitsverein die Selbstdarstellung verstärken, das heißt Geld zusammenkratzen will, ersucht die betreffende Institution die energischsten Männer im Gemeindevorstand um Unterstützung und propagiert eine »Woche« . . .

Die Stadt Nautilus hatte eine »Woche der Fröhlichkeit« veranstaltet, die darin bestand, daß eine ganze Schwadron zungenfertiger Großmäuler – früher Abonnenten-Zutreiber – losgelassen wurde, um Kaufleute beizubringen, wie sie einander schneller ums Geld bringen können, und Doktor Almus Pickerbaugh hielt auf einer Gebetsveranstaltung einen Vortrag über die Fröhlichkeit des Apostels Paulus, des ersten Großmaul-Prahlhanses. Ferner hatte die Stadt auch eine »Woche des Witzes« abgehalten: Jeder Stadtbewohner mußte sich verpflichten, mindestens drei Fremde pro Tag frischfroh anzusprechen, so daß ältere Handlungsreisende, die sich in der Stadt aufhielten, entschädigungslos ertragen mußten, daß vor Gesundheit strotzende Gemütsmenschen, die sie überhaupt nicht kannten, ihnen fortwährend den Rücken beklopften und sie den ganzen Tag lang mit Idiotenwitzen bombardierten. Auch hatte man die »Woche des vorbildlichen Zuhauses« durchgeführt, eine »Schreib-Deiner-Mutti-Woche«, »Wir wollen die Fabriken in Nautilus haben-Woche«, »Eigenes-Auto-Woche«, »Kirchgang-Woche«, »Heilsarmee-Woche« und eine »Iß-mehr-Mais-Woche«.

Vielleicht war die »C-Woche« noch die sympathischste von allen; sie wurde veranstaltet, um 80 000 Dollar für ein neues CVJM-Haus zu beschaffen. An dem alten Haus wurden elektrische Reklameschilder angebracht, jeden Tag neue und etwa folgenden Inhalts: »Ein Königreich für die Penunzen«, »Komm schnell, junger Mann«, »Ein herrliches Abzeichen für zehn Cent«.

Doktor Pickerbaugh hielt 19 Vorträge an drei Tagen und verglich den CVJM mit den Kreuzzügen, mit den Aposteln, mit dem Buch der Schwarzen Magie und mit den Expeditionen Doktor Cooks, von dem er meinte, er habe den Nordpol entdeckt. Fräulein Orchidée verkaufte 319 C-Abzeichen, davon sieben an denselben Mann, der dies dahingehend mißverstand, daß er sich dem Mädchen auf unziemliche Weise nähern könne; Augenzeugen aus dem CVJM mußten sie retten und ihre Hände halten, bis sie sich beruhigt hatte.

Keine Institution konnte sich auch nur annähernd mit Dr. Pickerbaugh im Erfinden von »Wochen« messen. Nach Neujahr startete er die »Bravere-Kinder-Woche«, die eine sehr erfolgreiche »Woche« wurde, gleich darauf kamen die »Nieder-mit-dem-Alkohol-Woche«, die »Paradontose-Woche« und die »Nicht-spucken-Woche«, bis man endlich überall erschöpfte Menschen stöhnen hörte: »Ich werde ja langsam krank von all dem Gesundheitskram«.

Die »Fliegen-tot-Woche« gab dem Doktor eine willkommene Gelegenheit, den Kindern Preise zu überreichen, die die meisten Fliegen umbrachten; auch inspirierte sie ihn zu einem kurzen Gedicht, dessen erste Strophe auf riesigen Schildern in Stadt und Land bekanntgegeben wurde.

Wünschst du Gesundheit dir im Haus,
dann schlag die Teufelsfliegen tot!
Die Kunde ruf ins Volk hinaus
von deinem Sieg im ›Fliegen-Tod‹!

Der Zufall wollte es, daß der Brüder-des-Adlers-Orden in derselben Woche eine Generalversammlung in Burlingham abhielt, und Dr. Pickerbaugh zögerte nicht lange, ein Telegramm zu schicken:

»Erlaubt im Adler-Parlament,
daß man den Fliegen-Tod erwähnt.«

Diese Poesie wurde in 96 Tageszeitungen abgedruckt, darunter einer in Alaska.

Soweit der Meister, zu dessen Füßen ich mich niederließ, nachdem ich mich im Himmel verabschiedet hatte: Sinclair Lewis, von dem diese Zeilen stammen, wie mir jetzt klargeworden ist. Meiner Ansicht nach ist er der Vorkämpfer des sozialkritischen Romans in Amerika – nicht unbedingt aus dem Grunde, weil er etwa seine amerikanische Umgebung scharfsichtiger beurteilen konnte als andere Romanciers mit gleicher Tendenz (wie z. B. Upton Sinclair, Theodore Dreiser oder Sherwood Anderson), sondern weil er die Marktschreiertrompete mit mehr Lärm blasen konnte als irgendein anderer sozialkritischer Autor. Es gibt gar keinen Zweifel daran, daß Sinclair Lewis, wo er sich selbst treu ist, einer dem deutschen Expressionismus und dem französischen Surrealismus parallelen Entwicklung folgt. Aber er fügt eben den Marktschreierlärm hinzu, um seinem Werk einen kämpferischen Charakter zu geben. Es war unumgänglich, daß ein Stil, der sich so viel von Coney Island – dem amerikanischen Tivoli – ausgeliehen hatte, die Aufmerksamkeit derjenigen Menschenmassen auf sich zog, die wie überdimensionale Hafergrütze auf den Marktplätzen brodelten. Sie sind die Leser der Neuzeit, an die ein Autor sich wendet, nicht die Intellektuellen und die andachtsvollen, tiefsinnigen Esoteriker; man muß verkleidet auftreten, mit einem angemalten Bart, in einem buntscheckigen Überwurf, an dem 75 Glöckchen hängen, mit Lackstiefeln, die bis übers Knie reichen, eine lange Peitsche knallend, einen riesigen Zylinder auf dem Kopf, der mit lebendigen Kaninchen und Tauben gefüllt ist, und mit einem Affen auf der Schulter, der sich darauf konzentriert, eine Kokosnuß auszukratzen. Ein solcher Marktschreier setzt sein Gekrächze immerwährend fort und wirft mit Scherzen um sich; es ist leicht, anhand seiner Wortwahl herauszufinden, daß seine

Seele hauptsächlich aus lange in seinem Körper aufgespeichertem Whisky besteht. Dennoch: Auch wenn heutzutage die Behauptung herumgeistert, Sinclair Lewis verdiene nicht, Schriftsteller genannt zu werden – er ist doch ein viel raffinierterer Stilist mit einem viel differenzierteren Gehirn als jene anderen guten Freunde von mir, die ich vorhin nannte.

Manche Kapitel im »Weber« sind abwechselnd unter dem Einfluß des heiligen Thomas von Kempen (geb. 1379/80) und André Bretons, jenes vollkommenen Nichtsnutzes, der 1924 den Surrealismus mit einem Manifest begründete, entstanden. Heute, da ich diese Zeilen niederschreibe, ist der Surrealismus schon ähnlich antiquiert wie ein Mann mit einem Geheimratsbart, während »De imitatione Christi« des Mönchs Thomas immer noch seinen Wert besitzt – dort, wo das Werk hingehört, im richtigen Zusammenhang. Als ich vom gregorianischen Gesang zur Realität zurückfand und anfing, mich mit irdischen Dingen zu befassen, hatte ich das Gefühl, ziemlich unwissend zu sein und möglichst alles auf einmal studieren zu müssen. Ein zweieinhalbjähriger Aufenthalt in den Vereinigten Staaten von Nordamerika war für einen, der gerade von der Chorbank des 1400 Jahre alten Ordens des Benedikt von Nursia kam, die beste Universität.

Von Kalifornien kommend hielt ich mich ein paar Sommerwochen lang in Kanada auf, wo ich Herrn Haldorson kennenlernte, einen Grundstücksmakler aus Los Angeles. Er stammte vom Önundarfjord im Westen Islands; als Jüngling hatte es ihn nach Australien verschlagen, wo er Geld auf eine Weise angehäuft hat, die Anlaß zu Legenden war (zum Beispiel der, er sei davon reich geworden, daß er in der Wüste Wasser verkaufte, das er in Ballons auf dem Rükken herantransportiert hätte). Die Rückreise von Kanada nach Los Angeles machten wir gemeinsam. Er war ein überaus lustiger Kumpan und immer zu scherzhaften Provokationen aufgelegt, wurde nie müde, Streit vom Zaun zu brechen, und ließ keine Angelegenheit auf sich beruhen. Oftmals stritten wir tagelang rund um die Uhr über Dinge, von denen er gar nichts verstand und ich noch weniger, zum Beispiel über finnische Volksmusik. Weihnachten 1927 verfaßten wir während eines Telefonats, das sich über den ganzen Tag hinstreckte, Aufmunterungsparolen und Glückwunschadressen an das Universum aus Anlaß des Jahreswechsels. Gegen Abend war die Dichtung schließlich vollendet, sie wurde als Neujahrsgedicht in der isländischen Zeitschrift »Lögberg«, die in Winnipeg erscheint, veröffentlicht – gottlob nicht unter meinem Namen, sondern unter dem seinigen.

Er war ein so schlechter Autofahrer, daß es sich gelohnt hätte, einen festangestellten Polizisten eigens dazu einzusetzen, auf seinen Fersen zu bleiben, um ihm Bußen zu verpassen. Dazu kam noch, daß er einen solch miserablen Orientierungssinn besaß, daß er sich des öfteren auf dem Weg von meiner Wohnung in der Stadtmitte von Los Angeles zu seinem Haus in Beverley Hills verfuhr, erst recht, wenn er seine Familie in ihrem Sommerhaus an der Küste – nur einen Katzensprung außerhalb der Stadt – besuchen wollte. Einmal war ich auf einer dieser Irrfahrten dabei. Wir fuhren – endlos über finnische Volksmusik und dergleichen disputierend – bei Anbruch der Dämmerung los und die ganze Nacht hindurch bis neun Uhr früh am nächsten Morgen. Immer wieder mußten wir Tankwarte aufwecken – manchmal, um ihnen Benzin abzukaufen, damit wir unsere Odyssee fortsetzen konnten, dann aber auch, um uns aus den Sandmulden der Wüste abschleppen zu lassen, wenn wir von der Straße abgekommen waren.

Haldorson besaß in Los Angeles einige neuerbaute Hochhäuser mit ungefähr hundert Mietwohnungen. Sie waren mit all dem Komfort ausgestattet, den man damals in Amerika erwartete; es gab keine Wohnung in diesen Häusern, die (schon 1927!) nicht einen Kühlschrank gehabt hätte; die Reinigung wurde zweimal in der Woche auf Kosten des Hauses von Farbigen vorgenommen. Wenige Jahre später machte Haldorson Bankrott, und seine Gläubiger nahmen ihm sämtliche Häuser weg; völlig pleite fuhr er nach Kanada, wo er Verwandte hatte. Haldorson ähnelte einem Stehaufmännchen, das keine menschliche Kraft umzukippen vermag; solange es unversehrt ist, richtet es sich immer wieder auf. Nach einigen Jahren hatte er sich in Winnipeg erneut Hochhäuser zugelegt und angefangen, auf Englisch Bücher zu schreiben, die er selber verlegte. Sie handelten von der Notwendigkeit, in Nordamerika den Sozialismus einzuführen.

Die Jahre, die ich in Kalifornien zubrachte, wohnte ich hauptsächlich in einem seiner Wohnblocks, Kiora Apartments, South Hartford Avenue 437. Das Haus wurde gerade in dem Herbst fertiggestellt, als ich in Los Angeles ankam. Ursprünglich hatte ich nicht lange an der pazifischen Küste bleiben wollen, aber der Zauber des wunderbaren beständigen Klimas dort ließ mich die Zeit vergessen. Ehe ich mich versah, war mir die Stadt zu einer Art Zeit-Oase geworden. Unter anderen Wunschträumen, die mir hier unerwartet erfüllt wurden, war die »Los Angeles Public Library« ein Kapitel für sich. Mir sind keine Länder bekannt, die den amerikanischen vergleichbare öffentliche Bibliotheken besäßen. Der neue Prunkpalast der »Los Angeles Public Library« beherbergte einen wahren Dschungel von Literatur, die damals in der Welt verbreitet war, schlechte wie gute Bücher, hauptsächlich natürlich in der Landessprache Englisch, aber auch fremdsprachige. Ich könnte keinen Titel nennen, den man nicht – sofern er nur der öffentlichen Moralauffassung entsprach – sofort in der Bibliothek hätte bekommen können bzw. den sie einem besorgten. War irgendein erbetener Titel tatsächlich einmal nicht vorhanden, konnte man ihn schriftlich von der Staatsbibliothek in Sacramento, der Hauptstadt Kaliforniens, anfordern, und wenn er auch dort nicht aufzutreiben war, so schrieb man an die Congress Library in Washington, DC. War selbst diese Bemühung vergeblich, wurde das Buch eben bestellt und gekauft, wenn es überhaupt irgendwo auf der Welt zu erwerben war. Ich verbrachte meine Tage oft vom frühen Morgen bis in den Abend hinein in dieser Bibliothek. Demjenigen, der sich mit einem speziellen Stoff vertraut machen wollte oder auch mit den Hauptwerken irgendeines Sachgebiets, standen Handbücher, Quellenmaterial und ähnliche Texte zur Verfügung. Belletristik konnte ich in großen Stapeln mit mir nach Hause schleppen. Ich selbst produzierte nichts als Kleinigkeiten in diesen nahezu drei Jahren in Amerika, ausgenommen ein Sujet für »Salka Valka« als Filmskript auf Englisch verfaßt und abgesehen von einem flüchtigen Entwurf zum ersten Teil von »Unabhängige Menschen«.

»Althyðubokin«, eine Sammlung von Essays hauptsächlich über soziale Fragen, die ich kurz vor Ende meines Aufenthalts in Los Angeles verfaßte, trägt einige Zeichen der Bekanntschaften, die ich mit gewissen Hohepriestern schloß, die damals oft zitiert wurden, besonders mit Spengler, den man »the poor man's Nietzsche« genannt hat; ihn habe ich gründlich gelesen, obwohl man den »Untergang des Abendlandes« kaum ein Buch nennen kann, denn Spengler war des Schreibens unfähig, wie so viele deutsche Neunmalgescheite. Marx habe ich nur oberflächlich gelesen, weil ich ihn sowohl bei der Lektüre des »Kapital« wie auch seiner Auseinandersetzungen mit allerlei höchst unbedeutenden Kretins als Geisteskind des 19. Jahrhunderts empfand, was damals gleichbedeutend mit langweilig war. Dagegen verschlang ich viele ihm geistig verpflichtete Schriften, die mir zeitlich näherstanden. Der Grundton der Epoche von der Russischen Revolution bis hin zum Tode Stalins, von dessen »revolutionären« Lehrsätzen bis herab noch zu den nationalsozialistischen Tiraden Hitlers, leitete sich von diesem langweiligen Deutschen ab und von seinen Landsleuten, auf die er gedanklich aufbaute – nicht zuletzt von Hegel, von dem W. H. Auden behauptet hat, daß in der ganzen Welt die Menschen der Gegenwart in ein schallendes Gelächter ausbrechen, wenn sein Name nur erwähnt wird – außer in England. Der Grundstein für manches, was ich damals und auch noch lange danach verfaßte, wurde von diesem und jenem zweitrangigen Marxisten entlehnt; vieles, was ich in jener Lebensphase schrieb, ist mit marxistischem wie freudschem Wortgeklingel überladen. So war nun einmal der Gesang der Zeit – und niemand negiert seine welthistorische Bedeutung. Die Werke von Freud, Jung und Adler ebenso wie die der französischen Psychoanalytiker aus der Schule von Nancy waren für mich eine wichtige Lektüre gewesen, bevor ich nach Amerika ging. Freud, der seinen Schüler Jung dafür getadelt hatte, daß er zum Propheten geworden sei, statt Menschen zu psychoanalysieren, war nun selbst zum Pontifex maximus geworden, der alles in und auf der Erde wußte – einer der Schamanen des Jahrhunderts. Abgesehen davon, daß es gerade Mode war, wüßte ich keinen Grund dafür zu nennen, daß ich mich die ganze Zeit von 1924 bis über 1930 hinaus mit Freud vollpumpte, allerdings ohne je ein Freudianer zu werden. Freud war ein hartnäckiger, kämpferischer Autor und tüchtig in der Werbung für seine Sache – den Pan-Sexualismus. Doch muß ich zu meiner Schande gestehen, daß er mir am besten eben als Prophet gefallen hat, zum Beispiel in seinem Buch über die »Zukunft der Illusion« (d. h. der Religionen). Seine früheren Werke, in denen er auf dem Erzählerstuhl des Seelendeuters sitzt (wie zum Beispiel in den »Studien über Hysterie« und in seiner »Traumdeutung«, die mit anderen uralten und geistig ausrangierten Büchern in meinen Regalen vergilben), hat man einzig und allein deshalb gelesen, weil die Klientensammlung Freuds, sein Patientenheer, ein

so kurioses Sammelsurium philiströser Bürger darstellt, daß
wir in Skandinavien keine Menschen haben, die ihnen gleichen, und auch nie hatten. Es ist überhaupt zweifelhaft, ob
solche Menschen je existiert haben, außer in den ein, zwei
letzten Generationen der Habsburger Monarchie mit dem
Wohnsitz Wien. Irgendwo habe ich erwähnt gefunden, daß
die Wundertiere, wie sie in den Schriften Freuds geschildert
werden bzw. das, was von ihnen nach dem Ersten Weltkrieg übrigblieb, möglicherweise in corpore nach Amerika
ausgewandert seien. In dem ganzen großen Werk Freuds,
so wird behauptet, sei keine einzige unangreifbare medizi-
nisch-praktische Diagnose. Wirklich von Bestand sei bei
ihm nur das, was alle immer schon gewußt haben, wie zum
Beispiel, daß Träume die symbolische Widerspiegelung der
Wachträume der Menschen seien. Nehmen wir als Beispiel
die Lehre Freuds über Sublimierung: von Askese beeinflußte Moralgrillen, die sowohl dem jüdischen Glauben wie
dem Katholizismus eigen sind. Diese Lehre behauptet, es
sei möglich und auch wichtig, durch Enthaltsamkeit seinen
Geschlechtstrieb in geistige Leistungen umzuwandeln, die
sich in der Liebe zu Gott, im Kunstschaffen, in patriotischem
Heroismus und allerlei sonstigem Idealismus äußern könnten. Dies hat Freud dauernd wiederholt, aber es gibt keine
Textstelle in seinen Werken, die darauf hindeuten könnte,
daß er diese seine Lehre aus der objektiven Untersuchung
irgendeines lebendigen Menschen – Mann oder Frau – gewonnen hätte, daß er einen Überblick angestellt hätte über
den sexuellen Habitus sublimierender Menschen oder darüber, durch welche Anstrengungen und Methoden Sublimierung sich vollziehe.
Kinsey und seine Mitarbeiter, die mit praktischen Methoden das Geschlechtsleben einer so großen Zahl von Männern und Frauen europäisch-amerikanischer Herkunft untersucht haben, daß die Ergebnisse als typisch für alle Völker der westlichen Zivilisation gelten können, betonen, daß

45

es ihnen bei allen Untersuchungen nie gelungen sei, ein echtes Beispiel von Sublimierung zu finden. Die Untersuchungen Kinseys scheinen vielmehr auf das Gegenteil hinzudeuten: Daß nämlich Menschen, die einen gewöhnlichen Geschlechtshabitus aufweisen, viel besser dran sind als Asketen, die an irgendwelchen bedeutsamen Werken arbeiten. In den Tagen Freuds konnte ein Deutscher auf welchem Gebiet auch immer (unter anderem auch dem der sogenannten Seelenkunde) weltberühmt werden, wenn er sich nur einen großen Schreibtisch mit vielen Schubladen kaufte und sich wie Sisyphos mit dem Stein abmühte, immer neue philosophische Lehrsätze nebst dazugehörigem Kauderwelsch auszuhecken. Dieses Kauderwelsch erinnert an die Geheimsprache von Einbrechern, nur war es dazu bestimmt, die Welt zu erlösen. Freuds Spezialvokabular konkurrierte in meiner Jugend mit dem der Marxisten darin, die Sprachen der Welt runterzuwirtschaften. Heute scheint es ratsamer, vor diesen sprachlichen Mißgeburten auf der Hut zu sein, wenn man nicht als antiquiert gelten möchte, da man beinahe sagen kann, daß Psychologie wie Soziologie zu Nebenfächern von Physik und Chemie geworden sind.

Von Sinclair Lewis bis James Joyce

Im vorigen Kapitel nannte ich Sinclair Lewis als Beispiel eines sozialkritischen Schriftstellers in Amerika. Das geschah keineswegs zufällig, denn heute wie damals bin ich der Meinung, daß Lewis mit seinen kritischen Romanen den höchsten Rang erreichte oder wenigstens *primus inter pares* war. Sein Werk dürfte sogar dasjenige sein, das als einziges auch in fernerer Zukunft noch eine Überlebenschance haben wird. Andere sozialkritische Schriftsteller fanden zwar

ebenfalls interessante Stoffe, so vor allem Theodore Dreiser, oder wurden Weltverbesserer wie Upton Sinclair, der
noch im hohen Alter auf Auswirkungen hinweisen konnte,
die er innerhalb der Gesellschaft mit seinem Schreiben erzielt hat. An erster Stelle sei die unbestrittene Verbesserung
der Verhältnisse in den Schlachthöfen von Chicago genannt, zu der er den Anstoß gab. Aber diese Männer führten keine bessere Feder als gewöhnliche Zeitungsreporter;
schließlich war mancher von ihnen bei den Tageszeitungen
groß geworden (Dreiser zum Beispiel war von Haus aus
Reporter). Weiter besteht die Gefahr, daß Bücher, die gesellschaftliche, an Zeit und Ort gebundene Mißstände an-
prangern und damit deren Beseitigung beschleunigen, mit
eben diesen Mißständen, die sie aufgriffen, gleichsam verschwinden. Selbst wenn die Mißstände noch nicht gänzlich
behoben sind, steht ihre Beseitigung zweifellos doch schon
auf der Tagesordnung einflußreicher Kräfte der Gesellschaft, beispielsweise sich um die Gesundheit bemühender
Gremien, der Erziehungs- und Kirchenministerien und allerlei karitativer Institutionen, sogar der Polizei oder vielleicht schon des Gesetzgebers selbst; auf jeden Fall sind sie
bereits Teil des Programms dieser oder jener politischer
Partei. Zweifellos haben die moralischen Verdikte des sozialkritischen Romans in der Öffentlichkeit Bestätigung gefunden; Zustände und Menschentypen, die Schriftsteller in
ihren Büchern anprangerten, sind danach beim Volk gebrandmarkt. Es ist, wie gesagt, das Schicksal dieses gesell-
schaftskritisch-moralischen Reformismus in Form erzähle-
rischer Gestaltung, daß seine Leistungen in dem Moment
vergessen werden, da die Forderungen des jeweiligen Wer-
kes in den Diskussionsstoff der Nation aufgenommen waren.
Die Ursache dafür, daß der soziale Roman als vorherrschen-
de Tendenz zeitweilig ins Hintertreffen geriet, ist sicherlich
nicht, daß Gesellschaften voller Mißstände nicht mehr exi-

stieren; vielmehr scheint Sozialkritik nicht mehr die Aufgabe literarischer Frontkämpferbataillone zu sein. Sie ist in jede halbwegs funktionierende Demokratie eingedrungen, für jeden Leitartikler der Tageszeitungen eine Selbstverständlichkeit geworden, desgleichen für die Organe der großen Parteien, für die Karikaturisten und für jeden Allerweltsredner, der auf einer Vereinsveranstaltung das Wort erhebt. Literarische Blütezeiten werden nie institutionalisiert werden können, es ist nicht möglich, besser zu sein als gut. Wenn eine Welle der Kultur ihren Höhepunkt erreicht hat, dann regen sich anderswo neue Strömungen, der Akzent verschiebt sich. Gesellschaften, deren Literatur sich bislang mehr der Selbstverklärung als der Selbstkritik gewidmet hat, steht es ohne Zweifel noch bevor, ihre ›Sinclairs‹ zu erhalten. Obwohl es vielleicht an den Streit um Henne und Ei erinnert, kann man dennoch behaupten, daß eben die Feinde der Sozialkritik – Vertreter einer Mentalität, die die Engländer ›Djingoismus‹ nennen – den kritischen Kräften den Boden bereitet haben. Die Amerikaner nannten die Leute *hundredpercenters,* Standesdünkel, Chauvinismus, Parteienprahlerei und Regierungspropaganda trugen in Amerika wie anderswo kräftig zu dieser Richtung bei, und sie schien ebenso stark von oben her gesteuert wie der ›Djingoismus‹ in Diktaturen; ihre Macht hatte beinahe dieselben terroristischen Züge. Vertreter dieser Richtung verneinten, daß es in den Vereinigten Staaten irgendwelche Mißstände geben könne – in »God's own country« ...

Sinclair Lewis' Feder war nicht nur die spitzeste, sondern auch die provokanteste von allen Kräften, die berserkergleich den amerikanischen Djingoismus attackierten, zumal er – im Gegensatz etwa zu John Dos Passos, Upton Sinclair oder Theodore Dreiser – mit dem radikalen Sozialismus, dem Kommunismus oder gar der Politik der Sowjetunion in Verbindung gebracht werden konnte. Die ›Hundertprozentigen‹, auf die sich Sinclair Lewis hohnerfüllt konzentrierte, zeigten sich seiner Kritik gegenüber jedoch, wie nicht anders zu erwarten war, keineswegs aufgeschlossener als der jener anderen, die sich offen zur roten Fahne bekannten. Der ›Hundertprozent‹-Amerikanismus war etwas, für das ich mehrmals ein passendes isländisches Wort suchte, aber ich fand nie etwas, was voll zugetroffen hätte. Am nächsten kam die Wortverbindung »westliche Universal-Dummheit«, wobei »westlich« für Amerika steht.

Es kann keine Rede davon sein, daß diese großen Gesellschaftskritiker meine künstlerischen Ansprüche befriedigt hätten. Wahrscheinlich hätten Männer wie Theodore Dreiser und Upton Sinclair auch große Augen gemacht, wenn irgend jemand sie als Künstler bezeichnet hätte. Ihre erzählerischen Werke sind interessant und beeindrucken (wenigstens einige von ihnen) durch die Leidenschaftlichkeit des moralischen Engagements der Verfasser; letztere sind dennoch weit davon entfernt, als Erzähler zu faszinieren. In jeder guten Geschichte aber ist der Erzähler selbst die interessanteste Person.

Die Gründe dafür, daß ich jede gedruckte Seite von Sinclair Lewis gelesen habe, die ich in die Hände bekommen konnte, waren weder seine künstlerische Kraft noch seine intellektuelle Brillanz, sondern seine frappierende Methode, den Kern eines Problems mit einer Schale zu versehen. Um ihn persönlich kennenzulernen, hätte ich mir noch nicht einmal die Mühe machen wollen, die Straße zu überqueren. Die Ursache für mein Desinteresse wird gewesen sein, daß ich hinter dem Autor Sinclair Lewis weder den Erzähler S. L. noch den Menschen S. L. entdecken konnte. Mag sein, daß sein Wirkungswert gerade darin beruht, wie gut es ihm gelang, sich des Persönlichen in seinem Stil zu entledigen, wie auch in der Verkleidung, in die er sich begab: Ich verglich ihn im vorigen Kapitel mit einem Marktschreier, der allerlei skurrile Darbietungen in einem Vergnügungspark ausruft und anpreist. Es gelang ihm, einen Stil zu kreieren, der in keiner Weise der eines bestimmten Individuums, eines auch nur annähernd zu definierenden Erzählers war, sondern ein Querschnitt durch amerikanisches Alltagsgeschwätz; prahlende Reklamesprache, der unaufhaltsame Redefluß, der Straßenhändlern, Revolverblättern, Angebern, Großmäulern und Trunkenbolden entströmt – aus all dem spann Lewis den Faden seines Stils.

Übrigens ist es keineswegs meine Absicht, hier allgemeine literaturhistorische Betrachtungen anzustellen – weit gefehlt. Darum fällt es mir auch nicht ein, die mannigfachen Stilformen aufzuzählen, die sich, auf Sinclair Lewis gründend, in der amerikanischen Literatur entwickelten – querbeet bis hin zur metaphysischen Pornographie Henry Millers und zur Weltsicht von Rauschgiftfressern und Tollhaussimulanten (oder vielmehr echten Irren), wobei der Lebenszuschnitt irgendwelcher exzentrischer Randgruppen inzwischen mit einer Vehemenz literarisch reproduziert worden ist, gegen die Sinclair Lewis' Bücher verblassen. Ich habe mich nur deshalb so wortreich bei Sinclair Lewis aufgehalten, weil ich mich mit der Inventur meines eigenen Dichtens beschäftige, und Lewis war die am wirkungsvollsten treibende Kraft auf meinem Wege, selbst ein sozialkritischer Romanautor zu werden. Seinem Beispiel folgend bemühte ich mich sehr, den Erzähler als Individuum in der Geschichte auszuklammern, den Schauplatz des Geschehens in Atmosphäre und Kolorit jedoch dem realen Milieu der Handlung so getreu wie möglich nachzubilden. Die vielfältig-komplexe Umgebung sollte sich dabei quasi von selbst durch das Medium des Stils darstellen, dessen Adäquatheit dem Autor die wichtigste Aufgabe sein muß. Zu diesem Nenner zu gelangen, war das prinzipielle künstlerische Problem, mit dem ich mich bei der Arbeit an meinem ersten sozialkritischen Roman »Salka Valka« am meisten herumschlug. Ich mache kein Geheimnis daraus, daß ich dabei in den Fußspuren von Sinclair Lewis wandelte. An Thomas Hardy jedoch konnte ich mir beim besten Willen kein Beispiel nehmen, denn seine Werke habe ich erst gelesen, als »Salka Valka« bereits in England erschienen war und nachdem englische Literaturkritiker behauptet hatten (was sie heute noch tun), ich hätte ihn zum stilistischen Vorbild genommen. Andererseits ist es eine Tatsache, daß ich mich wie die Katze vor dem heißen Brei davor hütete, Sinclair Lewis roh, wie er war, zu verschlingen, sondern ihn mir gleichsam nach meinen eigenen Rezepten mundgerecht machte, wobei ich noch mancherlei an Würze hinzufügte. Daher halte ich es für äußerst schwierig bzw. für unmöglich, irgendeine Textverwandtschaft zum Beispiel zwischen »Main Street« und »Salka Valka« nachweisen zu können, geschweige denn so etwas wie ein Plagiat. Meine Kenntnisse von James Joyces Werk habe ich hauptsächlich durch literarische Aufsätze oder Abhandlungen zur Zeit des Surrealismus erlangt. Ich habe den »Ulysses« als Ganzes erst in Händen gehabt, als es zwei Bekannten gelang, 1928 ein Exemplar nach San Francisco zu schmuggeln, wo sie es für einen Dollar pro Tag ausliehen, denn das Buch war bis 1933 in Amerika verboten (in England noch einige Jahre länger).

Ein eigenes Exemplar von »Ulysses« konnte ich erst 1931 in Paris erwerben; danach mußte ich mir noch eine Zeitlang jedes Jahr ein neues kaufen, denn ein allerseits so streng verbotenes Buch wurde einem sofort von Bekannten und Unbekannten stibitzt. Ich habe nie verstanden, warum man Joyce nicht zum bedeutendsten Autor des Surrealismus erklärt hat bzw. erklärt, sondern ihn immer in ein literarisches Chambre séparée verweist. Vielleicht rührt das daher, daß sich die französischen Intellektuellen den Surrealismus aneignen wollen wie alle anderen Avantgardisten (die keine Nation so haßt und verachtet wie die französische Allgemeinheit); schließlich schrieb Joyce seine Bücher auf Englisch, das in Frankreich als Literatursprache unbekannt ist. Der Unterschied zwischen James Joyce und den übrigen Surrealisten ist einfach der, daß er all seine Gefährten mit Haupt und Schultern überragt, sie allein mit seiner Größe auslöscht. Einzige ausgereifte Frucht der ganzen surrealistischen Bewegung ist nur dieses eine Buch, der »Ulysses«, der sich der Gegenwart wie ein einsamer Berggipfel zeigt. Dieser Versuch ist seiner Natur nach so einmalig, daß jeder, der unternähme, ein solches Wunder nachzuahmen, sich selbst als Mensch herabminderte oder, exakter, sich als Schriftsteller um die Existenzberechtigung brächte. Joyce hat nämlich *das* Buch geschrieben, das alle nach ihm schreiben könnten – alle hätten das Ei aufrecht auf den Tisch stellen können, nachdem Kolumbus es einmal vorgeführt hatte, ebenso hätte jeder nach Amerika segeln können, ehe es entdeckt wurde, wenn er nur die Geduld gehabt hätte, lange genug westwärts zu fahren. Wer sich auf die gleiche Bahn begibt wie James Joyce mit dem »Ulysses«, gleicht einem gewöhnlichen Touristen, der sich einen Fahrschein für die erste, zweite oder dritte Klasse nach Amerika kauft – eine Leistung ist seine Reise nicht mehr. James Joyce selbst bewies, als er den »Ulysses« vollendet hatte und sehr gut wußte, daß seit Anbeginn der Welt kein vergleichbares Buch geschrieben worden war, mit »Finnegan's Wake«, daß man in dieser Richtung nicht weiterkonnte. Er hatte das Ufer des unendlichen Ozeans erreicht, wo die Welt endet.

Ich habe mich deshalb so ausgiebig mit Sinclair Lewis beschäftigt, weil er mir eine Zeitlang in Amerika als ein Wendepunkt erschien, jedoch nicht, weil er in irgendeiner Hinsicht im gleichen Atemzug mit James Joyce zu nennen wäre, nicht einmal in bezug darauf, wie beide die Welt in eine sprechende Mythologie verwandeln. Die Griechen der Antike sind vor allen anderen Dichtern kulturell hochstehender Epochen dafür berühmt, daß sie ihre Landschaft mit Mulden und Erhebungen, Dörfern und Inseln in den

Himmel der Mythologie erhoben haben, desgleichen jede banale Alltäglichkeit, die sich dort vollzog. Der mythologische Olymp von James Joyce dagegen ist kein winziges Griechenland, sondern das Universum, das ihn umgab. Im Brennpunkt steht selbstverständlich die Welt des weißen Mannes nach dem Ersten Weltkrieg, und als Maßstab dient der Ulysses, während Sinclair Lewis sich mit kleinen Landstädten Amerikas begnügt und andere der Sozialkritik verpflichtete Romanciers das Universum in einem Fischerdorf der nördlichen Hemisphäre widerspiegeln. Die Entscheidung zwischen Mikrokosmos und Makrokosmos mag hier nebensächlich bleiben: »Der Unterschied ist im Grunde keiner, denn alles zeugt vom Leben«, sagt der Dichter. Doch ändert das nichts daran, daß Joyces Werk, was den Surrealismus betrifft, alles ›abgeerntet‹ hat, sowohl in Hinsicht auf das Material wie auf die Methode, es ist in der Literatur unter ›Unica‹ und ›Curiosa‹ einzuordnen, wie in der Zoologie ein Kalb mit vier Köpfen. Natürlich würde es ein solches Kalb auszeichnen, wenn es aufrecht stehen und vierstimmig brüllen könnte; eben dies aber vermag James Joyces Kalb. Wenn die komplexe Realität der Zeit eine solche Sprache gefunden hat wie im »Ulysses«, d. h. wenn das Nonplusultra jeglichen Realismus in der Dichtkunst erreicht worden ist, dann hört dieses Buch auf, Dichtung zu sein, und macht statt dessen den Eindruck eines Computermagnetbandes, wobei es schwierig ist festzustellen, ob ein tiefsinniger Weiser oder ein unwissendes Kind den Computer versehentlich in Gang gesetzt hat. Zu jener Zeit, als die Gesellschaft mit ihren Problemen für mich von zentraler Bedeutung war, stand ich in entschiedener Distanz zu einem so wenig sozialkritisch auszudeutenden Kurs wie dem, den Joyce steuerte. Cervantes liquidierte seinerzeit, eine lange literarische Entwicklung beendend, den Ritterroman, indem er einen Ritterroman verfaßte. Vielleicht ist es die negative Kehrseite aller großen Bücher, daß sie ein für allemal geschrieben worden und also dazu bestimmt sind, ihre ganze Umwelt auszulöschen. Wenn ein durchaus nur mittelmäßiger Schriftsteller, wie es Joyce zweifellos war, ehe er den »Ulysses« verfaßte, heftig genug von Monomanie befallen wird, so daß er sich durch keine Hindernisse, keine Absurditäten mehr aufhalten läßt, dann ist die Zahl genial begabter Dichter nicht mehr zu erfassen, die er – gleich einem gigantischen Helden in den Lügengeschichten des Mittelalters – mit einem Schlag erledigen und wie der Redemptor mundi der äußersten Finsternis der Vergessenheit überantworten könnte.

In diesem Zusammenhang sei der Name eines anderen Dichters genannt, der oft zusammen mit Joyce erwähnt wird und der auf seine Weise eine sicherlich kaum schwächere Position in der Literatur des zwanzigsten Jahrhunderts innehat: Marcel Proust.

Marcel Proust

Die ersten drei Teile von »A la recherche du temps perdux«, nämlich »Du côté de chez Swann«, »A l'ombre des jeunes filles en fleurs« und »Le côté de Guermantes« nahm ich von Paris mit, als ich nach Sizilien fuhr, um den »Großen Weber« zu schreiben, und blätterte immer wieder darin – jenen Sommer über wie so manchen anderen. Später erwarb ich »Albertine« und »La prisonnière« und dann schließlich das ganze Werk. Oft nahm ich mir eine Woche ›frei‹, um darin zu lesen und darüber zu sinnieren.

In bedeutenden literarischen Zeitschriften Europas wurde zu meiner Jugendzeit oft behauptet – und man kann diese Behauptung auch noch heute hören –, daß derjenige Schriftsteller, der unbeeinflußt an Proust vorbeigehe, ohne rechte Verbindung zu dem Jahrhundert, in dem er doch lebe, und folglich auch zu anderen Jahrhunderten sei. Ja, es ist wahr, jenes Werk ist eine große und einzigartige Abrechnung mit der Zeit. Doch wenn ich offen meine Meinung sagen soll, so lautet sie, daß es weniges gibt, was mir gefährdender für junge begabte Schriftsteller zu sein erscheint, als sich in das große dichterische Werk Prousts zu vertiefen. ›Vertiefen‹ sage ich, denn es ist ein Unding, Proust anders zu lesen. Es gibt nur die Wahl, sich mit ihm einzuschließen oder ihn abzulehnen. Die Welt, die sich mit ihrer besonderen Zeit in »La recherche« eröffnet, Prousts persönliche Welt, ist ein solch labyrinthisches Universum, gewaltig in der Tiefe, entsprechend anspruchsvoll und den Leser fordernd, daß ich für meinen Teil bekennen muß, keine Dichtung gelesen zu haben, die näher daran war, mich davon abzubringen, selbst Bücher zu schreiben. Obwohl Prousts Askese gewiß nicht selbstgewollt, sondern ihm auferlegt war, hat er doch aus seiner Pein heraus ein höchst persönliches Kunstwerk geschaffen, das jede andere Wirklichkeit wie auch jedes andere Buch ausschließt – ausgenommen vielleicht »Tausendundeine Nacht«, das Werk, mit dem er wetteiferte. Wenn sein Lebenslicht auch nur eben noch zu flackern schien, so ist doch die Anstrengung in jedem Satz, in jeder Zeile so übermenschlich, daß ein gewöhnlicher Mensch davon geradezu gelähmt wird, jede dieser mühevollen Bewegungen des Autors mit den Augen zu verfolgen, bis er sich schließlich lange genug darin geübt hat. Geraume Zeit hindurch wagte ich nicht mehr, Prousts Werk aufzuschlagen. Bei dieser Gelegenheit möchte ich mir erlauben, den Literaturpädagogen eines zu bedenken zu geben, wenn sie uns durch einen Vergleich mit Marcel Proust anspornen wollen: Prousts Werk ist ebenso wie der »Ulysses« *einmalig,* ›ein für alle Male‹ geschaffen, und wird durch die einebnende Vergeßlichkeit der Zeit verschwinden wie alle menschlichen Leistungen, ohne nochmals seinesgleichen gefunden zu haben. Dieses Werk ist untrennbar mit dem spezifischen Zustand eines einzigen Menschen verbunden. Die Begabung des romanischen Menschen plus die natürliche Zugehörigkeit eines Dichters zur unbestreitbar ältesten, vollkommensten und weitreichendsten Literaturtradition Europas, der Frankreichs – weder das eine noch das andere allein hätte ausgereicht, um ein Werk wie »La recherche« schaffen zu können. Hingegen ist Prousts Romanzyklus das deutlichste Beispiel dafür, wie sich Kraft in der Schwäche vervollkommnen kann. Das Werk ist dem ungeheuerlichsten Körperzustand entsprungen, den die Literaturgeschichte kennt. Marcel Proust wurde als Allergiker geboren und war von äußerst schwacher physischer Kondition. Sein ganzes Leben lang war er ein kranker Mann. Sein Krankheitsbericht ist bekannt, und ich werde ihn daher hier nicht wiederholen, sondern will nur eine Begleiterscheinung der Entstehung dieses Meisterwerks der Weltliteratur erwähnen, das durch den physischen Zustand des Verfassers geschaffen wurde: die Allergie. Proust vertrug kein Licht und mußte in ständiger Verdunkelung leben. Er war so lärmempfindlich, daß man seine Wohnung akustisch isolieren mußte, so daß dort immer ungebrochene Stille herrschte. Aus ähnlichen Gründen mußte er Eßgewohnheiten einhalten, die einer Hungerkur glichen. Und er war ferner so allergisch gegen Menschen, daß er den Umgang mit seinen Freunden abbrechen mußte. Er konnte nicht aufrecht stehen, aber auch nicht liegen, sondern mußte halb aufgerichtet sitzen. Proust vertrug weder den Duft, den die frische Luft eines Sommertages heranführt, noch die Luft an sich, seine Fähigkeit, sie einzuatmen, wurde von Tag zu Tag geringer, die Atemnot hielt ihn stundenlang zwischen Himmel und Hölle, wie in einer Schlinge. Die letzten Lebensjahre hindurch mußte dieser große Präzisionsmensch mit schweren Anfällen von Aphasie – einem mangelhaften Wortgedächtnis – kämpfen, so daß bereits die Suche nach dem einfachsten Wort geradezu einen Kraftakt bedeutete – und dennoch, allen Leiden zum Trotz, die über ihn hereinbrechen, legt er den Bleistift nie aus der Hand, fährt damit fort, in den vorgefaßten Rahmen seines Werks neue und immer wieder neue Teile einzufügen, oder zieht andere zurück, korrigiert und verbessert ohne Unterbrechung in dieser »Zeit«, wohin die Uhr und ihr Stundenschlag nicht mehr reicht, in der unaufhörlichen Dämmerzeit dieses Lebens, in der es keinen Tag und keine Nacht gibt, sondern nur bei verdunkelten Fenstern den Schimmer des Lichts auf seinem Nachttisch, dem letzten, was ihm von aller Welt bleibt. Schon um das nahe Ende wissend ist er noch dabei, seinem Werk filigranene Details hinzuzufügen: Manchmal umfaßt die Änderung nur ein halbes Wort, die aber doch einen wichtigen Beleuchtungswandel auf der Szene des Geschehenen bewirken kann, oft besteht sie nur aus einem Deklinationswechsel oder daraus, daß ein Buchstabe ausgetauscht wird. Mit dem Kreuz, das Proust auferlegt war, wurde der französischen Literatur das Hauptwerk dieses imposanten Jahrhunderts erkauft. Wir, die nicht mit gleicher Vollkommenheit schreiben, müssen uns damit abfinden, Gott dafür zu danken, daß er uns ein solches Kreuz erspart hat.

Es sei nochmals betont, daß das meiste, was ich über andere Schriftsteller äußere, meine ganz persönlichen Urteile sind, die nichts mit wissenschaftlich betriebener Literaturgeschichte zu tun haben. Ich berichte hier ausschließlich von Einflüssen, die sich in meiner Erinnerung als bedeutsam abzeichnen. Wenn ich damit beginnen wollte, Autoren der verschiedensten Richtungen, die ich durch ihre Werke und Ideen kennengelernt habe, Zensuren zu erteilen, dann würde ich mich quasi zum Schulmeister der Genies der Welt aufspielen. Reglementieren war aber nie meine Stärke. Vieles in der Weltliteratur hat auf mich anders gewirkt als auf meine Zeitgenossen, nicht zuletzt wohl deshalb, weil ich aus Island stamme und daher auch im Geist von mehr Ozean umschlossen bin als die meisten Menschen.

Nicht zur Verkündung irgendeiner literarischen Theorie, sondern lediglich um ein Verständnis für die Zeit der Dichtung, die die meine ist, zu wecken, habe ich versucht, so knapp wie nur möglich meine Nähe und meine Distanz zu solchen Jahrhundertgestalten wie Joyce und Proust zu markieren, die beide der Generation meines Vaters angehörten (sie schufen ihre Werke, als ich noch Kind war), desgleichen zu den amerikanischen sozialkritischen Autoren, deren Zeitgenosse ich in meinen überseeischen Jugendjahren war. Aus ebendiesen Gründen meide ich die Namen, die weder besondere Bedeutung für mein eigenes Werk erlangt noch sonst mein Interesse geweckt haben, außer vielleicht zu Fußnoten-Recherchen.

So zum Beispiel Freud, den ich vorhin mit dem Vermerk erwähnte, daß ich die meisten seiner fundamentalen Schriften gelesen hätte, weil ich seine Patienten so erheiternd fand; oder Ibsen, den ich bis zum heutigen Tag lese, wortlos verwundert darüber, mit welcher Demut, Feierlichkeit und Hingegebenheit er sich abmüht, diese frackbekleideten Konsuln, Professoren und Großhändler vom Lande zu schildern, die im Blickwinkel von heute nur die unumgängliche Rollenbesetzung von Farcen sein würden.

Über Thomas Mann und die deutsche Sprache

Bereits in einem der voraufgegangenen Kapitel habe ich behauptet, daß die einzige Person, die in einem Kunstwerk von Belang ist, der Künstler selbst sei, das gilt nicht zuletzt für den Schriftsteller. Die Hauptperson eines jeden Romans ist folglich der Verfasser selbst, der Erzähler. Manche von ihnen schlüpfen in die Rolle einer Person, die an Sprechwahn leidet, einer Art sprachlichem Durchfall. Viele bieten das Bild verkrampfter Psychopathen und geben ein mystifizierendes Gefasel von sich, das man fast nur noch mit Hilfe von psychoanalytischen Lehrbüchern verstehen kann. Andere wiederum haben die Leidenschaft, in Buchform über sich selbst und andere unentwegt Pornographisches zu verbreiten. Wieder andere erzählen, als stünden sie unter Drogeneinfluß, Geschichten von mehreren hundert Seiten Länge, oder sie sind hochgradig hysterisch.

Es ist hinlänglich bekannt, daß Dichter und Schriftsteller widerborstige Leser sind; sie fühlen die Last der Verpflichtung, ihre Kollegen mindestens ebenso schonungslos wie sich selbst zu kritisieren. Da ich nun, wenn auch nur ansatzweise, mein Verhältnis zur französischen und englischen Literatur dargestellt habe, so darf ich wohl auch nicht versäumen, meine Erfahrungen mit einem bemerkenswerten Meister ganz anderer Provenienz zu erwähnen, der nicht mehr und nicht weniger war als die Leitfigur der deutschen Literatur in der letzten Generation vor Brecht. Ich meine natürlich Thomas Mann. Als ich die »Buddenbrooks« in Los Angeles zum ersten Mal las, glaubte ich, all die Ansichten über die deutsche Literatur, zu denen ich mich auf Grund von Erfahrungen berechtigt fühlte, radikal korrigieren zu müssen. Unter dem Eindruck der unerwarteten Begeisterung, in die ich beim Lesen dieser Chronik verfiel, raffte ich mich dazu auf und las das meiste und Wichtigste von dem, was Thomas Mann bis dahin verfaßt hatte, doch – wie ich gestehen muß – mit mehr Bewunderung für seine allgemeine Intelligenz und Bildung als etwa mit überströmender Begeisterung für seine dichterische Kraft, die zwar für eine Familienchronik wie die »Buddenbrooks« ausreichte, die aber offenbar nicht die notwendige Nahrung im deutschen literarischen Erbe fand, um einen solchen Autor zur poetischen Vollendung gelangen zu lassen. Thomas Manns zweites Hauptwerk zum damaligen Zeitpunkt, »Der Zauberberg«, von dem erzählt wurde, daß er zu seiner Abfassung 16 Jahre gebraucht habe, ertrinkt als Dichtung in dem alptraumhaften Übermaß von Philosophieren, das die Deutschen ruiniert und aus dem ihnen leider eine der Landplagen der Welt zu schaffen gelungen ist. Wenn die Deutschen am besten schreiben, so schreiben sie wie Professoren; eben dieser professorale Stil ist es, der Thomas Mann als epischem Dichter zum Verhängnis wurde. Es ist schwer zu sagen, ob der Traditionsmangel der deutschen Erzählkunst in der Unvollkommenheit der deutschen Sprache wurzelt oder ob umgekehrt die Mängel der Sprache daher rühren, daß sie zu wenig der Erzählkunst angepaßt wurde. Eine deutsche Literatur wurde eigentlich nie recht geschaffen, es gibt auch keine entsprechende Tradition in früheren Zeiten, sondern lediglich hier und da in den Provinzen lokal begrenzte und durch lange Zeitabstände voneinander getrennte einzelne Ansätze; im 17. Jahrhundert hatten die Deutschen bereits so sehr resigniert, je eine eigenständige Literatur zu schaffen, daß sie begannen, auf Französisch zu dichten. Schließlich unternahm man doch noch eine Anstrengung, zu einer für ganz Deutschland verbindlichen einheitlichen Schriftsprache zu gelangen. Vorher war ›Deutsch‹ nur ein vager Sammelbegriff für einige volkstümliche Dialekte innerhalb des ›Heiligen Römischen Reichs Deutscher Nation‹ gewesen. Der erwähnte Versuch hatte zur Folge, daß alles, was an Mundart erinnerte, ziemlich rigoros aus der Schriftsprache eliminiert, die ›feine‹ Sprache dagegen aus der spezifischen Redeweise der schlechtgebildeten Adligen im östlichen Mitteldeutschland, aus der Kanzleisprache von Beamten und aus schulmeisterlichen Nachahmungen von Lateinübersetzungen zusammengebraut wurde.

Dieses farblos-sterile, steife und unvolkstümliche ›Esperanto‹ der Deutschen, ihr Hochdeutsch, versucht in immer sich wiederholenden romantischen Anläufen vom 18. Jahrhundert bis in unsere Gegenwart hinein, sich Bahn zu brechen zu etwas, was Ähnlichkeit mit volkstümlichem Ursprung hätte; entweder indem es sich zur Vorstellungswelt der Bauern und kleinen Handwerker zurückwendet oder indem es sich geistig durch die Exhumierung eines fiktiven Mittelalters zu inspirieren trachtet. So geschah es, daß die Werke romantischer Lyriker, von denen Heinrich Heine alle haushoch überragt, zu ›hochdeutscher‹ Literatur wurden. Doch war die Romantik ihrem Wesen nach nie etwas vollkommen Echtes; vieles in ihr ist affektierte Sentimentalität, archaisierendes Epigonentum, Ossianismus, schwärmerische Begeisterung für den Landmann und die schöne Müllerin, für Handwerk und Mittelalter, für ›Ferne‹, grandios-bizarre Landschaft, einsame Klippen, die eher Widerstand gegen den Zeitgeist als dessen Ausdruck war. Deutsche Klassik hat es zu keiner Zeit gegeben; die Romantik war unter Wagner absurd geworden, verbrecherisch wurde sie unter Hitler.

Abgesehen von der Lyrik erscheint das zusammengeklitterte Deutsch als ein ungepflügter Acker. Es wird Erzählern wie Dramatikern zur Fessel und hat deutsche Genies zu Torfstechern degradiert. Einzelne große Werke wie die »Buddenbrooks« ändern nichts an dieser Tatsache, auch nicht das einmalige dramatische Schaffen Brechts, obwohl er als das wahre deutsche Wunder unserer Zeit zu bezeichnen ist. Sogar Goethe, den die Deutschen mit Gewalt vor sich selbst und der Welt hochgelobt haben, war nie etwas anderes als nur der Anlauf zu einer deutschen Klassik. Selbst sein Opus magnum, das Faust-Gedicht, das den Anschein erwecken will, als wäre es eine Art Drama, ist zum überwiegenden Teil nichts anderes als eine konformistische Schulmeisterdichtung, die sich, je weiter das Werk fortschreitet, in zusammenhanglose Wahnvorstellungen auflöst. Desungeachtet findet sich zweifellos in diesem Werk so manches bedeutende Stück kristallklarer Lyrik, die in einem Atem zu nennen ist mit der stattlichen Reihe Goethescher Gedichte, die unbestritten der Gipfel seines Schaffens sind.

Über Upton Sinclair

Einzelne Bücher von Upton Sinclair hatte ich meist rein zufällig gelesen und ihnen nicht viel Gewicht beigemessen, einmal, weil mich ihre künstlerische Art nicht ansprach, zum anderen, weil ich für ihre Themen nicht mehr Interesse aufbringen konnte als etwa für eine zoologische Abhandlung über das Krokodil. Doch nun, da ich nicht nur vom Himmel in Saint Maurice auf die Erde herabgekommen war, sondern auch noch im Herzen der USA zu leben begonnen hatte, da erinnerte ich mich an Upton Sinclairs Romane, ich raffte mich auf und las mehr von ihm, darunter seine sozialkritischen Studien wie »The Brass Check«, die den amerikanischen Journalismus attackiert, und »Mammon-Art«, den Bericht über den Kunstbetrieb, der sich hauptsächlich von Erpressung nährt. Diese Bücher wirken leicht naiv und monoton auf den Leser der Gegenwart, sie waren von einer Art Marxismus getragen, der bis zum heutigen Tag nicht historisch seine Feuertaufe bestanden hat; zu ihrer Zeit jedoch brachten sie die Leute zum Nachdenken über humanitäre Probleme. Sinclairs Romane haben mich nie wirklich fasziniert, abgesehen von »Boston«, das es mir aus moralischen Gründen angetan hatte; das Buch erschien im zweiten Jahr meines Aufenthalts in Kalifornien. Auf der anderen Seite steigerte sich mein Respekt vor diesem Kreuzritter und Reformator der amerikanischen Gesellschaft um so mehr, je intensiver ich seine Werke kennenlernte; in diesem Sinne schrieb ich ihm ein paar Zeilen nach Pasadena, wo er einen seiner Wohnsitze hatte. Zu jener

Zeit beschäftigte er zwei festangestellte Sekretäre und ließ daher nicht lange auf Antwort warten; wie alle Menschen, auch wenn er sie gar nicht kannte, so redete er auch mich im Brief mit »Dear friend!« an und lud mich ein, mit ihm in einem Restaurant zu lunchen. Wenn mich die Erinnerung nicht gänzlich täuscht, so hatte der Name des Lokals etwas mit Derby zu tun; sein Äußeres war – bezeichnend für den südkalifornischen Geschmack jener Zeit – einer englischen Gentleman-Melone nachempfunden, es befand sich unweit vom Wilshire-Boulevard. Später, als Sinclair nach Long Beach außerhalb von Los Angeles umgezogen war, trafen wir uns zum ›Before-Lunch‹ in der Mission-Cafeteria an der Ecke Ocean und American. (Ich habe mich damals einige Sommerwochen lang in Long Beach aufgehalten.)

Long Beach: Wir saßen auf einer Bank an der großen Strandpromenade und ich stellte ihm die Frage, was es nützen könne, wenn einer, der irgendeinen Dissertationsstoff im Kopf habe, diesen mit Romanfiguren und Liebesabenteuern effektvoll angereichert von sich gebe. Mit dieser Frage wollte ich andeuten, daß er zwar ein nützlicher Sozialkritiker und Reformer der Gesellschaft sei, daß aber just seine dichterischen Bemühungen nichts anderes bewirkten, als die Vorzüge der Sozialkritik zu verderben. Selbstverständlich widersprach er dieser Behauptung. Sein Utilitarismus, die Kunst zu einer Kreuzung von Hausgerät und Packpferd zu machen und die Masse mit endlosen Enthüllungen über die Gesellschaft aufzuklären, schien ihm eine unumgängliche Notwendigkeit zu sein. Die Menschen seien nun einmal so, daß bestimmte Auffassungen sich ihrem Gehirn nur durch bild- und gleichnishafte Erzählungen einprägen könnten. Upton Sinclair gelang es weder, seine Fabeln in der Zeit zu verwurzeln, noch ihnen greifbare menschliche Realität zu geben; am meisten zum Scheitern verurteilt waren seine Versuche, lebendige Gestalten zu schaffen – seine Stories wurden zu regelrechten Fesseln für seine Sozialkritik und machten seine Romane letztlich unlesbar. Interesse an der Welt als solcher, als göttlichem Schauspiel im großen wie im kleinen, war ihm unverständlich. Noch weniger nachvollziehbar waren für ihn die subtilen Arbeitsvorgänge eines Künstlers, der selbst unter Verlust seines Seelenheils an einem winzigen Satz bosselt, bis er ihn dann vielleicht völlig streicht. Sinclair hingegen war in der Lage, problemlos zwei Bücher pro Jahr zu schreiben, manchmal sogar drei – oft schwere, dicke Wälzer. Er war, wie gesagt, ein einzigartiger Kämpfer für sozialen Fortschritt und der geistige Vater vieler Reformen. Von den Wirkungsmöglichkeiten der Werbung war er besessen: Er schickte keinen noch so unbedeutenden Zettel (etwa mit einer Einladung zum Essen) an einen Bekannten ab, ohne daß das Kuvert nicht mit Reklamematerial für seine Bücher vollgestopft war. Jeder, der einen Leserbrief des Dankes an ihn schrieb, ganz gleichgültig, aus welchem Winkel der Erde, gelangte bei Upton automatisch auf eine Liste, die ihn zum lebenslänglichen Empfänger dieser endlosen Privatpropaganda machte. Upton hielt nie eine Rede über Tagespolitik, ohne daß er fest darauf bestanden hätte, daß jemand unter die Zuhörer geschickt wurde, um während der gesamten Redezeit mit einem Hut Geld für die gute Sache zu sammeln. Wann immer er selbst Geld verdiente, verwendete er es dafür, seine Bücher in immer größeren Auflagen drucken und sie zu einem immer niedrigeren Preis verkaufen zu lassen oder um sie zu verschenken. Er sagte, er sei deshalb nach Südkalifornien, wo das ganze Jahr hindurch schönes Wetter herrscht, gezogen, weil er so sehr damit beschäftigt sei, die Welt zu verbessern, daß er keine Zeit habe, sich um das Wetter zu kümmern, noch sich der Kleidung halber Gedanken zu machen. Seine Frau hat in ihrer Sinclair-Biographie behauptet, er habe sich in den fünfzig Jahren ihres Zusammenlebens nie passend gekleidet, abgesehen von einem einzigen Mal, als sie ihn dazu zwang, sich in New York einen Smoking von der Stange zu kaufen, weil er dort bei irgendeiner großen Festlichkeit auftreten sollte. Ich sah ihn nie etwas anderes tragen als irgendwelche Ausverkaufsfetzen, die ein paar Cent kosteten: weiße Leinenhosen und Sporthemd, Stoffschuhe und Leinenhut, gerade so, als wäre er ständig auf dem Weg zu einem Tennismatch. Upton Sinclair war klein von Wuchs und mager, blauäugig, mit einer Art Wildledergesicht, sonnengebräunt, die Lippen ein wenig nach unten gezogen, so daß es schien, als weine er, wenn er schwieg; wenn er dagegen den Mund aufmachte, glaubte man, diese Lippen breit lächeln zu sehen, als ob ihn etwas erheitere. Er hatte drei Wohnsitze, zwischen denen jeweils einige hundert Kilometer Entfernung lagen, und flüchtete zwischen ihnen hin und her, um dem Andrang von Menschen aus dem Wege zu gehen. Wenn die Leute eben herausgefunden hatten, daß er sich in A aufhielt, und langsam vor dem Haus eine Schlange bildeten – eine Schlange von Neugierigen, Sonderlingen, Philosophen, Neurotikern, Autogrammjägern und Parasiten –, dann war er schon unterwegs nach B in Long Beach oder nach C in der Wüste von Arizona. Wenn er vom ›Volk‹ sprach, von der ›arbeitenden Klasse‹, so klang das aus seinem Mund wie bei russischen Marxisten: Es wirkte wie ein unverbindlicher wissenschaftlicher Begriff, wie ein Abstraktum. Persönlichen Umgang pflegte er fast ausschließlich mit den Großen der Welt, was deutlich aus seiner Autobiographie hervorzugehen scheint, vor allem aber aus der Biographie seiner Frau, »Southern Bell«. Beide Bücher beschreiben einen der amerikanischsten Amerikaner aller Zeiten, während sie zugleich auf viele Leser als Dokumentation eines exemplarischen Prominentenkults mit snobistischen Zügen wirken müssen; allerdings darf man nicht vergessen, daß die sogenannte Prominenz in der Tat den Umgang mit dem Ehepaar pflegte und Upton Sinclair als ihresgleichen betrachtete, so zum Beispiel George Bernard Shaw, Bertrand Russell und Albert Einstein, ferner allerlei Hauptakteure der Weltpolitik, den Filmkönig Cecil de Mille nicht zu vergessen oder Gillette, den Erfinder der Rasierklinge; schließlich auch Ezra Pound, der Upton unzählige Briefe und Postkarten schickte, um ihm mitzuteilen, daß er ein Esel sei. Ich war für Upton selbstverständlich ein Niemand, irgendein Namenloser, und begriff nie, warum ein solcher Mann seine kostbare Zeit damit verschwendete, mit mir in Restaurants, Vergnügungslokalen an der Küste oder auch im Auto herumzustreiten, wobei er mitunter auf den ›Schildkröten‹, den Verkehrsinseln an Kreuzungen, landete, wenn er die Fahrtrichtung wechseln wollte; ärgerlich murmelte er dann vor sich hin: »I was not going to hit that.«

Ich glaube übrigens, daß die Sinclairs es sich zur festen Regel gemacht hatten (vielleicht unbewußt, möglicherweise aus frühen Träumen von Größe her), nie mit anderen Individuen Umgang zu pflegen als solchen, die irgendeine bedeutende Macht dieser Welt repräsentierten, und nicht einmal die Existenz kleinerer Persönlichkeiten in ihrer Nähe anzuerkennen. Als ich Upton vor einigen Jahren in Monrovia, Cal., das letzte Mal traf – er war über achtzig –, erzählte ich ihm, daß ich vor der Abreise nach der Schweiz stünde, um dort einen Roman »Das wiedergefundene Paradies« zu vollenden. Darauf sagte er: »Mein Lieber, wenn du nach der Schweiz fährst, dann denk vor allem daran, Charlie zu besuchen. Er ist ein lustiger Junge. Aber bitte ihn nie um Geld, ganz gleich zu welchem edlen Zweck, denn er ist ein Geizkragen.« Natürlich konnte damit nur *der* einzige Charlie gemeint sein, mit dem Upton Umgang hatte. Doch manchmal konnte die Prominentensucht Upton einen bösen Streich spielen, wie zum Beispiel bei den Auseinandersetzungen mit dem Russen Eisenstein, die sich zu einer schicksalsschweren Gigantenschlacht in der Geschichte sowjetisch-amerikanischer Kulturbegegnungen entwickelte und damit endete, aus dem engagierten Freund und Apologeten der russischen Revolution Upton Sinclair einen Sowjethasser zu machen. Während ich dies schreibe, kommt mir gerade ein knapp tausend Seiten umfassendes Werk von Mary Seton, das diese ungeheuerlichen Auseinandersetzungen behandelt, auf den Tisch; darin heißt es, daß Stalin selbst schließlich einer der Hauptkombattanten in dieser Schlacht war. Ich mußte unwillkürlich laut auflachen, so sehr kannte ich meinen Pappenheimer, als ich in diesem Buch einen Brief von Sinclair las mit dem Inhalt, daß es seine Idee gewesen sei, den Mexiko-Film von Eisenstein »Que viva Mexico« finanziell zu unterstützen, und zwar deshalb, weil er so viel an dem Film zu verdienen hoffte, daß er dann seine Bücher in derartig großen Auflagen drucken könnte, um jeder Bibliothek der Erde ein Exemplar zu schenken. »Treib Dich selbst für eine Woche auf die Weide zum Grasen«, hatte Ezra Pound ihm einmal geschrieben. Als Mary Craig Sinclair starb, bestand ihre Verewigung durch Upton darin, daß er anbot, jeder Bibliothek auf der Welt ein Exemplar ihrer Biographie gratis zuzuschicken. »Wirst Du denn überhaupt nicht vernünftig?« schrieb darauf Ezra Pound. Als ich das letzte Mal mit dem Alten sprach (kurz bevor seine Frau starb, sie war damals schon sehr geschwächt), da vertraute er mir an, daß sie nur vor *einem* nach ihrem Tod Angst habe: davor, daß Upton schon wieder einen Gratisverlag gründen würde.

Es unterstreicht meine Ansicht über die Höhen, in denen sich Sinclair bewegte, daß er nirgends in seiner Autobiographie einen Anlaß findet, einen gewissen ausländischen Dichter zu erwähnen, den das Schicksal ihm über den Weg laufen ließ – dabei hatte er doch sogar darauf bestanden, der zuverlässigste Freund dieses unbeholfenen Jünglings in Amerika zu werden. Keine Mühe war Upton Sinclair groß genug gewesen, als es galt, einem Fremden zu helfen, der in Schwierigkeiten mit der Obrigkeit geraten war. Aber es hatte nach seiner Meinung keinen Werbewert, meinen Namen zu nennen, obwohl sein Benehmen mir gegenüber ihn ehrte und von meiner Seite nie genug gerühmt werden kann.

Wie man mich aus Amerika ausweisen wollte

In dem schon mehrfach erwähnten Wust alter Papiere stoße ich auf einen Artikel aus dem »Los Angeles Record«, einer der großen Zeitungen Kaliforniens, mit einem Foto von »Halldór K. Laxness (an Icelandic author) who faces possible deportation«. Datum: 26. Juni 1929. Der Artikel lautet:

Halldór Kiljan Laxness, Schriftsteller aus Island, ist von den örtlichen Emigrationsbehörden vorgeladen worden, weil er eine zustimmende Kritik über Upton Sinclairs Roman »Boston« verfaßt hat. Es ist nicht auszuschließen, daß er aus den USA ausgewiesen wird. Wie wir in Erfahrung gebracht haben, hat die Behörde Mr. Laxness den Paß entzogen.

Zweimal ist der Schriftsteller ins Bundeshaus vorgeladen worden, wo er über seine Ansichten zu Politik und Gesellschaft befragt wurde. Bei der zweiten Vorladung legte Mr. Laxness der Behörde die Übersetzung seiner »Boston«-Kritik vor. Ihm wurde mitgeteilt, daß man die Ausweisungsangelegenheit zur weiteren Bearbeitung nach Washington, D. C., weiterleiten würde. Mr. Laxness mußte ehrenwörtlich versichern, neuen Vorladungen, wann immer erforderlich, Folge zu leisten. In einem der fragwürdigsten Sätze seiner Kritik hat er Sacco und Vanzetti, die Protagonisten in Sinclairs Roman, gelobt. »Diese zwei unschuldigen Arbeiter«, so heißt es in der Rezension, »wurden im vergangenen Jahr nach ununterbrochener siebenjähriger Pein hingerichtet, dieses Justizvergehen hat die ganze zivilisierte Welt mit Abscheu erfüllt.«

»Damit sind Sie zu weit gegangen«, gab ihm die Behörde nach Mr. Laxness' Aussage zu verstehen. »Wir erwarten, daß die Menschen mit der Regierung zufrieden sind.«

The American Civil Liberty's Union hat sich mit dem Fall befaßt; wie der Präsident der Union, Dr. Clinton J. Taft, mitteilte, hat er dem Rechtsanwalt John Beardsley die Verteidigung von Mr. Laxness anvertraut.

»Dieser Fall hat nichts mit Kommunismus zu tun«, erläuterte Dr. Taft. »Mr. Laxness ist in seinem Heimatland, wo zur Zeit eine Linksregierung herrscht, eine hochangesehene Persönlichkeit. Er hat mannigfache Verbindungen in Los Angeles geknüpft und erfreut sich hier großer Beliebtheit. Wir sehen darin eine unerhörte Beleidigung eines solchen Mannes, daß die Emigrationsbehörde ihn vorlädt. Wenn nur der geringste Versuch unternommen werden sollte, ihn auszuweisen, werden wir sofort eine öffentliche Untersuchung der Rechtmäßigkeit eines solchen Vorgehens verlangen.«

Mr. Laxness hält sich seit 1927 in Los Angeles auf. Er kam aus Kanada, wo er in Manitoba die Nachkommen isländischer Auswanderer besuchte.

Wie schwer hätte es dieses Ereignis gehabt, aus der Versenkung in meinem Gedächtnis wieder aufzutauchen, wenn man mich gebeten hätte, Geschichten aus dieser meiner katastrophenfreien und abenteuerarmen Lebenszeit zum besten zu geben. Als ich in dem alten Papierkram diesen vergilbten Zeitungsausschnitt entdeckte, mußte ich mir beinahe mit der Faust auf die Stirn hauen, damit ich mich einigermaßen an alles erinnern konnte.

Im Jahr 1927 wurde der sogenannte Sacco-Vanzetti-Prozeß mit der Hinrichtung dieser beiden unglücklichen italienischen Anarchisten abgeschlossen. Das Urteil erweckte in der ganzen Welt den Zorn der Menschen, ausgenommen vielleicht in Amerika selbst. Ich hielt mich gerade in Kanada auf, als die Hinrichtung stattfand, und hatte zuvor das Schicksal der beiden intensiv verfolgt. Niemand dort, soweit er überhaupt bemüht gewesen war, sich mit der Sache vertraut zu machen, hatte eine andere Meinung zum Prozeß wie ich. Hingegen war die Gleichgültigkeit der Amerikaner gegenüber Fällen, die ›sozial‹ waren, das heißt irgendeinen Ruch von Klassenkampf an sich hatten, in dieser Wohlstandszeit beinahe allgemein.

Ob nun die Ursache die gewesen ist, daß eine instinktive logische Konsequenz meines Denkens mich, frei von irgendwelcher Spekulation, dazu zwang, in dieser Angelegenheit Stellung zu nehmen, oder ob es Upton Sinclair endlich gelungen war, einen Roman zu verfassen, der seine Spuren im Gehirn eines anspruchsvollen Lesers hinterließ – jedenfalls war ich von »Boston« so fasziniert, daß ich nicht eher ruhte, als bis ich es zu Ende gelesen hatte. Nach der Lektüre verfaßte ich einen sehr temperierten Artikel – eine reine Gelegenheitsarbeit –, den ich sofort auf die Post brachte und der Zeitung »Albydubladid« (»Das Volksblatt«) in Reykjavik zuschickte.

Uns allen geht es doch so, daß wir Angelegenheiten, die erledigt sind, vergessen; schließlich konnten keine Zeitungsartikel, weder in Island noch anderswo, diese unglücklichen italienischen Anarchisten wieder ins Leben zurückrufen. Ganz andere Gedanken hatten mich seitdem beschäftigt, und so war es kein Wunder, daß ich kaum wußte, worum es ging, als ich vor die Emigrationsbehörde in Los Angeles zitiert wurde, um mich für eine Literaturkritik zu verantworten, die ich vor einem halben Jahr oder noch früher für eine isländische Tageszeitung verfaßt hatte. Ich bat darum, mich mit den Beweismitteln vertraut machen zu dürfen, die in dieser Sache gegen mich sprechen sollten. Der Beamte zeigte mir daraufhin einen, wenn ich mich recht erinnere, aus Minneapolis stammenden Brief, in dem ich bei der Regierung in Washington angeklagt wurde, ich sei ein Risiko für die innere Sicherheit der USA. Als Beweis wurden einige Zitate aus meiner »Boston«-Rezension im Organ der Sozialdemokraten in Reykjavik angeführt. Der Verfasser dieses Anklagebriefes hieß G. T. Athelstan (Aðalsteinsson), stammte aus Seyðisfjord in Island, war nach Kanada ausgewandert und hatte die dortige Staatsbürgerschaft erworben – war also nicht einmal Bürger der USA. Von Beruf war er Kammerjäger. Ich habe nie eine Erklärung dafür gefunden, was einen solchen Mann, einen Ausländer ohne amerikanische Staatsbürgerschaft, dazu getrieben haben könnte, seinen Landsmann wegen ihm nicht gefallender Ansichten vor der Obrigkeit eines Landes anzuklagen, in dem er selber zu Gast war. Die einzige Erklärung dafür wäre eventuell, daß er als Island-Kanadier der Gruppe von Auswanderern isländischer Abstammung in Manitoba verbunden war, die mir sehr zusetzte, als ich für ein paar Wochen unter ihnen weilte – vielleicht aus dem einzigen Grund, weil es ihnen nicht gefallen hatte, wie stümperhaft ich beim Whiskeysaufen mitzog. Als ich dort meine Erzählung »Neues Island« vortrug – sie war in eben der Gegend, wo sie sich abspielt, dem Dörfchen Riverton, verfaßt worden – war auch der Lebensmittelhändler dieses Ortes anwesend, tüchtig angetrunken und ein großer »Djingoist«, wie es oft bei Provinzkrämern der Fall ist. Er war wegen der Geschichte so aufgebracht, daß man ihn während der Lesung festhalten mußte, damit er nicht das Vortragspodium erstürmen konnte, um diesen blassen und mageren Dichterling zu verprügeln, der aus einem anderen Dorf gekommen war, um die Leute in seiner Gemeinde zu verleumden. Eines ist sicher, nämlich daß sich die isländischen Auswanderer in Manitoba (abgesehen von einigen lobenswerten Ausnahmen) wegen dieser unbedeutenden Erzählung »Neues Island« gegen mich stellten. Manchen von die-

sen Kerlen war es nicht mehr klar, welcher Nationalität sie
eigentlich waren, sie schwankten zwischen der englischen
und der amerikanischen. »Neues Island« verärgerte sie
hauptsächlich deswegen, weil sie darin als arme isländische
Siedler geschildert wurden.

Die Einwanderungsbehörden in Los Angeles haben keineswegs abgestritten, daß Ausländer hinter der Anklage stünden, mir sogar mehr Einzelheiten mitgeteilt, als ich eigentlich wissen durfte. Ich empfand es immer als belustigend
und charakteristisch, daß hinter dieser Angelegenheit ein
Kammerjäger steckte, ein Mann, der seinen Beruf offenbar so gewissenhaft ausübte, daß er nicht nur die Insekten
aus den Häusern anderer Menschen vertreiben wollte, sondern auch noch Dichterlinge aus den Vereinigten Staaten.
Nachdem ich von dem Verhör zurückkehrte, war es das
erste, Upton Sinclair anzurufen, um ihm die ganze Geschichte zu erzählen. Er verständigte daraufhin sofort eine
mächtige Institution, die sich über die ganzen Staaten er-
streckt und die man etwa »Amerikanische Union für Bür-
gerfreiheit« nennen könnte, dann nahm er mich ins Büro
der Union mit und stellte mich ihrem Anwalt vor, dem
berühmten Verteidiger Beardsley. Man plante sofort Maß-
nahmen zu meiner Verteidigung, wenn es hart auf hart
ginge, Presseerklärungen wurden verfaßt, eine Unmenge
von Zeitungen verständigt, usw. Selten sind so viele Amerikaner gegen einen isländischen Kammerjäger mobilisiert
worden.

Als ich einige Tage später wieder ins Bundeshaus ging, um
die englische Übersetzung meiner »Boston«-Rezension vorzulegen, begleitete mich eine wichtige Journalistin, meine
liebenswürdige Freundin Miss Helen Crane, die Nichte
des klassischen amerikanischen Schriftstellers Stephen
Crane; sie war nicht nur nicht auf den Mund gefallen,
sondern wußte auch, was sie sich in ihrem Land heraus-
nehmen durfte. Ob nun neue Anweisungen aus Washing-

ton, D. C., eingetroffen waren oder irgend etwas anderes sonst in meiner Angelegenheit geschehen war – die Übersetzung meines Artikels wurde jedenfalls ungelesen beiseite gelegt, und meine Ausführungen wurden ohne großes Interesse angehört. Schließlich händigte man mir kommentarlos meinen Paß aus. Das gute halbe Jahr über, das ich mich noch im Lande aufhalten sollte, hat sich keine Behörde welcher Art auch immer mehr um mich gekümmert.

Eines schönen Tages fiel mein Blick auf das kleine Fenster, das sich genau in Augenhöhe im Badezimmer meiner Wohnung in Los Angeles befand; es stand halboffen, so daß ich in den blauen Himmel über dem schmalen Hof schauen konnte. In der Fensternische hatte sich Staub angesammelt. Offensichtlich hatte die Schwarze, die bei mir saubermachte, nie dieses staubsammelnde Fensterloch bemerkt. Wann war das Fenster wohl geöffnet worden?
Die Witterung in diesem Teil der Welt ist so mild und unveränderlich, daß ein Fenster, das für einen Tag offengelassen wird, die nächsten zehntausend Jahre über unverändert, nicht um einen Millimeter verrückt, offenbliebe, wenn niemand den Einfall haben sollte, es je wieder zuzumachen. Ich war hierher verschlagen worden und hatte damit gerechnet, nur ein paar Tage zu verweilen, höchstens einige Wochen; doch dann hatte ich einfach die Zeit vergessen. Das Fensterchen, das da halb offenstand und in dessen Fensternische sich der Staub sammelte – es waren an die drei Jahre vergangen, seit ich es geöffnet hatte.
Meine ganze Jugend lang hatte ich mir über die alltäglichen Dinge keinerlei Gedanken gemacht – wie die Vögel, von denen in der Bibel die Rede ist. Doch nun fiel mich plötzlich ein Entsetzen an, als ich dieses Fenster erblickte, das da halb offenstand und darauf wartete, daß es jemand mit der gleichen Gedankenlosigkeit schließen würde, wie ich es vor langer, langer Zeit geöffnet hatte.

Es war nicht nur dieses halboffene Fenster, das ich ver- gessen hatte, während die Zeit in Kalifornien verging. Manches vergaß ich so gründlich (zum Beispiel den Katho- lizismus), daß ich den Verlust erst viel später bemerkte. Nein, dachte ich, so geht's nicht, irgendwann mußt du dich von dieser irdischen Seligkeit verabschieden und deine Reise fortsetzen.

Es ging auf Weihnachten 1929 zu. Mein Geldbeutel er- laubte mir wie immer keine großen Sprünge. Also schickte ich ein Telegramm nach Island: »Liebe Mama, kannst Du mir Geld für die Fahrt nach Hause schicken?« Das Geld wurde mir nach wenigen Tagen telegrafisch überwiesen, und ich feierte das Weihnachtsfest zu Hause.

Kurze Zwischenbilanz

Unter alten Entwürfen zu »Salka Valka«, die der Zufall mir in die Hände spielte, findet sich ein Telegramm fol- genden Wortlauts, datiert 8. 12. 1931 – 17.40 Uhr: »Be- dingungen für dänisch-norwegische Ausgabe von ›Pú Vin- viður Hreini‹ und Fortsetzung erwünscht. Wann kann Fortsetzung erwartet werden? Verlag Steen Hasselbalch.«
Dies ist wohl das erste Angebot, das mir je von einem aus- ländischen Verlag gemacht wurde, die Rechte an einem Buch von mir zu erlangen. Weitere Briefe, die erklären könnten, wie es dazu kam, daß Hasselbalch, ein hochange- sehener dänischer Verlag, diesen Wunsch nach dem Über- setzungsrecht für Skandinavien äußerte, sind verlorenge- gangen.
Irgendwie werden mir diese Leute im Ausland zu voreilig erschienen sein, die Bücher von mir erwerben wollten, ehe sie verfaßt wurden. Das Buch, wegen dessen Rechten Has-

selbalch anfragte, »Salka Valka«, war nämlich in meinem Heimatland bislang nur zur Hälfte erschienen und das Manuskript noch nicht einmal vollendet.

Was den »Großen Weber von Kaschmir« betrifft, so nimmt er eine Sonderstellung in meinem gesamten Werk ein: Ich habe ihn keinem Verlag mehr angeboten, sondern ihn als nicht seetüchtig auf Grund gesetzt. Er war ja ein von jugendlicher Vitalität strotzendes literarisches Bekenntnis meiner Anschauungen und Abneigungen, weniger eine erzählte Geschichte als dazu verfaßt, den Autor von einer lästigen Bürde zu erlösen, die er sich aufgeladen hatte. Zur Zeit der Entstehung des »Webers« herrschte nun einmal die höchst unklassische Manier, daß jeder, der irgendeine Grille im Kopf hatte (oder auch nur eine Laus im Bart), sich verpflichtet fühlte, sie nun in irgendeiner Weise zum besten zu geben und das Ergebnis obendrein noch einen Roman zu nennen. Mein Freund Magnus A. Arnarson, der in San Francisco lebte, ein vielseitig gebildeter Künstler und dementsprechend energiegeladen, übertrug in Windeseile den »Weber« ins Englische, während ich mich in Kalifornien aufhielt, und Helen Crane übernahm die letzte Durchsicht der Übersetzung. Zwei vor Bildung und Wissen platzende Lektoren je eines New Yorker Verlags wurden damit beauftragt, das Werk unter die Lupe zu nehmen. Sie stellten sofort fest, daß dies zur Zeit der Vorherrschaft des sozialkritischen Romans kein Buch für Amerika sei. Weiterhin behaupteten sie, hier seien im Grund zwei Bücher ineinander aufgegangen: eines über den Papstglauben und ein zweites über die seltsame Nation, die man Island nenne. Sie könnten um alles auf der Welt nicht verstehen, wie diese zwei Angelegenheiten miteinander zu verbinden seien, zumal ja jeglicher Streit mit dem Papst im europäischen Kulturbereich mit Einverständnis beider Seiten schon im 16. Jahrhundert beendigt worden sei. Sie fügten hinzu, daß bei den Einwanderergruppen, die dem Papst anhingen, alles bestens geordnet sei: die Marienanbetung, die sieben Sakramente, der Weihrauch, die Apokalypse und das Jenseits; sie hätten wohl kein Bedürfnis für eine Disputation über diese Dinge in Büchern – wenn sie überhaupt lesen könnten. Was die Isländer angehe, so meinten diese äußerst intelligenten und hochgebildeten Herren, wisse man, daß sie ein lustiges Völkchen in Fellanoraks seien, in Frauenhosen mit hübschen Perlenstickereien auf Leder; ihre aus Schnee gebauten Iglus seien als architektonische Meisterwerke zu bezeichnen. Sie behaupteten steif und fest, daß bei den amerikanischen Lesern großes Interesse dafür bestünde, etwas darüber zu erfahren, wie diese Menschen im Schnee Rentiere jagen und wie sie Walrosse mit Pfeilen aus Knochen erschießen; allen Ernstes haben sie mich aufgefordert, ein derartiges Buch zu verfassen. Was jedoch eine solche Nation in Rom zu suchen habe, das würden weder Amerikaner noch andre Völker verstehen können. Könnte man aus dem einen nicht zwei Bücher machen: eines über den Papst und das andere über die Isländer? – Wenn ich mich recht erinnere, habe ich, als ich aus Amerika zurückkehrte, die Übersetzung von Magnus Arnarson in der Handschriftenabteilung der Nationalbibliothek in Reykjavik für alle Zeiten verschwinden lassen.

Mir fehlte wohl noch ein Winter auf die Dreißig, als die erste Hälfte von »Salka Valka« erschien. Bis zu diesem Zeitpunkt hatte ich keinerlei Einkünfte gehabt, weder durch Schriftstellerei noch durch andere Tätigkeit. Am nächsten war ich zu selbstverdientem Geld gekommen, als mein Freund Erlendur Guðmundsson den seltsamen Einfall mit der Subskriptionsausgabe vom »Weber« hatte; dabei hatte die Bereicherung nicht mehr bewirkt, als daß ich meine Schulden in Island begleichen konnte, bevor ich westwärts nach Amerika fuhr. Jedesmal, wenn es mir nicht mit irgendwelcher Bauernschläue gelang, mich durchzubeißen, mußte ich mich an meine Mutter wenden, die immer bereit war, mir beizustehen, wenn es hart auf hart ging, obwohl sie nicht viel mehr Reichtum besaß als die Sorge um ihren Sohn; dieser Reichtum hat bei ihr bis zu ihrem Tod vorgehalten. Allerdings darf nicht unwidersprochen bleiben (auch wenn es keine große Rolle spielt), was ich oft in ausländischen Zeitungen und Literaturhandbüchern lese: daß ich in Island in fürchterlicher Armut aufgewachsen sei. Diese Weisheit wird manchmal sogar von isländischen Zeitschriften nachgekaut. So las ich vor nicht allzu langer Zeit in einer hiesigen Zeitschrift, daß ich in großer Armut in einem Häuschen in Reykjavik aufgewachsen sei; in derselben Wochenzeitschrift (»Vikan«) hatte kurz davor auch gestanden, der Großvater von Laxness sei der Jói im Steinhaus gewesen, der jedoch nie existiert hat – außer in einer von mir erfundenen Geschichte. Die Wahrheit ist die, daß ich einer der wenigen Isländer meiner Generation bin, der von Kindheit an unter Gesang und Musik aufwuchs. Mein Vater war innerhalb des Fonds für Nationalen Aufbau mit der Leitung des Straßenbaus quer durch Island beschäftigt. Er spielte – wenn auch nur für den Hausgebrauch – Geige und weckte so in seiner Umgebung das Interesse für Kultur und die Liebe zur Kunst. Bei uns zu Hause kamen an den Winterabenden regelmäßig Musikenthusiasten zusammen und ließen die Saiten ihrer Instrumente klingen. Nachdem wir aufs Land gezogen waren, sammelte mein Vater auch in der neuen Umgebung Menschen, die sich mit Musik befassen wollten, und gründete einen gemischten Chor.

Alle meine Jugenderinnerungen vollziehen sich in Begleitung von Musik. Dem Elternhaus habe ich es zu verdanken, daß das Anhören von Musik mir lieb und vertraut ist; ich habe mehr Stunden zu meinem Vergnügen an einem Musikinstrument verbracht als bei der Bücherlektüre, immer in den Schattengefilden eines der größten Meister der

Musik aller Zeiten. So lieb ist mir das Werk dieses Genies, daß ich das Gefühl habe, jede Stunde vergeudet zu haben, die ich nicht damit verbracht habe, mit meinen ungelenken Fingern durch einige Takte seiner Musik zu tasten: Johann Sebastian Bach. Fragt man mich, welches Buch ich mitnehmen würde, wenn ich mein restliches Leben allein auf einer Insel verbringen müßte, so antwortete ich immer: »Das wohltemperierte Klavier.« Man kann viel gegen die Deutschen einwenden, aber die deutsche Musik und Bach insbesondere gehören zu ihren Hauptleistungen in der gesamten Kulturgeschichte, die kein Mensch genügend preisen und bewundern kann; ihretwegen wird den Deutschen ihre hohle Philosophie und ihr noch wertloserer Militarismus verziehen werden.

Mein Vater besaß in Reykjavik ein ansehnliches Grundstück, auf dem er ein kleines Holzhaus erbaute, das heute noch steht; früher hatten wir außerdem noch ein festes Haus aus Beton besessen, das aus zwei Zimmern und einer Küche bestand; in ihm bin ich geboren worden. Als ich vier Jahre alt war, verkaufte mein Vater all seine Besitztümer in der Hauptstadt und erwarb eine zwanzig Kilometer von der Stadt entfernte Farm – Laxness. Das Wohngebäude war doppelstöckig, wobei das eine Stockwerk eigentlich nur ein Keller war, und hatte sieben oder acht Zimmer, die uns bald zu klein wurden, so daß mein Vater bald den Bau erweitern mußte. Dieses Haus war von zwei unserer großen ›Vidalins‹ errichtet worden, von Paul und Jón. Der eine war in Island ein berühmter Pferdehändler, der die Tiere nach Schottland exportierte, der andere war Großkaufmann, Konsul und Millionär und wohnte in Schottland, wo er die Pferde von seinem Bruder entgegennahm. Meine ersten Erinnerungen an Laxness, den Landsitz des Pferdehändlers, sind Unmengen leerer Alkoholflaschen, faszinierend durch ihre Vielzahl von Farben und Formen, die jede Ecke von Haus und Hof füllten; leider war auch die Umgebung selbst, Weide und Acker, total vernachlässigt und bestand aus Löchern, Geröll und Verwüstung. So fand ich die ersten Jahre in Laxness hindurch in diesem seltsamen, prachtvollen Chaos genügend Anreiz zu Beschäftigung und mancherlei Entdeckungen.

Mein Vater hat die Stellung beim Verkehrsministerium neben seinem neuentdeckten landwirtschaftlichen Hobby in Laxness weiter beibehalten. Ich wuchs in einem von Arbeit erfüllten landwirtschaftlichen Betrieb auf, wo mitunter bis zu zwanzig Menschen zum Haushalt gehörten: Agronomen, Gesinde, Greise, Kinder. Meine ganze Kindheit hindurch kannte ich es nie anders, als daß wir uns alles leisten konnten, was das Herz begehrte – es mangelte uns an nichts, wie man früher sagte. Mit sieben Jahren lernte ich das Geigenspiel; meine Kindergeige muß mein Vater wohl mit viel Mühe wer weiß woher beschafft haben. Später wurden mir die Grundlagen des Orgel- und schließlich des Klavierspielens beigebracht. Als Zwölfjährigen schickte man mich zur weiteren Ausbildung in die Hauptstadt, denn man wollte aus mir einen Musiker machen; ich aber hatte damals bereits angefangen, große Romane zusammenzubasteln, und ließ nun die Musik links liegen. Nach der Konfirmation kam ich aufs Gymnasium und wäre sicherlich ein gebildeter Mann geworden, wenn meine Begabung auf die Dauer ausgereicht hätte, aber weit gefehlt: Ich besaß weder genug Geduld, die Schulbank zu drücken – ich hatte das Gefühl, meine Zeit zu verschwenden, während ich dort saß –, noch hatte ich Lust dazu, irgendwelche anderen Fächer zu studieren als die, die mein persönliches Interesse ansprachen. Beim Abitur bin ich sogar durchgefallen, obwohl Franzosen und Engländer meine Lehrer gewesen waren, obwohl ich einen lateinischen Text auf Anhieb übersetzen konnte und obwohl ich – wenigstens im Gespräch – die französische Sprache beinahe so gut beherrschte wie meine Muttersprache.

Nach dem Tode meines Vaters reiste ich als Siebzehn-
jähriger ins Ausland; solange meine Schwestern noch nicht
erwachsen waren, hielt meine Mutter die Landwirtschaft
in Laxness aufrecht, später gab sie die Farm auf und kaufte
in Reykjavik ein Haus, in dem sie dann bis zu ihrem Le-
bensende wohnen blieb. Sie war in der Hauptstadt geboren und aufgewachsen und hat sich auf dem Lande nie ganz
wohl gefühlt, obwohl sie dort aus Pflichtbewußtsein mehr
als zwanzig Jahre lang lebte.

Als ich Weihnachten 1929 von Amerika nach Island zurückkehrte, ergriffen einige junge liberale Politiker der
zwei größten Parteien des Landes die Initiative zu einer
Eingabe im Parlament, wonach mir ein festes jährliches
staatliches Autorengehalt ausgesetzt werden sollte. Es waren der inzwischen verstorbene spätere Präsident des Landes, Asgeir Asgeirsson, Jónas Jónsson und der spätere Pre-
mierminister Olafur Thors. Die Zuwendung wurde be-
willigt und fiel so großzügig aus, daß ich von diesem Zeitpunkt an keine finanziellen Sorgen mehr hatte. Außerdem
brachte Ingibjörg Einarsdóttir, die ich kurz nach meiner
Heimkehr aus Amerika heiratete, einige Besitztümer in
die Ehe und übte noch ihren Beruf aus. Meine finanzielle
Lage war also auf längere Zeit hinaus abgesichert. So hatte
ich es auch nicht sehr eilig, meine Schriftstellerkarriere zu
beschleunigen, obwohl mir vorzügliche Angebote in Aussicht gestellt wurden. Wenn ich mich nicht völlig täusche,
wurde der Vertrag über »Salka Valka« erst unterschrieben, als das Buch bereits vollständig in der Originalsprache erschienen war; drei Jahre, nachdem Hasselbalch telegrafisch aus Dänemark die Übersetzungsrechte erbeten
hatte.

Besuche in Leipzig

Nach meiner Rückkehr aus Amerika war ich – oft für längere Zeit – häufiger Gast in Deutschland und speziell in Leipzig, denn dort lebte noch, von Schwindsucht gepeinigt, mein Kamerad und Freund, der Dichter Jóhann Jónsson. Obwohl er fünf Jahre älter als ich war, hatten wir in der Schule sehr zusammengehalten und nie unsere Freundschaft gebrochen. Nach bestandenem Abitur zog er nach Deutschland, wo er elf Jahre lang bis zu seinem Tode lebte. Menschen wie Jóhann Jónsson sind rar; klein von Wuchs, aber gut proportioniert, hatte er das Benehmen eines Mannes, der in irgendeinem erlauchten Zentrum der Kultur aufgewachsen war – dabei kam er aus Olafsvik auf Snaefellsnes, einem der schlimmsten Elendsnester Islands. Seine Vorstellungswelt war die eines in sich geschlossenen poetischen Traumes, sein Leben beinhaltete kaum mehr als die Beschäftigung mit den lyrischen Bruchstücken, an denen er ständig arbeitete. In seinen Augen fiel am meisten das Grün auf, seine unter gewaltigen Brauen hervorblickenden Augen waren zugleich anziehend und furchteinflößend. Die Gedichte, die er schrieb, umfaßten selten mehr als drei kurze Strophen, oft nur eine einzige; Jónsson setzte die Reduktion fort, bis beinahe nichts übrigblieb als der Kehrreim, der schließlich die Hauptsache geworden war. Gedichte wie »Ging ich auf einer Straße«, »Sanft gibt sich die Welt«, »Nächtlicher Wind« und »Wie spät« sind beispielhaft für seine Poesie. Von einem seiner Gedichte war schließlich nichts weiter geblieben als die Zeile »Still, still und Ruh«. Ich habe irgendwann einmal über diese Schöpfungen gesagt, nichts könne sich weiter dem Schweigen annähern und trotzdem noch ein Gedicht sein. Denn Gedichte waren es; er brauchte nicht mehr zu sagen als drei zusammenhängende Worte, manchmal nur zwei, damit sie Poesie wurden, voll meerestiefer, geheimer Musik im Hintergrund. Ähnlich komponiert sind oft chinesische Gemälde: nur einige Striche, die von selbst entstanden zu sein scheinen und die innerste Seele eines Vogels auf einem Zweig, vielleicht die Bewegung eines Insekts oder eines Grashalms ahnen lassen; der Rest des Bildes ist dann die Unendlichkeit selbst.

Jóhanns lyrische Miniaturen waren im Grunde nur Anläufe, knappe Skizzen, manche wie vor sich selbst hingemurmelt; alle zusammen sind jedoch Vorbereitung für das eine Gedicht, das zu dichten er in die Welt gekommen war, sein Sterbegedicht »Trauer«. Er verfaßte es, als die Krankheit, die er bereits in früher Jugend verspürt hatte, ihn von neuem in ihren Würgegriff nahm; nachdem er es beendet hatte, schrieb er kein Wort mehr. »Trauer« ist das einzige längere von Jóhanns Gedichten und umfaßt vierundzwanzig Gedichtzeilen; der Rhythmus, oft gebrochen, ist dem antiker klassischer Dichtkunst verwandt. Dies Sterbepoem kreist immer von neuem um das eine Fragewort: Wo? Nur ein Gedicht von den wenigen, die mir aus der Weltliteratur bekannt sind, rührt mich ähnlich wie Jóhanns »Trauer«: Das ist aus Puschkins »Eugen Onegin« das Sterbelied Lenskijs, »bevor er fallen wird«, in der unvergleichlichen Vertonung Peter Tschaikowskis.

Jóhann hatte sein Todespoem bereits abgeschlossen, als ich aus Amerika zurückkehrte, und wartete auf den Tod. Als ich ihn in Leipzig besuchte, verließ er das Bett und wollte, daß wir draußen spazierengingen. Zwei Frühlinge lang, 1931 und 1932, ging ich mit ihm durch die Gärten und Straßen der Stadt, und wir waren fröhlich. Wir ruhten in den Wirtshäusern aus, wo wir in jüngeren Jahren so oft gesessen hatten. Jóhann hatte seine dunkle Stimme verloren und konnte nur noch flüstern; die Tuberkulose hatte ihn ausgehöhlt, es war ihm oft kaum möglich, nur mehr ein wenig Nahrung zu sich zu nehmen. Manchmal vermochte er einen ganzen Tag lang den Kopf nicht vom Kissen zu heben und drehte sich dann zur Wand. Ich saß tagelang an seinem Bett, und dabei konnte es geschehen, daß er plötzlich sagte: »Ach, kann dieser verflixte Tod denn nicht bald kommen.«

Den Sommer 1932 über hielt ich mich in Berlin auf, jenen Sommer, den Christopher Isherwood in seinem Roman »Mr. Norris changes Trains«, einem der originellsten Werke der englischen Literatur, beschrieben hat. Dieser Roman ist wohl die genaueste Schilderung der geistigen Atmosphäre in der deutschen Weltstadt, ein halbes Jahr bevor Hitler ihr freies Leben erstickte. Ich hatte in diesem Sommer den zweiten Anlauf zu »Unabhängige Menschen« genommen (der erste – in Los Angeles – lag drei Jahre zurück), besuchte Jóhann oft und blieb den einen und den anderen Tag bei ihm; damals brauchte ein FFD-Zug fünfviertel Stunden von Leipzig nach Berlin. Jóhann wünschte sehr, daß ich Dr. Kippenberg kennenlernte, einen der angesehensten deutschen Buchverleger, Besitzer und Leiter des Insel-Verlags, der ein solches Gewicht auf erlesene und erstklassig edierte Buchausgaben legte, daß sie einmalig waren in der ganzen Welt. Jóhann verdiente bis zu seinem Tod beim Insel-Verlag sein Geld, indem er die deutschen Übersetzungen der Bücher diktierte, die Gunnar Gunnarsson auf Dänisch geschrieben hatte.

Dr. Kippenberg und ich haben uns sofort gut verstanden. Er war auf typisch deutsche Art ziemlich selbstbewußt; als er meine vom Kulturfonds herausgegebenen isländischen Bücher durchblätterte, sagte er: »Die Isländer sind sicherlich die besten Leute, aber Bücher können sie nicht drucken.« Er war ein durch und durch gebildeter Mann, ursprünglich, glaube ich, Wissenschaftler, und ein Humanist im echten Sinne dieses Wortes, weitsichtig, tolerant und liberal. Allem Anschein nach war er ein geselliger Mensch, doch an Gastfreundlichkeit überragte er mitnichten seine Landsleute. Einmal reisten wir zusammen nach Dänemark, samt seiner Gemahlin, und aßen auf der Warnemünder Fähre zu Mittag.

Mein Essen durfte ich selber bezahlen. Davon abgesehen, stellten beide große Persönlichkeiten dar: Zwei vornehme Deutsche von kosmopolitischem Zuschnitt. Dr. Kippenberg stellte mir in Kopenhagen ein rotwangiges Mädchen vor, Frl. Ingeborg Andersen, eine hervorragende Frau, die später in ihrem Vaterland als Direktorin des Gyldendal-Verlags berühmt werden sollte und nach Hasselbalch meine dänische Verlegerin wurde.

Alles waren eher sorgenlose Tage. Auf Jóhanns Empfehlung hin war Dr. Kippenberg eifrig bemüht, »Salka Valka« ins Deutsche übersetzen zu lassen. Mit ihm schloß ich im Frühjahr 1932 meinen ersten Vertrag mit einem ausländischen Verlag, während »Salka Valka« eben in der Originalsprache druckfrisch vorlag. Ich weiß noch, daß er mir bei der Unterzeichnung des Vertrags 2000 Mark als Honorarvorschuß zahlte, was damals ein Vermögen war; aber es fiel ihm nicht ein, aus diesem feierlichen Anlaß etwa Bier und Würstchen anzubieten. Dr. Keil, ein deutscher Austauschlehrer an der Universität in Reykjavik (jetzt heißt er Magnús Teitson und ist Kaufmann), wurde dafür gewonnen, so schnell wie möglich das Buch zu übersetzen. Doch Ende Januar 1933 kam Hitler an die Macht, und damit war für ein solches Buch kein Platz mehr in Deutschland.

Aus alter Gewohnheit hielt ich mich auch weiterhin des öfteren in Leipzig auf und arbeitete dort manchmal wochenlang an meinen Büchern, obwohl die meisten meiner besten Freunde tot waren, außer Frau Dr. Schumann und Frau Professor Hartmann und deren Pflegerin, Schwester Lilo, Kronprinzenstraße 32. Die zwei Erstgenannten waren meine Gastgeber und die Nibelungentreue selbst. Ich setzte meine Besuche bei ihnen noch etwa acht Jahre lang fort, kam mitunter zweimal im Jahr, im Frühjahr und Herbst. Wenn sie von meiner bevorstehenden Ankunft erfuhren, fingen sie an, das Haus bis in den entlegensten Winkel zu putzen, um alles auf Hochglanz zu bringen. Von dem Augenblick an, in dem ich die Türschwelle betrat, übergaben sie mir geradezu ihr Heim und zogen in ein Hinterzimmer neben der Küche um. Von Hoffnung auf Verdienst konnte bei ihnen nicht die Rede sein, denn die Rechnungen, die sie mir machten, lagen stets an der untersten vertretbaren Grenze. Snobismus konnte es auch nicht sein, denn ich war ja ein Niemand. Und Liebe konnte es auch nicht sein, denn beide waren bereits betagt. Mir ist selten so viel Respekt und Höflichkeit erzeigt worden; dazu gesellte sich eine gewisse angeborene deutsche Feierlichkeit, Redlichkeit und Güte, die ich weder zu erklären noch zu analysieren vermag. Sie erinnerten mich an die gütigen alten Frauen, die man zur Zeit meiner Kindheit in isländischen Torfhäusern antraf und die die Liebe selbst waren, wie sie in Kor. 13 gepriesen wird. Von dem, was in der Welt geschah, erfuhren die zwei alten Damen nur durch Schwester Lilo, die ihr Wissen von Wohltätigkeitsvereinen weit und breit im Land, bei denen sie jeweils Dienst hatte, bezog.

Diese lieben Menschen, von denen zwei krank und vom Alter gebeugt waren (die dritte, Schwester Lilo, war eine ältliche Jungfer) – just sie waren solche Nazis, daß Hitler, Göring und Goebbels ihnen quasi als Heilige galten. Eines Abends raffte ich mich auf und lud Schwester Lilo, die als einzige zu einem Gang ins Wirtshaus in der Lage war, ein, mit mir im »Thüringer Hof« zu Abend zu essen, einem Speiselokal aus dem Mittelalter, neben der Thomaskirche gelegen, das dann im Kriege zerbombt wurde. Ich muß hinzufügen, daß es in der Weimarer Republik bei einer Wohltätigkeitsinstitution, Winterhilfswerk genannt, üblich gewesen war, wenn es auf Weihnachten zuging, Leute in Stadt und Land loszuschicken, um Geld für die Armen zu sammeln. Die meisten Angesprochenen fanden es selbstverständlich, diesen höflichen, unauffälligen Menschen ein paar Pfennige zu spenden, die da zum Nutzen der Wohlfahrt Freiwilligendienste leisteten. Das Dritte Reich war nun ein

Tausendjähriges Reich, dessen Führer die richtige politische Idee für alle Zeiten gefunden hatte; in einer solchen Gesellschaft existierten natürlich keine Armen mehr. Das Winterhilfswerk wurde, wie andere Institutionen auch, der einzig wahren Lehre gemäß in eine straffe staatliche Organisation umgewandelt, und nun sammelten, je näher Weihnachten heranrückte, SA-Männer mit Büchsen auf den Straßen, in Lokalen und an den Haustüren; sie sagten, sie sammelten für den »Reichsarbeitsdienst« oder irgend etwas dergleichen. Das Bild hatte sich nicht wenig geändert, denn nun wurde die Büchse energischer geschüttelt als früher, und die meisten Menschen werden eher aus angeborenem deutschem Gehorsam gegenüber der Obrigkeit gespendet haben und aus Ehrfurcht vor Uniformen, als um der Liebe Gottes zu den Armen willen.

An jenem Abend, als ich mit Schwester Lilo im »Thüringer Hof« gerade die Suppe zu löffeln begann, trat ein SA-Mann herein; seine Uniformmütze war besonders tief in die Stirn herabgezogen, er war in Stiefeln, grüßte militärisch und schüttelte die Büchse furchterweckend vor uns über dem Tisch – mit einem Geklapper, als würden Steine in einen Eimer getan, um Pferde zu verscheuchen. Schwester Lilo hielt sofort mitten im Suppelöffeln inne und beeilte sich, aus ihrer Geldbörse einen Groschen herauszuholen, um ihn in die Büchse zu stecken. Der Unverschämte blieb weiter, steif wie ein Hampelmann, mit zusammengeklappten Hakken stehen und schüttelte die Büchse direkt vor meinem Gesicht. Ich nahm davon keine Notiz und löffelte weiter die Suppe in mich hinein, bis der Zudringliche beleidigt abzog. »Sie spenden nichts für die Armen zu Weihnachten?« sagte Schwester Lilo und war verständlicherweise ein wenig erstaunt. Ich antwortete, ohne viel nachzudenken, daß es doch kaum der Mühe wert sei; das Kleingeld, das man in die Büchse hineinsteckte, würde sowieso keinen anderen Christkindern zugute kommen als Hitler, Goebbels und Göring –

und wandte mich wieder den Themen zu, die wir vorher erörtert hatten. Schwester Lilo aber, die gewöhnlich wie ein Wasserfall redete (ich glaube, sie war die einzige mir bekannte Frau, die dreihundert Wörter in der Minute aussprechen konnte), hatte es die Sprache verschlagen. Sie nahm keinen Anteil mehr an dem, was ich noch sagte. Als ich aufsah, bemerkte ich, daß sie zu essen aufgehört hatte und daß ihr die Tränen in Strömen über die Wangen in die Suppe flossen. Daraus schloß ich, daß ich mich etwas zu grob über Deutschlands Söhne geäußert hatte, die diese Nation mehr bewunderte und heißer liebte als alle anderen Männer zusammen, die in ihrer Geschichte je eine Rolle gespielt hatten.

Kurz nach Kriegsende kam ich nach Leipzig und erkundigte mich gleich nach diesen Frauen. Man sagte mir, daß das große Mehrfamilienhaus, in dem sie gewohnt hatten, von Bomben zerstört und die Trümmer seitdem nicht angerührt worden seien; es wüchse langsam Gras darüber. Unter dieser Ruine lägen alle drei begraben: Frau Dr. Schumann, Frau Professor Hartmann und Schwester Lilo.

Friedenskongreß in Amsterdam

In einem vergilbten Exemplar des »Verkalýðsblaðið« (»Arbeiterzeitung«) vom September 1932 finde ich einen Artikel über das »Welttreffen wider den imperialistischen Krieg, gehalten in Amsterdam 27.–29. August«. Die Zeitung berichtet davon, daß Halldór Laxness als Vertreter der Sektion Island der Internationalen Arbeiterhilfe an diesem Treffen teilgenommen habe.

In dem Artikel steht, daß die Initiatoren des Treffens einige weltberühmte Humanisten, Wissenschaftler und Schriftsteller gewesen seien, es werden Männer wie Maxim Gorki, Henri Barbusse, Bertrand Russell, Alfred Einstein, Romain Rolland, Heinrich Mann, Martin Andersen Nexö, Theodore Dreiser und Upton Sinclair erwähnt. Fünftausend Menschen hätten an dem Kongreß teilgenommen, die Hälfte davon offizielle Gewerkschaftsvertreter aus 27 Ländern, die Vollmacht hatten, für 30 Millionen Menschen zu sprechen. »Diese Menschen sind hier versammelt, um Gespräche zu führen und Beschlüsse zu fassen. Herstellung und Verkauf von Waffen sowie der Militärdienst sollen zu einer Zeit, da es das Kapital am schlimmsten trifft, verurteilt werden.«

Henri Barbusse, der Verfasser von »Le feu« – lang und hager, eine gewaltige Nase, Bärtchen, große Hände und ein finsteres Gesicht, dunkle Stimme, unsympathisch – trat vor, um den Kongreß zu eröffnen. Die Menschenmenge grüßte, indem sie aufstand und gemeinsam die »Internationale« sang. Einmal abgesehen von der stattlichen Anzahl hochgeehrter Altmeister des Geistes aus aller Welt, kam die wirkliche Initiative zu dem Treffen ohne Zweifel aus dem innersten Kreis der Komintern, die damals trotz ihrer militanten Natur als Verkünderin des weltweiten Klassenkampfs ein friedliches Gesicht aufsetzte – wenn diese Initiative nicht gar von Stalin selbst ausging. Der Organisator des Kongresses war Willi Münzenberg, der zu dieser Zeit den internationalen Volksfrontallianzen radikalen Geist einhauchte – besonders den Vereinigungen sozialistisch gesonnener Intellektueller, die im Grunde nichts in den Arbeitergewerkschaften zu suchen hatten. Friedenskämpfer und Hohepriester des Geistes, die da ihre Namen unter alle möglichen Resolutionen setzten (manche Weltberühmtheiten ersten Ranges, andere unbekannt), waren alle auf irgendeine Weise der europäischen sozialistischen Tradition entsprungen und begrüßten das ›russische Wunder‹; die einen aus innerer Begeisterung, die anderen mit Vorbehalt, doch alle einig in ihrer Meinung, daß die russische Revolution – obwohl wie jede andere auch nur ein elementarer Ausbruch der Natur, der sich überall mit unterschiedlichem Ausgang ereignen könne – sich überall dort ereignen *muß*, wo Menschen an Leib und Seele terrorisiert werden. Die Hauptaufgabe dieser Frontabteilung Münzenbergs war es, dem russischen Sozialismus Sympathie zu erwerben – nicht zuletzt in den Bürgerschichten, der Klasse, die es vielleicht am leichtesten hatte, den Sozialismus als Theorie zu verstehen, denn ihr entsprang diese Lehre. Gleichzeitig hatten diese Frontkolonnen den Auftrag, den Brückenbau zu unterstützen, den die russische Kommunistische Partei errichtet hatte, indem sie in der ganzen Welt kommunistische Parteien gründen ließ.

Willi Münzenberg war nicht nur Organisator internationaler Kongresse für vielerlei verschiedenartige Gruppierungen der westlichen Welt, die denkbare Verbündete des russischen Sozialismus beim weltweiten Klassenkampf sein konnten, sondern in seiner Heimat Deutschland auch einer der energischsten Vorkämpfer, die Klasse der Intellektuellen zu organisieren, das sogenannte geistige Leben – selbstverständlich unter dem Vorzeichen des Kommunismus, wie er von den Erben der russischen Revolution verkündet wurde. Er war einer der einflußreichsten Männer in der kommunistischen Reichstagsfraktion und überhaupt die Triebfeder der damaligen KPD – das, was unter anderem politischem Vorzeichen Joseph Goebbels in Hitlers Gefolge darstellte. In den militanten kommunistischen Verlagen Deutschlands, z. B. im Europa-Verlag, dem Neuen Deutschen Verlag und dem Malik-Verlag, war Münzenberg der geistige Baggerführer, er hielt die Schicksalsfäden von radikalen linken Zeitschriften und Tageszeitungen in ganz Deutschland in seiner Hand, so auch der beliebtesten Berliner Abendzeitung, der »Welt am Abend«, und der unter allen Illustrierten am meisten verbreiteten »IAZ«. Ferner

standen etliche über die ganze Welt verzweigte Kampf-
organisationen unter seiner Obhut, z. B. die »Internationale
Arbeiterhilfe«, die in allen Ländern gleichermaßen Strei-
kende wie auch solche Arbeiter unterstützte, die in sogenannten ›toten Gebieten‹ lebten, in denen Erwerbsmöglich-
keiten durch die große Weltkrise vernichtet oder gestört
waren. Weiterhin ist eine internationale Institution zu nennen, die er von seinem Hauptquartier in Berlin aus steuerte,
die »Rote Hilfe«, die dafür kämpfte, daß Arbeiterführer
aus Gefängnissen entlassen oder vor dem Galgen bewahrt
wurden. Was diese Bewegung so stark machte und auch
Intellektuelle dazu brachte, sich in die linken Kolonnen
jener Tage einzureihen, war der drohende Faschismus in
Mitteleuropa, der sich ganz offen als Feind der Gebildeten
gebärdete und dessen Programm es war, all das wieder ab-
zuschaffen, was die bürgerliche Demokratie für die Selbst-
verwirklichung der Menschen errungen hatte, so die Freiheit der Meinungsäußerung, die Pressefreiheit und die Ver-
sammlungsfreiheit. Das Ziel der Faschisten war nach ihrer
eigenen Aussage letztlich das Zerstören der demokratischen
Ordnung an sich. Bis zur Perfektion hatten sie die infame
Methode entwickelt, unschuldige Menschen zuerst mit
irgendeinem Schimpfwort zu brandmarken, um sie dann
als Warnung für andere hinzurichten. Als Beispiel sei das
Argument der Nazis herangezogen, daß jeder, den zu er-
morden einem Antisemiten gefällt, ein Jude sei; noch heute
sieht Hermann Kesten darin die einzige für Rassisten rele-
vante Definition für Juden, die bis jetzt gefunden sei.
Wir Intellektuellen, wie wir uns in der ganzen Welt bezeichnen, waren bereit, uns mit jeder Gruppierung zu verbinden, die sich gegen eine Politik richtete, die uns den
Krieg erklärt hatte und uns unter dieser oder jener Bezeichnung, die sie uns gerade anzuhängen beliebte, mit Vernich-
tung drohte. Es gab keine antifaschistische Vereinigung, der
wir uns nicht direkt oder indirekt anschlossen, die Kommu-

nistische Partei nicht ausgenommen, obwohl wir normalerweise vielleicht nur halbwegs mit ihrer Linie übereinstimmten – dies war ein Gesetz der Zeit. Viele Intellektuelle hielten nicht eher inne, als bis sie plötzlich im innersten Zirkel des Kommunismus gelandet waren. Ich persönlich konnte mir nicht vorstellen, in eine Partei einzutreten, die an die Komintern gebunden war (das heißt: Befehle von einer Zentrale im Ausland befolgte) und die allgemeine persönliche Freiheit ihrer Mitglieder einschränkte; ich war immun geworden gegen eine neue Art von Katholizismus, nachdem ich mich von der alten getrennt hatte. Daher gab ich auch so lange meinen Namen nicht für eine sozialistische Partei in meinem Heimatland her, bis die Kommunistische Partei Islands aufgelöst wurde und einzelne Persönlichkeiten aus ihr wie auch aus der Sozialdemokratischen Partei sich in einer neuen Partei zusammengefunden hatten, die sich als von der Komintern unabhängig bezeichnete. Dagegen hatte ich bereitwillig die Pflichten eines Präsidenten der isländischen Sektion der »Internationalen Arbeiterhilfe« auf mich genommen.

Am Schluß jenes eingangs erwähnten eindrucksvollen Kongresses »wider den imperialistischen Krieg« wurde im Geist der Friedensbestrebungen derjenigen Menschen ein kämpferisches Manifest verabschiedet, die mit derselben gläubigen Inbrunst an den Klassenkampf glaubten wie Freud an seine Libido. Das Manifest war eine Kriegserklärung an das »kapitalistische System, die Ursache und die Wurzel der Ermordung von Millionen«; es war gegen Militarismus und Rüstung gerichtet, gegen Chauvinismus und nationalistische Massenverhetzung, gegen schändliche Kriegsfinanzierung durch Staaten, gegen Kredite und Steuerlasten zugunsten der Kriegsmaschinerie, da all diese Belastungen dem arbeitenden Menschen allein aufgebürdet würden, gegen Verhetzung und Verleumdung der Sowjetunion, gegen die Teilung Chinas usw., usw. Beschlossen wurde ferner, eine feste Institution in Paris zu etablieren, das »Internationale Arbeiter-Büro«, um das Programm des Kongresses durchzuführen, um »das Wirken der Völker gegen den Krieg« von dort aus zu dirigieren.

Besondere Aufmerksamkeit und herzlichen Empfang, so berichtet der Artikel aus der »Arbeiterzeitung«, fanden Patel, der Vorsitzende der indischen Parlamentspartei, die später verboten wurde, Katayama, der greise japanische Arbeiterführer, und Wilcott, ein junger britischer Navy-Offizier, der ein Jahr zuvor den Lohnstreik von 15 000 Angehörigen der britischen Marine organisiert hatte.

Den Höhepunkt des Kongresses an realistischer Analyse und Scharfsinn bildete die Rede von Willi Münzenberg, »früher Lenins Mitarbeiter bei der Organisierung der Jugendverbände und Gründer der internationalen Arbeiterhilfe«, wie mein Zeitungsausschnitt zu berichten weiß. Ich darf nicht vergessen hinzuzufügen, daß Willi Münzenberg, wenn er eine gute Stunde hatte, ein so hervorragender Redner war, daß die Tausende von Menschen, die zusammengepfercht bei tropischen Temperaturen in einem großen Sportsaal in Amsterdam hockten – dem Ersticken nahe, strömende Schweißbäche auf den Gesichtern –, jedesmal in dem Moment wie elektrisiert waren, wenn er seinen Mund auftat. Nach guter alter Proletariersitte trat er mit hochgekrempelten Hemdsärmeln auf das Podium, die schwarzen Bartstoppeln im fahlen Gesicht waren eine Woche alt, augenscheinlich hatte ein Kamm seit längerer Zeit keine Berührung mit diesem schwarzen, strähnigen Haar gehabt, das sich in alle Himmelsrichtungen sträubte; sein beherrschender Blick legte den ganzen Saal in Fesseln, atemlose Faszination übermannte die Zuhörer, sobald er mit seiner Rede begann. Es war die Redekunst der damaligen Zeit, die militante Rhetorik, die Stalin zwar abgelegt hatte, weil er sie für seine speziellen Zwecke nicht mehr benötigte, die aber auch in einer wunderlich-unheimlichen Weise bei Zähneknirschern wie Adolf Hitler blühte. Auch Joseph Goebbels darf in diesem Zusammenhang nicht vergessen werden: Er war vielleicht der Weltmeister in der Disziplin Rhetorik, ihm gelang es in bemerkenswerter Weise, sie mit einem gewissen akademischen Stil zu verquicken, wodurch oft ein großes rhetorisches Raffinement erzielt wurde – man denke nur an seine Rede über die ewige Herrlichkeit Deutschlands, die er eine Woche, bevor er seine sechs Kinder umbrachte und anschließend sich selbst, hielt. Heute ist diese Kunstform in Verruf geraten und wird als suspekt angesehen – abgesehen vielleicht von Havanna. Der Seligkeitsschauer jedoch, den diese Redekunst vor dreißig Jahren auf den Marktplätzen Europas auslöste, war der Schauer der Zeit und hat seinen unbestrittenen Platz in der Weltgeschichte des Gruselns. Wenige Monate nach diesem Kongreß in Amsterdam hatte der Nationalsozialismus in Deutschland die Macht ergriffen, und Adolf Hitler war auf einen Schlag Papst, Kaiser und Gott.

Martin Andersen Nexö

Auf der Rückreise vom Amsterdamer Kongreß nach Hamburg leistete mir Martin Andersen Nexö in meinem Erster-Klasse-Abteil ein wenig Gesellschaft. Er hatte an der Spitze des Kongresses gestanden und war sein glänzendes Zentrum gewesen: damals sechsunddreißig Jahre alt, ein weltberühmter kommunistischer Arbeiterschriftsteller und einer der wenigen ausländischen Dichter, deren Namen man im Rußland Stalins laut aussprechen durfte (so weit kam ich nie), ja, die Russen nannten ihn sogar im gleichen Atemzug mit Maxim Gorki, Henri Barbusse und Romain Rolland, und dazu gehörte viel.

Martin Andersen Nexö hatte die Ausstrahlung eines Patriarchen. Wo immer er hinkam, bekannten Fremde, daß sie sich nie etwas unter einem Erzbischof hatten vorstellen können, bevor sie ihn gesehen hatten. Trunkenbolde, die immer meinen, daß ihr angemessener Platz neben Bischöfen, Generälen, Filmstars und Premierministern sei, rannten auf ihn zu, wo immer er in der Welt auftauchte, und wollten ihn begleiten. Alle linken Poeten erkannten ihn wortlos als ihr Oberhaupt an, ausgenommen die Schriftstellerin Moa Martinson, die mir anvertraute, sie könne Patriarchen nicht leiden – wahrscheinlich weil sie selbst patriarchalisch gesonnen war. Der australische Autor Lindsay brachte einmal auf einem Fest, bei dem ich anwesend war, einen Toast auf Martin aus, indem er sagte, daß dieser seines Wissens der einzige Schriftsteller sei, der allein durch die Arbeiterbewegung und ohne alles Zutun der internationalen Literaturkritik Weltruhm erlangt habe, was er als Wunder in der Geschichte des literarischen Ruhms ansehe.

Andersen Nexö war um jene Zeit längst ein etablierter Schriftsteller von Weltniveau, bezog Einkünfte aus allen Teilen der Erde, teilte aber die Lebensauffassung von Märtyrern, wie sie mir durch einige asketische Mönche bekanntgeworden war, besonders durch meinen Lateinlehrer in Saint Maurice, Père Claus; der Pater drehte selbst bei frostigem Wetter seine Zentralheizung nicht auf, gleichgültig, wie kalt es ihm war und wie stark er bereits erkältet war, denn er war der Auffassung, ebenso wie die Armen unter den Kindern Gottes die Kälte ertragen zu müssen. Im selben Sinne erklärte auch Martin Andersen Nexö bei unserer Abreise von Amsterdam, er würde die ganze Nacht in der harten dritten Klasse zubringen. Als ich ihn fragte, warum er, ein reicher Mann, sich nicht einen Platz in der Polsterklasse nehmen würde, antwortete er genauso, wie mein alter Freund Père Claus geantwortet hätte: daß er, solange es Menschen gäbe, die dritter Klasse reisen müßten, zu ihnen gehöre. Ich selbst verließ den Zug, als er um Mitternacht die Grenze passiert hatte, und schlief mich von den Strapazen des Friedenskongresses in einem weißen weichen Bett eines deutschen Kleinstadthotels aus und fuhr dann am nächsten Morgen in einem anderen Schnellzug weiter.

Auf der Warnemünder Fähre traf ich Martin Andersen Nexö wieder. Ich entdeckte das Gesicht des Patriarchen in der dritten Klasse inmitten einer Gruppe von ärmlich aussehenden, aber fröhlichen Menschen: Sandalendeutschen mit Ziehharmonika und Blechnapf, Landarbeitern aus Polen, Frauen, die weinenden Kindern die Brust gaben, und Trunkenbolden, die die Hölle hinter sich dreinschleppten. Obwohl er immer noch die schlechtere Klasse benützte, erschien es mir als großer Vorzug, ja als Vergnügen, in der Gesellschaft des Meisters sein zu dürfen. Er offerierte mir bitteren Exportkaffee, den er aus angeborener Tapferkeit »echten Schiffskaffee« nannte, und kaufte mir auch einen Hefekringel, der mit einer Prise Nelken gewürzt war. Ich fragte ihn, ob er nicht müde sei, nachdem er die ganze Nacht schlaflos auf den steinharten Bänken der dritten Klasse im Zug zugebracht habe. Er leugnete nicht, daß er ein wenig mitgenommen sei und sich darauf freue, nach Hause zu kommen. Später erfuhr ich, daß er nach der Ankunft monatelang zu Hause das Bett hatte hüten müssen, schwer geplagt von Gicht.

Später habe ich viel darüber nachgedacht, ob diese Nachtreise des Meisters auf den harten Bänken der dritten Klasse aus Gründen der Askese erfolgte, ob er mir und anderen Anwesenden eine Art ethisches Beispiel hatte bieten wollen oder ob dafür vielleicht auch nur der einfache Grund gewesen war, daß er zu geizig war, mehr Geld auszugeben. Ich traf ihn oft, wenn meine Wege mich nach Kopenhagen führten: manchmal bei gemeinsamen Bekannten, manchmal in Lokalen, gelegentlich besuchte ich ihn auch auf Seeland. In seinem Heim war er ein fürstlicher Gastgeber, aber all die Male, wo wir samt Freunden in Gastwirtschaften zusammensaßen, war er nie der Einladende, nicht einmal, wenn er in Gesellschaft von Jüngeren und Ärmeren war. Er führte ganz penibel ein Haushaltsbuch. Ich erinnere mich daran, wie wir einmal durch eine Straße in Kopenhagen spazierten und er sich ein Exemplar des »Extrabladet« kaufte, das damals acht Öre kostete. Nachdem er seinen Geldbeutel geschlossen und ihn sorgfältig in der Tasche verstaut hatte, zog er ein kleines Notizbuch hervor und notierte die Summe, die er ausgegeben hatte: »›Extrabladet‹, acht Öre«. Noch heute frage ich mich, ob er das tat, um einem jungen Verschwender ein Beispiel zu geben.

Erst im Herbst 1938, nach langjähriger Bekanntschaft, gelang es mir, ihn wirklich zu erkennen und zu begreifen – im Licht des einzigen Ideals, das für ihn von Wichtigkeit war. Ich besuchte ihn damals in Stenlöse und genoß einen Tag lang seine Gastfreundschaft. Unter vier Augen war er gesprächig und ein unterhaltsamer Mann, freigebig im Mitteilen seiner überreichen Erfahrung und nicht zuletzt seiner Erinnerungen aus dem Kampf des revolutionären Sozialismus. Ich besaß so weit sein Vertrauen, daß er mit mir über fast alles sprach, ohne ein Blatt vor den Mund zu nehmen. Sein Buch »Et lille Krae« (»Ein armer Wurm«) schickte er mir mit folgender Widmung, die ich zitieren möchte, nicht, weil sie Letztgültiges über mich aussagte, sondern weil sie eine Erinnerung an ihn ist, die das edle Herz und das Wohlwollen dieses Patriarchen dem jüngeren Kollegen gegenüber bezeugt, der sich vorwärtstastete: »Lieber Halldór Laxness, nehmen Sie einen kameradschaftlichen Gruß und Dank für Ihre schöne Dichtung ›Unabhängige Menschen‹. Bjartur ist ein großes Menschenschicksal; der Wahrheit so nahe gelangt wie Sie in dieser Schicksalsbeschreibung sind wenige Dichter. Sie besitzen

100 Prozent Gegenwart und mehr Zukunft als irgendein anderer Dichter, den ich kenne. Sie bestärken uns alle in dem Glauben an unsere Sache! In Kameradschaft, Martin Andersen Nexö.«

Diese Widmung zeigt, daß er es als größten Vorzug eines Schriftstellers empfand, wenn dieser das Talent besaß, »uns alle zu bestärken in dem Glauben an die Sache«. Die edle Sache, die uns alle erlösen sollte, war der Grundton im Leben und Wirken von Martin Andersen Nexö, um ihretwillen wurde jeder Buchstabe geschrieben, jedes Wort gesprochen, jeder Öre gespart.

Dort in Stenlöse, fünf Jahre nach der Machtergreifung Hitlers in Deutschland, erzählte mir Martin Andersen Nexö, daß die Weimarer Republik ihm die meisten Leser zugeführt habe, zu jener Zeit habe er in Deutschland mehr Freunde besessen als irgendwo anders. Die Kommunistische Partei, so sagte er, sei während der Weimarer Republik der Hoffnungsschein Westeuropas gewesen. Einem so populären Schriftsteller wie Andersen Nexö strömten aus Deutschland nicht geringe Honorare zu, er hatte eine deutsche Frau geheiratet, die jung und schön war, und so ergab sich, daß er nach Deutschland zu ziehen beschloß, um dort im Schoße der deutschen Arbeiterklasse und im Glanz der mächtigen deutschen Kommunistischen Partei zu leben, die das Licht der Welt war. Nach Hitlers Machtergreifung kehrte Martin Andersen Nexö wieder nach Dänemark zurück. Sein Aufenthalt in Deutschland fiel in die Münzenberg-Ära mit all der expansiven Kraft und ungeheuren Anspannung, die die Kommunistische Partei zu jener Zeit auf kulturellem Gebiet bewies. In Stenlöse erzählte mir Nexö ungefragt, wie Münzenberg und seine Mitstreiter in einer Weise Geld aus jedermanns Tasche zogen, die am ehesten an amerikanische Sektenprediger erinnerte – solche Männer vermögen mit hypnotisierenden Argumenten, einer Art Gehirnschnellwäsche, gründlichst die Taschen von wem auch im-

97

mer zu leeren, wenn er nur genügend labil ist und der Versuchung nicht widerstehen kann, auf sie zu hören. So gelang es den Geldeintreibern Münzenbergs, auch Martin Andersen Nexö beinahe um seine ganze Habe zu bringen; die Höhe der Summe ist mir nicht gegenwärtig, denn es ist lange her, daß er mir dies erzählt hat, aber es war ein Vermögen. In diesem Fall hat er sich natürlich nicht die Mühe gemacht, wie bei den acht Ören für das »Extrabladet«, die Summe im Haushaltsbuch festzuhalten! Martin Andersen Nexö war stolz und froh, diesen Beitrag – rechtlich unwiderrufbar oder doch schlecht abgesichert – für die Partei in ihrem Kampf geleistet zu haben, die »die Vorhut der Menschlichkeit« war, wie sich die kommunistischen Parteien damals und vielleicht noch heute bezeichnen: »The vanguard of humanity«.

Leider war die deutsche Kommunistische Partei durch menschliche Unzulänglichkeiten ausgehöhlt, wie Martin Andersen Nexö mir berichtete; aber davon wußten die Kräfte des Geistes, die humanistisch gesonnenen Künstler und idealistisch denkenden Schriftsteller nichts, die ihr Werk und ihren Namen wie auch ihren letzten Pfennig dafür opferten, diesen Siegeszug der Menschlichkeit zu unterstützen – bis alles zu spät war und Hitler die Macht übernommen hatte. Zu viele Vertreter der Partei waren Geldeintreiber für sich persönlich gewesen, sprachen gerade und dachten schief: Geld, das sie aus den Taschen treuer Parteimitglieder und opferbereiter Edler des Geistes herausholten, investierten sie in mancherlei Firmen, und so floß auch das Geld, das Martin Andersen Nexö zusammengespart hatte, indem er ständig dritter Klasse fuhr, in die Mühlen der Textilfirma eines Schwindlers.

Freibrief für Moskau

In jenen Tagen war es ungemein erregend, daß sich der Sozialismus in einem der Hauptreiche der Welt als Staatsform etabliert hatte. Heute rührt das nicht länger die Herzen; es ist eine längst anerkannte Tatsache. Die meisten von uns in Europa, die sozialem Denken zuneigten, sahen damals in dem russischen Sozialismus ihren Verbündeten gegen die Faschisten – auch diejenigen unter uns, die gegenüber Sowjetrußland skeptisch eingestellt waren. In den Augen der Kommunisten in den westlichen Ländern war das »russische Wunder« ein Faktum, das ihnen die Richtigkeit ihres Weges bewies, sie machten die neue russische Ordnung zu ihrer moralischen Richtschnur und stellten darauf ihr Leben und ihren Beruf ab. Ich selbst (wie so mancher andere auch) war nicht wenig neugierig, ob Rußlands Sozialismus wirklich das leuchtende Beispiel bot, den Kampf gegen die Armut der Welt zu gewinnen: Bist du der, der kommen wird, oder sollen wir einen anderen erwarten?

Als Präsident der isländischen Sektion der »Internationalen Arbeiterhilfe« mußte es mir ein leichtes sein, in die Sowjetunion zu gelangen; bekannt war, daß dieser Verband Vorrechte genoß und unter dem besonderen Schutz der Sowjetregierung stand. Willi Münzenberg wurde in der UdSSR zu den Freiheitshelden gezählt, außerdem war er einer von denen, die Schlüsselpositionen in der Komintern innehatten. Da ich mich gerade in Berlin aufhielt, raffte ich mich auf und schickte Münzenberg ein paar Zeilen, in denen ich um seine Vermittlung für eine Rußlandreise bat. Kurz darauf erhielt ich die Aufforderung, ihn aufzusuchen.

Münzenbergs Hauptquartier befand sich in einem mehrstöckigen Geschäftshaus, wo er mitsamt den Verlagsfirmen, die ihm unterstanden, und den Zentralbüros der von ihm geführten internationalen Organisationen residierte. Kommunistische Büros waren damals überall gleich, wo auch immer sie sich befanden, ihre Atmosphäre war der mancher Hotelfoyers in Moskau bis zum heutigen Tag nicht unähnlich; alles ein wenig heruntergekommen und unordentlich, ohne direkt verschlampt zu sein. Eine Unmenge von Menschen der verschiedensten Rassen und Hautfarben strömte über die Korridore, eilte treppauf, treppab, überall standen größere Gruppen in erregte Diskussionen vertieft herum; erstaunlich viele hatten wohl eine Woche lang schon keine Zeit mehr zum Rasieren gehabt – schließlich hatte die Weltrevolution den Vorrang. Bei den Kommunisten jener Zeit waren Lederjacken beliebt und seltsame Arten von Hüten, die immer so wirkten, als seien sie mißlungene Nachahmungen der Hutform überhaupt; die Fußbekleidung dieser Vielzahl von Menschen entstammte undefinierbaren Moden, die Schuhe waren oft blau, gelb, grün oder weiß, das Oberleder war perforiert; nicht wenige trugen an diesem sonnenheißen Sommertag Gummistiefel. In den Gesichtern dieser Menschen lag Unruhe und Spannung; jeder schien seine festumrissene Position bei der Erneuerung der Welt zu haben. Leute waren darunter, die noch das Gesicht des 19. Jahrhunderts trugen – Kombinationen von Gelehrsamkeit und Romantik in einer Person mit entsprechenden Lorgnons, Kinnspitzbärten à la Napoleon III., wildzerwühltem Haar wie bei Holger Drachmann, Philosophen, Professoren und Fanatiker, die man heutzutage Ideologen nennen würde, Fossilien aus den Tagen Proudhons und Bakunins inmitten des zielstrebigen Zustroms von Funktionsträgern einer Organisation, die nicht mehr das Luftgespinst von Utopisten war, sondern einen der einflußreichsten Apparate realer Machtpolitik repräsentierte.

Hier ging es nicht ohne lange Wartezeit ab. Der Besucher mußte immer wieder Funktionären in aufsteigender Ranghöhe sein Anliegen mitteilen; jedesmal von neuem wurde ihm sein Bericht abverlangt. Nachdem man sich durch sämtliche Vorbüros durchgekämpft hatte, lichtete sich der Weg, und Münzenberg selbst wurde im Innersten der Büros sichtbar – leger gekleidet, die Ärmel in der Hitze über die Ellenbogen gekrempelt, die Haare ungekämmt, mit obligatorischem wochenaltem Bart, braunäugig, langem sich nach unten verjüngendem Gesicht, Ansatz eines Bauches – umringt von stenografierenden Berichterstattern, Sekretären und Boten, die auf Aufträge warteten. Endlich, als eine kleine Pause eintrat, gelang es mir, mich bemerkbar zu machen. In Münzenberg spürte man eine gewisse Ungeduld – kein Wunder bei diesem Besucherstrom, der offenbar den ganzen Tag über ohne Unterbrechung anhielt; mir schien, daß er gleichzeitig möglichst viele Menschen mit möglichst wenigen Worten abzufinden versuchte. In Habitus und Aussehen vermied er offensichtlich alles, was besondere Aufmerksamkeit wecken könnte – dem Gesetz entsprechend, das häufig bei Tieren herrscht, die sich der Umgebung anpassen müssen, um nicht getötet zu werden. (Dennoch blieb ihm dieses Ende nicht erspart.)

»Du willst nach Rußland gehen«, sagte er ohne Umschweife auf deutsch und legte, während er vorbeiging, plötzlich brüderlich den Arm um meine Schultern. Sicherlich hatte er zuvor die genauesten Auskünfte über mich eingeholt, denn er stellte mir keine persönlichen Fragen. Seine Worte hatten die Klangfarbe irgendeiner Mundart von der Peripherie der deutschen Sprache: ein sympathisches gewöhnliches Mitteldeutsch mit Zungen-R und einem leichten Anflug zum Lispeln beim S. Ich fand es seltsam, daß er Rußland sagte statt Sowjetunion; dies galt zu jener Zeit als reaktionär. Er blieb bei einem seiner Sekretäre stehen und fing an, einen Brief zu diktieren. Dann fragte er mich, wann ich aufbrechen wolle, und ich nannte den Herbst, da ich vorher noch einige andere Orte aufsuchen müsse. Der Brief war im Nu fertig, Münzenberg unterschrieb, faltete ihn zusammen, reichte ihn mir und sagte, ich solle ihn dem russischen Botschafter in Berlin zeigen oder auch dem in Stockholm, wenn mir das lieber sei. Er verabschiedete sich von mir mit ausgesuchter Liebenswürdigkeit zweiter Klasse und führte mich zur Tür, wobei er wieder einen Arm um meine Schulter legte, um noch einmal unsere Kameradschaft zu unterstreichen; der Zweck meines Besuches war erreicht.

Ich brauche kaum zu betonen, daß dieser Brief bei allen Stellen, die für Auslandsreisen zuständig waren, Wunder wirkte: Türen öffneten sich wie von allein, Stempel drückten sich geradezu automatisch mit einem dumpfen Geräusch auf die notwendigen Papiere. In der Sowjetunion war Münzenberg so beliebt (richtiger gesagt: so propagiert worchen), daß selbst riesige Fabriken seinen Namen trugen; die von ihm geleiteten Verbände wie die »Internationale Arbeiterhilfe« hatten in Moskau, wenn ich mich recht erinnere, ihren Sitz in einem vielstöckigen Hochhaus an der Ecke Glinkastraße, Tverskaja.

Stunden in Stockholm

Zwischen Amsterdam und der Sowjetunion lag eine Station, die für mich in diesem Herbst wichtig war: die »Isländische Woche« in Stockholm, eine jener beglückenden Veranstaltungen, bei denen zwei Nationen versuchen, ihr Bestes aufzubieten. Es handelte sich um die erste Woche dieser Art, die ich bei den Schweden verbrachte, diesen im Alltag kühlen, aber bei Festen fröhlichen Menschen, die sich am Abend alle duzen, küssen und im Trunk einander lebenslange Treue schwören, doch am nächsten Morgen einander wieder nicht mehr kennen. Später habe ich oft darüber gelacht, doch damals verstand ich noch nicht, warum am Ende eines Festes eine Dame zu mir sagte: »Vergiß nicht, daß wir per ›du‹ sind, auch morgen früh.« Die Schweden sind bei Tisch derart höflich, daß sie sich verbeugen und einander tief in die Augen schauen, wann immer sie einen Schluck Rotwein zu sich nehmen. Diese feierliche Innigkeit scheint so etwas wie tiefseliges Glück über eine importierte Ware auszudrücken, die in einem so kalten Land wie eine Gottesgabe ist, allerdings eine hochverzollte. Solche Einstellung begreifen Menschen aus südlicheren Regionen nicht, wo der Wein genauso zu jeder Mahlzeit gehört wie Pfeffer und Salz, und wo selbst jeder arme Taglöhner zu einem Stück Brot und zwei Feigen seine Karaffe Wein trinkt.

In Schweden findet kaum ein kleines Gastmahl statt, ohne daß nicht einer nach dem anderen aufsteht, um eine Ansprache zu halten. Es gilt als unhöflich, jemanden direkt mit »Du« oder »Sie« anzusprechen; jeder muß vielmehr den anderen mit seinem Familiennamen oder seiner gesellschaftlichen Stellung titulieren, wobei Stellung oder Titel einen Grad höher sein müssen als in Wirklichkeit. Ich habe in meiner Jugend und Werdezeit nie etwas kennengelernt, das solcher Höflichkeit gleicht. Mich belustigte dieses zeremonielle Benehmen, besonders, wenn ich es aus dem Hintergrund studieren konnte. Bald kam ich zu dem Schluß, daß jeder Ausländer, der versuchen würde, diesen sonderbaren Ritus einzuhalten, binnen kurzem weder aus noch ein wüßte, und so erfand ich die Methode, die ich seitdem immer auf schwedischen Festen angewendet habe: meinem Tischgenossen nämlich zu erklären, daß ich nun einmal meinerseits nicht die Gepflogenheit hätte, durch die Nase zu trinken. Auf dieser Basis haben mich die Schweden immer entschuldigt, wenn ich nicht mithielt, und mir verziehen.

Es ist noch gar nicht so lange her, daß mich eine amtliche Statistik über den Seifenverbrauch der Schweden verwunderte: Danach kaufen sie von dieser Ware nicht einen Bruchteil dessen, was vergleichbare Nationen verwenden. Diese Statistik wird durch die gravitätische Feierlichkeit veranschaulicht, mit der die Schweden ein gewöhnliches Bad bereiten: ein solches Unternehmen in Schweden erinnert an das Pontifikalamt der katholischen Kirche. Wenn der Gast dem Hotelpersonal zu verstehen gibt, daß er seinen Leib zu reinigen gedenke, vergeht eine lange Zeit, bis der Hoteldirektor oder der Empfangschef dieses Ansinnen überhaupt verdaut hat. Endlich (mitunter erst nach mehreren Reklamationen) erscheinen die Badezeremonienmeister: der Ober- und der Unterbademeister, beide in steifer weißer Leinenpracht, und geben unter zahllosen Verbeugungen kund, daß nun das Bad wohl bald bereit sein werde. Dann wird das Opfer mit einer Art priesterlicher Verkleidung versehen, die aus einem bis auf die Knöchel reichenden Bademantel und einer dazugehörigen Haube besteht, sein Haupt zu bedecken; an die Füße werden ihm Schuhe aus Bast gebunden, die beinahe sieben Nummern zu groß sind. Darauf wird dem Menschen ein Badetuch gereicht, das einen so ungeheuerlichen Umfang hat, daß es sinnlos wäre, es ganz fassen zu wollen, außer man schnitte es in zwanzig normale Handtücher auseinander. Das Badezimmer selbst ist mit schaudererweckenden Gerätschaften ausgestattet, die aus den Tagen der Inquisition in Spanien zu stammen scheinen, Gegenstände, deren Sinn ein Ausländer kaum begreifen kann. Die beiden Meßdiener bzw. Zeremonienmeister treten von einem Fuß auf den anderen, bis man sie bittet, sich doch zu entfernen, damit man sich endlich in Ruhe waschen kann. – Ich hatte mich (besonders in Amerika) an ganz unzeremonielle Bäder gewöhnt – eine Dusche in der Früh und ein Vollbad am Abend –, so daß jegliche das Baden betreffende Zelebrität mir unverständlich bleiben mußte; als ich die Rechnungen sah, habe ich mir sehr bald diese Bade-Messen abgewöhnt. Es zeigte sich nämlich, daß im schwedischen Hotel ein normales Bad als eine Art Spleen reicher Sonderlinge angesehen wurde, der auch entsprechend zu bezahlen war. Später erfuhr ich, daß in den Hotels (ausgenommen die der Luxusklasse) und in den Wohnungen der Durchschnittsbürger in der Zeit vom 15. Mai bis 15. Oktober jegliches Baden in warmem Wasser untersagt war.

Dennoch schienen die Schweden eine besonders saubere Nation zu sein, sauberer sogar als mein Volk, das doch mehr warmes Badewasser in seinen vier Wänden zur Verfügung hat als wohl irgendeine andere Nation auf dieser Erde. Vielleicht wird der schwedischen Jugend eine pedantische Hygiene mit häufig wiederholten Schnellwaschungen beigebracht, wie sie in manchen Ländern Sitte ist, als zweckfrei betriebenes Ritual, das als solches selbst schon wieder einen Luxus darstellt.

Früher, als es die metallglitzernde moderne Architektur noch nicht gab, schimmerte Stockholm in den Kreidefarben Hellblau, Gelblich und Dunkelrot und erfreute das Auge bei schönem Wetter unter seinem lichten Himmel mit weißen Wolken, sich widerspiegelnd in hellen stillen Strandbuchten. Der reine und kühle Glanz Schwedens wird manchem Ausländer eine unvergeßliche Erinnerung an dieses Land sein. Dieser Eindruck einer farbfrohen, klaren Helligkeit wurde verstärkt durch die leuchtend blauen Augen der Menschen, ihre Gesichter und ihr von der Sonne gebleichtes Haar. Das Land, der Himmel und die Menschen scheinen von Natur aus kein Bad zu benötigen.

Außer Fräcken, Orden und Festen in Schlössern und Prachtsälen (die Wasserspiegelungen vom Lagersee freilich nicht zu vergessen) sind mir zwei Erinnerungen aus dieser Zeit geblieben, beide mit Isländern verbunden – schließlich war es eine Isländische Woche. Die erste: wie Professor Sigurður Nordal in der Musikakademie eine dreiviertel Stunde lang über das Wesen der isländischen Literatur der letzten tausend Jahre sprach, ohne ein Wort aus einem isländischen Buch zitieren zu müssen. Er umriß die natürlichen Gegebenheiten des Landes und beschrieb, welche Reaktionen sie in dem Volk hervorriefen, gab Beispiele aus dem Leben von Bauern und Seefahrern sowie der Isländer im Ausland, wie sie anderen Völkern, deren Machthabern und Fürsten entgegentraten, und beleuchtete kurz das Paradoxon, daß auf einer unbekannten Insel, weit entfernt von der großen Welt, klassische Literatur des germanischen Europas entstand, die so stark in der Wirkung war, daß die isländische Sprache nicht eines unter mehreren bedeutungslosen Idiomen des übrigen Skandinavien wurde, sondern eine der wichtigsten Sprachen Nordeuropas schlechthin.

Mag sein, daß es eine Legende ist, die Nordal in Stockholm zum besten gab und die seit Urzeiten auf Island lebendig ist: die Geschichte von jenem Mann, der im Verlauf eines in Island geführten Prozesses nach Dänemark fuhr, um beim dänischen König sein Recht zu erlangen. Es heißt, er sei, als er den König grüßte, nur auf *ein* Knie gefallen, obwohl es einem Nichtadeligen zukam, auf *beide* Knie zu fallen. Gefragt, was ihn dazu veranlasse, habe er geantwortet: »Ich knie vor der Hoheit, aber ich stehe auf meinem Recht.« Hier liegt der Kern der Geschichte aller isländischen Politik seit der Zeit von Egil Skallagrimsson. Daraus wird auch die isländische Literatur besser verständlich, als wenn man Zitate anhäufte und ausführliche Passagen aus den Sagas erläuterte.

Ich glaube auch, daß bei näherer Betrachtung von Sprüchen und Sentenzen unserer gesamten Literatur sich immer Abwandlungen dieses Themas als die Regel erweisen würden, freilich von Fall zu Fall unterschiedlichen Gewichts – von der Antwort dieses Mannes an, der zwar das Urteil fremder Gotterwählter hören möchte, jedoch mit dem festen Vorsatz, sich ihm nicht zu unterwerfen, bis hin zu den vielen Zurückweisungen bestimmter Anliegen von ausländischer Seite zu allen Zeiten, wo wir stets in allen unseren Verlautbarungen unseren Vorbehalt nachdrücklich fixierten und auf dem Buchstaben unseres verbrieften Rechts bestanden. Dies alles geschieht aus der Gewißheit heraus, daß Obrigkeiten zerplatzen wie Seifenblasen, daß hingegen das Gerechtigkeitsgefühl die stärkste Kraft der Menschheit bleibt und das Leben des Menschen auf dieser Erde trägt.

Die zweite Erinnerung ist ganz anderer Natur, wenn sie auch eine Lehre in sich birgt, die der Logik der Dichtung entsprungen ist. An isländischer Literatur wurde in dieser Woche in Stockholm 1932 meiner Meinung nach nur wenig von Bedeutung herausgestellt. Darunter war ein Gedicht, kaum eine Minute lang, von einem Isländer so gut vorgetragen oder vielmehr so richtig, daß ich das Gefühl hatte, endlich das Beispiel eines Gedichts vor mir zu haben, das wirklich vollkommen wäre. Das Gedicht über den »fremden Gast« hatte ich bestimmt schon tausendmal gehört, aber nun vernahm ich es zum ersten Mal in kongenialem Vortrag. Ich bitte um Nachsicht, wenn ich dieses Liebeslied, von Jóhann Sigurjónsson auf Dänisch verfaßt, im Original in seiner ganzen Wortgewalt wiedergebe:

Han kom en sommeraften den farende svend.
Hans stolte hvide ganger jeg kender let igen.
Endnu hører jeg de hovslag i mit hjerte.
Jeg vandede hans ganger, jeg klappede dens lænd.
Jeg kyssed den til afsked som en kær og gammel ven.
Endnu hører jeg de hovslag i mit hjerte.
Og siden kom der mange baade unge og smukke mænd.
Men ingen havde øjne som den farende svend.
Endnu hører jeg de hovslag i mit hjerte.

Hier tritt wieder die Form der chinesischen Miniatur in Erscheinung – wie auch in den Gedichten von Jóhann Jónsson, und vielleicht war sein Werk es, das mich zu solcher Dichtung vorbereitete: das »Wundersamste« zu sagen (wie es Ibsen in »Nora« nennt), indem alles weggelassen wird außer den Zügen, die zufällig, beiläufig erscheinen; dahinter aber wird das Unendliche ahnbar. In den wenigen Versen wird mit knappen Worten das Bild vom weißen Hengst heraufgerufen, ein flüchtiges Bild des stumm bleibenden »fremden Gastes« und selbstverständlich das des Mädchens. Es holt Wasser heran, löscht den Durst des Pferdes und küßt es danach aufs Maul; Hufschlag, der Gast ist weg, die Geschichte ist zu Ende – die Geschichte eines ganzen Lebens inmitten der Unendlichkeit. Das Wesentliche wird nicht ausgesprochen, denn in dem Moment, da es artikuliert würde, wäre es nicht mehr vorhanden, richtiger: wäre es zum Wort geworden, und das Unendliche würde verdrängt. Wer war es, der mich dieses kleine Gedicht von Jóhann Sigurjónsson recht verstehen lehrte und mir den Schlüssel zur Poesie überhaupt gab, der mir bis zum heutigen Tage geblieben ist? Es war eine junge isländische Schauspielerin (ich glaube, sie war nicht einmal dreißig Jahre alt), die in der schlichten Volkstümlichkeit auftrat, die bezeichnend ist für Island, mit dem Hauch ursprünglicher weiblicher Güte in Benehmen und Sprache. Ich hatte das Gefühl, sie sei der Inbegriff der isländischen Frau, wie sie in den isländischen Balladen und Legenden besungen wird. Es schien mir, als würde in der wohlabgewogenen, sanften Leidenschaftlichkeit ihres Vortrags aus dem Innersten und Tiefsten isländischer Poesie rezitiert, obwohl das Gedicht doch auf Dänisch geschrieben war. Diese Frau hieß Anna Borg. Ich sah sie später öfter in bedeutenden Rollen im Königlichen Theater in Kopenhagen, wo sie engagiert war und zu einem der großen Mimen Skandinaviens heranwuchs. Dennoch sehe ich sie vor allem und noch immer in der Offenbarung dieser Minute in Stockholm im Herbst 1932.

Leningrad mit eigenen Augen

Meine Vorstellungen von der Sowjetunion waren von der Art, daß es – so meinte ich – nicht schaden könnte, wenn sie einmal mit der Wirklichkeit konfrontiert würden. Diese Einstellung war nicht ganz unähnlich derjenigen, wie sie Gide einige Jahre später beschrieb und über die er ganz offen erklärte, daß die Macht eine große Tragödie in seinem Leben darstelle. Ich war natürlich auf meine Weise ein Ästhet, als ich dort hinfuhr, glaubte an ein schönes Menschenleben, das durch Ordnung gesteuert würde, und nahm an, daß man ein solches Leben nun in der Sowjetunion führen würde, erwartete allerdings keine paradiesähnlichen Verhältnisse in dem Sinne, daß dort das Leben auf eine Stufe gelangt wäre, wie sie von jedem Erlösungsprediger versprochen wird: neuer Himmel, neue Welt und neue Menschen. Wohl aber glaubte ich zu wissen, daß in der Sowjetunion die gesellschaftliche Basis für ein neues Ethos geschaffen worden sei. Seit der Russischen Revolution waren fünfzehn Jahre vergangen, und beinahe zehn Jahre, seit der Bürgerkrieg zu Ende war; die Menschen mußten meiner Ansicht nach inzwischen längst den neuen Weg des Fortschritts betreten haben. Ich besaß nicht genügend Lebenserfahrung und Wissen um die Welt, um auf den Gedanken zu kommen, daß Armut und Sozialismus *eine* Sache sein könnten, sondern hatte mir vorgestellt, daß alle Menschen das Notwendigste zum Leben haben würden – dies würde Sozialismus bedeuten: daß die Wohnstätten der Menschen Harmonie und Lebensfreude verströmen würden, daß jede Ware, die in einem sozialistischen Land hergestellt worden war, davon zeugen müßte, daß die Arbeiter in sie ihren Ehrgeiz und ihre Liebe investieren würden, daß das Zusammenleben der Menschen von Solidarität getragen wäre und daß die lächelnde Heiterkeit einer triumphierenden neuen Lebenspraxis sich in den Gesichtern der Menschen widerspiegeln würde.

Ich kam gerade aus Ländern, wo Krisen die Tagesgespräche beherrschten. Barbaren-Parteien grassierten in Mitteleuropa und drohten, mittelalterliche Regierungsformen zu etablieren. Deutscher Romantizismus hatte aufgehört, lyrisch zu sein; vielmehr hatte er sein wahres Gesicht gezeigt – den Widerstand gegen die Logik der Zeit – und bekannte sich zu Vorsätzen, die darauf abzielten, ganz Europa zu unterwerfen. Diese üble Tendenz in der Politik Westeuropas besagte aber noch lange nicht, daß dort eine Armut herrschte, die man als totale Not hätte bezeichnen können. Selbst die Menschen, die von Arbeitslosenunterstützung lebten, konnten sich mit dem Allernotwendigsten versorgen. Die Zeit, die die Marxisten die »relative Stabilisierung« nannten, die Wohlstandswelle der zwanziger Jahre, war zwar vorüber, aber wenn auch die Arbeitslosigkeit immer ernstere Probleme aufwarf (nicht zuletzt in Deutschland), so spiegelten doch die beschäftigungslosen Arbeiter nur einen relativ kleinen Teil des Volkes wider; wenn diese Arbeitslosen nicht mit Kampfparolen auf den Transparenten und mit den Emblemen ihrer politischen Parteien zu Demonstrationen zusammengetrommelt wurden, bei Blasmusik und Gesang, dann mußte man sie in ihren Parteiversammlungen aufsuchen, wenn man sichergehen wollte, überhaupt welche zu finden. In diesen Versammlungen aber traf man sauber und anständig gekleidete Bürger an und keine armseligen Clochards oder Lumpenproleten. Arbeitslose Menschen in Europa und Amerika waren kein in Fetzen gekleideter hungernder Pöbel, sondern Menschen, die eine vorübergehende Wirtschaftkrise durchstehen mußten; sie trugen saubere Kleidung und geputzte Schuhe und rasierten sich vorm Stempelngehen.

Zum Glück waren es nicht immer dieselben, die arbeitslos wurden, die Arbeitslosigkeit war wie ein von einer Gruppe zur anderen Gruppe wechselnder Kreisel. Sie traf die Menschen unterschiedlich hart, den einen mehr, den anderen weniger. Doch sogar die Not derer, die am schlimmsten dran waren, wurde nie total, vielmehr war ihre Armut dergestalt organisiert, daß sie zu Subventionsempfängern des Staats gemacht wurden mit speziellen Vorrechten und Pflichten, solange sie arbeitslos waren. Und wenn auch die Großstädte in Ländern wie Deutschland, Frankreich und England um diese Zeit vollgestopft mit Bettlern waren, so hatte die Bettelei genausowenig mit Armut oder gar mit der Arbeitslosigkeit zu tun, wie zum Beispiel Diebstahl oder Prostitution. Es sind nicht die Arbeitslosen oder Mitglieder der Arbeiterklasse, die solcher ›Beschäftigung‹ nachgehen, im Gegenteil: Bettler sind unter den Arbeitern nicht weniger verhaßt als das Lumpenproletariat. In einem Land wie Amerika werden wirkliche Clochards, dort *paupers* genannt, zu den Kranken gezählt; in Europa sind manche dieser Menschengruppen unter besondere Gesetze und Gerichtsbarkeit gestellt, wie zum Beispiel die Zigeuner. Trotz der schwierigen Lebensverhältnisse eines gewissen Prozentsatzes der Völker in Europa und Amerika, unter denen ich in meiner Jugend am längsten weilte, hatte ich nirgends totale Not vorgefunden, außer der, die man als billige Touristenattraktion in den klassischen Armuts- und Elendsvierteln Süditaliens und auf der iberischen Halbinsel regelrecht sucht, nämlich eine Art von Armut, die geradezu als Lebensgewohnheit erscheint, basierend auf uralter Tradition, eine Armut, die Gitarre spielt in engen staubigen Gassen und Hinterhöfen. Wenn auch die Armut, die die Weltwirtschaftskrise verursachte, als Beispiel für die Härte der herrschenden Regime und deshalb als legitimer Grund für eine Revolution nach dem Rezept der Marxisten galt, so mußte man sich doch Mühe geben, richtige Armutsnester aufzutreiben, wenn man dergleichen in Westeuropa besichtigen wollte. In manchen Ländern, die von Marxisten als schändliche Kapitalistenregime angeprangert wurden, waren solche Slums ziemlich schwer zu finden oder sogar gänzlich nichtexistent. Es ist kaum möglich, irgendeine Regierung zu nennen, die aus hemmungsloseren Verbrechern bestand als die deutsche Nazi-Regierung; dennoch ist die Armut in Deutschland ein kaum erwähnenswertes Kapitel, verglichen mit dem sonstigen Leid der deutschen Nation unter jenem Regime. Ja, es muß sogar bezweifelt werden, ob überhaupt nach sogenannten sozialen Maßstäben unter dem fürchterlichen Regime der Nazis meßbare Not und Armut existiert haben. Das Bild, das einem überall ins Auge sprang, damals wie auch heute, waren gut angezogene Menschen, Lichterglanz, mit Autos überfüllte Straßen und Plätze, eine unendliche Zahl von Geschäften, zum Bersten voll mit Ware. Dies war beileibe nicht nur Luxusware für Wohlhabende, obwohl es natürlich auch nicht an Luxusgeschäften mangelte; vielmehr konnte man feststellen, daß es einen Überfluß an spottbilligen alltäglichen Konsumwaren gab, die jedes Bedürfnis befriedigten, selbst derjenigen, die von der Arbeitslosenunterstützung lebten; sogenannte Nichtkonsumenten (*nonconsumers*) wie in Lateinamerika oder im Orient existierten in Europa und Nordamerika nicht, auch nicht in den härtesten Jahren der Krise und der Arbeitslosigkeit. Berlin quoll vor und auch nach der Machtergreifung Adolf Hitlers über von Zeitungen, Büchern, neuen Filmen und anderen preiswerten Unterhaltungsmöglichkeiten. Restaurants gab es wie Sand am Meer, angefangen beim Adlon und Kempinski bis hinunter zu billigsten Bierkneipen oder einfachen Würstchenbuden.

In Westeuropa um diese Zeit am härtesten von Armut betroffen waren nicht die Arbeiter (nicht einmal die arbeitslosen Arbeiter), sondern ruinierte Kleinbürger und Mittelständler, die alles in dem Wirtschaftschaos des Ersten Weltkrieges und in der Zeit der Geldentwertung, die ihm folgte, verloren hatten; ein Großteil dieser Menschen hatte bereits seine vitalsten Jahre hinter sich oder stand gar in hohem Alter. Sie hatten keine Arbeitsbewegung im Rükken, meist auch keine anderen Interessenverbände, ebenso keinerlei Helfer in diesem ihrem Staat und in ihrer Gesellschaftsordnung, die sie erst ruiniert und dann im Stich gelassen hatte. In den Jahren, als ich Deutschland oft besuchte, lernte ich viele solcher verarmter Mittelständler, die alles verloren hatten, kennen; zu ihnen zählten auch die schon früher in diesem Buch erwähnten Freundinnen in Leipzig, Frau Doktor Schumann und Frau Professor Hartmann. Nie konnte ich feststellen, daß sie höhere Einkünfte hatten als den als Altersrente bezeichneten Hungerlohn, der so lächerlich gering war, daß man damit gerade noch Mäuse hätte ernähren können. Am meisten erfreute es sie, wenn jemand kam, um ihre Stube und ihr Schlafzimmer zu mieten, wobei sie selbst in die Rumpelkammer umziehen mußten. Nie auch habe ich feststellen können, daß diese würdevollen Gelehrtenwitwen in den acht Jahren unserer Bekanntschaft je eine anständige Mahlzeit zu sich genommen hätten, vom Kauf von Kleidungsstücken ganz zu schweigen; einzig Schwester Lilo, die ihren Krankenschwesterberuf landauf, landab ausübte, hat sich wohl gerade noch davon ernähren können. Dabei waren sie in Worten und Verhalten immer vornehm und achtunggebietend; wenn sie außerhalb des Hauses erschienen, zogen die Männer die Hüte vor ihnen. Ich bemerkte nie, daß ihre Wohnung je geheizt wurde, außer wenn ich für ihren großen Kachelofen Briketts kaufte. Es war völlig undenkbar, daß diese Frauen jemals hingehen würden, von der Obrigkeit eine Gratissuppe zu erbetteln. Sie saßen in ihrer Wohnung inmitten ihres nutzlosen Krams, erfüllt von Erinnerungen, und glaubten an Hitler, bis er ihnen zu einer Bombe auf den Kopf verhalf, ohne daß irgend jemand diese beispielhaften Armen und Besitzlosen erwähnt oder ihrer gedacht hätte, es sei denn, man verfluchte sie als Bourgeois und Klassenfeinde.

Sicherlich bin ich noch nie in meinem Leben so überrascht gewesen wie an jenem kühlen Herbsttag 1932 in Leningrad; ich hatte noch das Bild vergleichbarer Städte wie Berlin, Amsterdam, Kopenhagen und Stockholm frisch vor Augen und hatte nun das Gefühl, auf einem anderen Planeten gelandet zu sein. In meiner Kindheit hatte ich einige Male völlig verarmte Landbewohner erblickt, die meistens infolge irgendeiner Geisteskrankheit nicht erwerbsfähig waren, manchmal auch infolge ihrer Trunksucht. Weiterhin kannte ich armselige Talbauern in abgelegenen Gegenden, die ich als Relikte einer längst vergangenen Zeit ansah. Diese Menschen waren in ihrem ganzen Auftreten von der Armut geprägt; die Männer ließen sich den Bart wachsen und gingen in Schuhen aus Schafshaut, die Frauen wickelten sich in Schals und Tücher ein, sie trugen Lumpenkleidung, wie sie sich unter den Talbauern seit Menschengedenken nicht geändert hatte. Wiederholt habe ich sie in Island aufgesucht, um sie zu studieren; sie waren immer der Gesprächsstoff anderer Menschen, entweder als Stein des Anstoßes der Allgemeinheit oder als Objekt der Spötter. Fremden wurden sie als Schaustücke und Phänomene vorgeführt. Wenn man Photographien aus den letzten Jahren des 19. Jahrhunderts von isländischen Menschen aus dem Volk betrachtet, stellt man sogleich fest, daß diese Menschen völlig unberührt von städtischer Kultur sind – verständlicherweise, da in Island erst seit Beginn des 20. Jahrhunderts Städte bestehen. Dennoch bleibt einem beim Betrachten dieser Gesichter nicht verborgen, daß sie einer gebildeten Nation angehören. Die Isländer waren sogar Europas produktivste Herstellernation von Büchern, lange bevor die Drucktechnik erfunden wurde: zur Zeit der Entstehung der Sagas. Viele unserer Bauern vor hundert Jahren werden den Ausdruck von Heiligen der antiken Kirchenkunst gehabt haben oder vielmehr den Ausdruck gerade geborener Kälber, die von den Taoisten Chinas mit weisen und vollkommenen menschlichen Wesen verglichen werden. Mir war auch die schlechtgekleidete und leichtfüßige Armut der süditalienischen Elendsviertel nicht fremd, wo ein junger Mann nichts weiter tun muß, als ein paar brauchbare Schuhe zu stehlen und irgend etwas, was einem Hemd ähnelt, um schon wie ein Marchese auszusehen. Auch hatte ich Amerikas Elendsquartiere kennengelernt, städtische wie ländliche, die doch nie so schlimm dran waren, daß nicht ein Auto vor der Baracke stünde, wobei die Wäsche auf der Schnur bezeugte, daß die Bewohner noch genug davon zum Wechseln hatten, und das nicht zu knapp. Niemand war in Amerika so arm, daß er es sich nicht leisten konnte, ein paar Kleidungsstücke im Ausverkauf zu erwerben. Selbst auf Gemälden des 17. Jahrhunderts, zum Beispiel denen der Niederländer, die die Landbevölkerung zeigen, scheinen die Dargestellten immer recht wohlgenährt zu sein; oft werden sie Bier trinkend gezeigt. Nie jedoch hatte ich mir derart zerlumpte Menschengestalten, und noch dazu in solchen Massen, vorstellen können, wie ich sie nun in den Städten Rußlands vor mir sah; bis dahin schien es mir unmöglich zu sein, dergleichen überhaupt auf der Welt anzutreffen. Ich sah auch nie wieder etwas, was dem glich, bis ich 25 Jahre später die Dörfer Indiens kennenlernte. Dabei gibt es kaum einen Ort in Indien, in dem man nicht auch wohlgekleideten Menschen begegnete, wie auch kein Dorf, in dem man nicht irgendeine Art von Ware fände, entweder Produkte von Handwerkern oder von Kaufleuten und Händlern angebotene Dinge. Alltägliche Konsum- und Gebrauchswaren wie auch Schmuck, selbst wenn sie nur bescheiden sind, scheinen auf jeden Fall nicht unter einem totalen Verbot zu stehen, und in manchem armen indischen Dorf habe ich sogar Versuche gesehen, sich zu schmücken, und sei es auch nur mit einem Ring an einem Zeh oder einem Knöchelband oder einer Glasperle im Nasenflügel. Die Sonne, den großen Armutsverschönerer, haben sie in Indien selbstverständlich gratis.

Der verschlampte und verkommene Pöbel, der im Herbst 1932 in Rußland Plätze und Straßen, Eisenbahnstationen und Verkehrsmittel füllte, war insofern den Armen der ›reaktionären‹ westlichen Welt unähnlich, als er völlig aus jeglicher Bindung an seine Umgebung herausgerissen und dem Archaisch-Ländlichen mit all seiner Rückwärtsgewandtheit und der bodenständigen »Armutskultur«, die solchen Orten eigen ist, entzogen war. So schlimm ist keine menschliche Gesellschaft dran, daß sie nicht unbewußt ihre Umgebung formt; jegliches Menschenleben trägt den Willen zur Anpassung und Versöhnung mit seiner Existenz in sich; noch die armseligsten sizilianischen Dörfer drücken ein solches Trachten nach Versöhnung der Menschen mit ihrer Armut aus – sie können sogar ästhetische Ansprüche erfüllen (sie wirken »pittoresk«). Doch hier in Rußland hatten die Lehrmeister beschlossen, ein System zu schaffen, in dem jegliche Versuchung zur Versöhnung mit dem Elend ein für alle Mal ausgerottet wäre; die Menschen wurden aus dem Rahmen ihrer Herkunft und bisherigen Existenz gestoßen, bevor ein neuer für sie gefunden war, innerhalb dessen ihnen Muße geboten wäre, ihr Leben neu zu überdenken. In jener Zeit sollen schätzungsweise 30 Millionen Landbewohner sich auf der Flucht vor den staatlichen Kollektivierungsmaßnahmen befunden und Haus und Hof verlassen haben. Diese entwurzelte Kleinbauernmasse hatte für Kuh und Schwein nichts anderes erhalten als Ideale und Propaganda, die die guten Leute natürlich nicht verstanden und sich nicht einmal anhörten. Wie sollten diese Muschiks (in Fetzen gewickelt, bartbewachsen bis in die Nase hinein, ähnlich den Clochards, die unter den Brücken von Paris schlafen) ihre Ohren irgendwelchen zynischen Lobreden, Schlagworten und utopischen Parolen öffnen, die ständig in Form von klebrigen und stinkenden Handzetteln der Regierung oder endlosen roten und weißen Spruchbandfetzen, die den Häuserwänden angeklatscht wurden, an das »Volk«, die »Allgemeinheit« ergingen? Das Volk war ja der eigentliche Held, jegliche Weisheit sollte ihm innewohnen, die Leistung der Revolution war diesen Menschen zu verdanken. Die Menschen waren der Keim der Revolution; schließlich hatte Maxim Gorki gesagt: »Ein Mensch – wie stolz das klingt! Lang lebe Stalin!« (Zum Glück waren diese Leute des Lesens solcher Worte unkundig.)

Die Städte, die die entwurzelten Kleinbauern in ihrer nebulosen Hoffnung auf Überleben aufsuchten, waren als Wohnstätten mehr oder weniger unbrauchbar. Das »System« war nicht im entferntesten dazu in der Lage, einem Ort wie Leningrad die wirtschaftliche Basis zu verschaffen, um die bescheidenen Ansprüche zu erfüllen, die eine endlos hereindrängende Menschenmenge stellte, die noch zu der schon vorhandenen Stadtbevölkerung hinzukam. Der damalige Zustand des Landes äußerte sich unter anderem darin, daß es nirgends eine Stelle gab, bei der man die notwendigsten Waren des in einem kultivierten Land alltäglichen Bedarfs hätte erwerben können; es ist zu bezweifeln, ob die Auserwählten im Himmel überraschter gewesen wären als damals die Russen, wenn jemand gefragt hätte, ob im Paradies eine Schere zu kaufen wäre oder etwa Rasierklingen. Der Konsum stand offensichtlich auf dem Tiefpunkt. Selbst eine Kleinigkeit zum Essen war ohne Rationierungskarten nicht zu bekommen. Viele Grundnahrungsmittel waren nicht aufzutreiben. Die sogenannten Torgsin-Geschäfte hatten einen besonderen Status, in ihnen konnte man für ausländische Valuta einkaufen, doch nur selten war Ware vorhanden, und oft gab es irgendwelche Streitigkeiten wegen meiner Lebensmittelschecks. Eine Hauptbeschäftigung des Volkes schien es zu sein, ständig vor den Türen irgendeiner kümmerlichen Verkaufsstelle Schlange zu stehen – dies nannte man offiziell »Warenverteilung«. Die Häuser und die Straßen Leningrads waren in jenen Tagen so heruntergekommen und verdreckt, daß es ein Wunder war, daß die Stadt nicht im Unrat versank; am Ende des Zweiten Weltkriegs wird sie kaum jämmerlicher ausgesehen haben, nachdem die Deutschen sie mehr als zwei Jahre lang belagert hatten. Die berühmten Newski-Bazare waren bereits seit Jahren mit Brettern vor Türen und Fenstern vernagelt. Morgens kamen frierende Arme mit ihren Bauchläden, setzten sich auf die Treppen vor den einst berühmten, jetzt zugenagelten Läden und verkauften hier Schnürsenkel, Haarkämme, Papirossiy und Kohlensäuregetränke mit ›Fruchtfarbe‹. Wenn auch die Ideologie nicht so mächtig war, Gras für die Kühe wachsen zu lassen (weshalb Butter in dieser Gesellschaftsordnung zu den Wundern zählte) – *ein* Teil des Lebens war in allerbester Ordnung, und dies wurde nur von wenigen ausreichend gerühmt: die kulturelle Unterhaltung. Oper, Ballett und Konzerte waren die Lebensnotwendigkeiten, die die Sowjetregierung – so arm dran war sie nie – zu keiner Zeit vernachlässigte. Auf gewissen begrenzten Gebieten (vor allem in den darstellenden Künsten) stand die Sowjetunion selbst in diesen schwierigen Zeiten nicht hinter dem Vollkommensten zurück, was in dieser Hinsicht sonst in der Welt geleistet wurde. Wie überall in Ländern, in denen Mangel, Krankheit und Mißbehagen herrschen, waren kulturelle Unterhaltungen vom Publikum belagert und überlaufen. Ein Ungeübter mußte alle Kraft aufbieten, wenn er bei diesem Andrang von Menschen zum Ziel kommen wollte. Die armen Russen dieser Tage aber waren solche Gastgeber, daß, wenn ein neugieriger Ausländer zu ihnen verschlagen wurde (und erst recht, wenn er sagte, er sei gekommen, um das Land kennenzulernen, in dem die

Erlösung der Menschheit stattgefunden habe), ihm in der Oper nichts Geringeres angeboten wurde, als unter der Zarenkrone in der Loge des seligen Nikolaus des Zweiten zu sitzen.

Wer weiß, vielleicht erholt sich der Patient noch?

Der Empfang, den meine Moskauer Gastgeber von der »Internationalen Arbeiterhilfe« mir zukommen ließen, war recht matt und lustlos; auch hatte ich das Gefühl, daß hier weniger Luft in dieser Weltblase wäre; schließlich dauerte es nicht mehr lange, bis weltweit sämtliche Institutionen, denen Willi Münzenberg Leben eingehaucht hatte, aufgelöst wurden und der Name des Begründers ausradiert war. Heute ist sein Name so gründlich vergessen, daß es ausschließlich Historikern vorbehalten bleibt, ihn auszugraben. Möglicherweise war der Grund für den farblosen Empfang der, daß ich keine Persönlichkeit von größerer Bedeutung und nicht einmal Mitglied der Kommunistischen Partei war. Dabei kann ich nicht behaupten, daß diejenigen, mit denen ich in diesem großen Unternehmen zu tun hatte, mir unfreundlich gegenübergetreten wären; sie wirkten nur außerordentlich zerstreut und immer wie in Gedanken. Die meisten Abteilungsleiter und Vorgesetzten waren übrigens Ausländer. Der Direktor, Misiano, war Italiener, ein glatter und korrekter Kontorist mittleren Alters. Er schien nach außen hin große Macht zu haben, aber kein Mensch mochte zugeben, daß er seinen Namen je gehört hätte, als ich nur wenige Jahre später wieder nach Rußland kam.
Ich wurde im Hotel »Nova Moskowskaja« untergebracht, das den Ehrgeiz einer Großmacht, aber das Unvermögen eines Bauerndorfes dokumentierte. Dabei war mir bewußt,

daß ich hier bereits eine Fürsorge genoß, die bei weitem alles überschritt, was das Volk selbst gewohnt war. Ich war ein Einzelreisender, was in diesem Land ein Phänomen zu sein schien und jeden Tag zahlreiche Probleme aufwarf; andere Besucher reisten in Delegationen. Tage- und wochenlang konnte ich unbegleitet durch die Stadt wandern, außer wenn ich ab und an einmal irgendwelchen Delegationen aus aller Herren Länder zugeteilt wurde, mit denen ich gewisse vorbildliche Stätten, wie zum Beispiel Fabriken, Kinderheime, Zuchthäuser, Schulen und ein Planetarium besichtigen sollte. Während dieses ersten sechswöchigen Aufenthalts in Rußland machte ich keine engeren Bekanntschaften, und so erinnerte sich meiner niemand, als ich in späteren Jahren noch mal in das Land kam, abgesehen von Nina Krimowa, der Direktorin des Rundfunks, die ich kurz einmal bei Skandinaviern getroffen hatte. Sie hatte Nordistik studiert und wurde mit der Zeit eine wichtige Kraft in der Freundschaft zwischen der Sowjetunion und den skandinavischen Ländern. Sie war eine jener berserkerhaft Arbeitswütigen, die nie ohne irgendeine Beschäftigung sein können, wie etwa jene alten Frauen vom Lande bei uns zu Hause, die strickend vom eigenen zum Nachbarhof gingen und die niemand je schlafen sah. Immer, wenn ich sie wiedersehe, meine ich, daß es diese Frau war, der Stalin zu verdanken hatte, daß die Sowjetunion bestehen blieb. Die meisten aber, mit denen ich auf dieser ersten Rußland-Reise zu tun hatte, waren Ausländer. Es gab in Moskau zu dieser Zeit eine Unmenge westeuropäischer Kommunisten, Leute von der Art, wie sie sich auch in Berlin in Hülle und Fülle um Willi Münzenberg sammelten. Ein Rätsel blieb es mir, wo man so viele Kühe geschlachtet haben konnte, um alle die Ledermäntel herzustellen. Waren es vielleicht die Kühe gewesen, die die Muschiks zurückgelassen hatten, als sie ihre Höfe zugunsten der Kolchosen aufgaben? In Moskau lernte ich viele Leute kennen, die bereits so von der eingleisigen Bildung der Kommunisten geprägt waren, daß sie im Grunde schon unfähig zur Diskussion waren, außer über ganz spezielle Themen, und das auch noch auf ganz besondere Weise. Viele Kommunisten waren ungeheuerliche Besserwisser, wie man im Deutschen jene nennt, die behaupten, alles besser zu wissen als andere Menschen. (Schließlich ist dies Wort auch bezeichnend für Menschen, die von deutscher Erziehung geformt und von ihr besessen sind.) Wenn über ›andere‹ Themen auf ›andere Weise‹ gesprochen wurde, erweckte es bei diesen Menschen höchstens ein mitleidiges Lächeln. Manche nannten das überhebliche Verachtung gegenüber Andersdenkenden, wobei ich bezweifle, daß solche Einstellung überheblicher oder arroganter gewesen ist, als sonst im Kreise von Fanatikern allgemein üblich. Sie stritten oft intern, aber nie hörte ich Kommunisten mit Menschen streiten, die andere, fremde Anschauungen besaßen. Der eine oder andere Genosse lachte schallend über alles, was nicht der Lehre gemäß geäußert wurde. Das mußte nicht immer Affektiertheit sein; vielmehr empfand er jede abweichende Äußerung als lächerliche Absurdität. Hohn und Spott lagen übrigens den meisten Kommunisten fern. Ihre Einseitigkeit jedoch machte sie unerträglich im Umgang mit anderen Menschen. Und die anderen Menschen bemitleideten sie wiederum ihrerseits, das Mitleid war also gegenseitig. Leider ist das Mitleid oft nicht weit von seinem Gegenteil entfernt. Es war notwendig, sich einen besonderen Wortschatz zuzulegen, um mit diesen Menschen verkehren zu können. Und alle Texte, die für sie geschrieben wurden, mußten in dem Westeuropäern unverständlichen Parteichinesisch verfaßt sein, das bis zum heutigen Tag in Rußland in Gebrauch ist.

Man schob mich immer wieder in neu ankommende Delegationen hinein, um mir die bedeutsamen Schauplätze und Beispiele für den sozialistischen Wiederaufbau des Landes zu zeigen. Die meisten Delegierten waren kommunistische

Arbeitervertreter aus dem Ausland; sie reisten gewöhnlich unter der Leitung kommunistischer Intellektueller. Diese Menschen trugen, als sie ankamen, den Glanz der Seligkeit in den Augen, der nicht verlosch, was auch immer ihre Augen erblickten. Aus jedem Gegenstand hörten sie die Revolution sprechen, während sie die endlosen Reihen bettelarmer Lumpenproletarier als Relikte des Kapitalismus ansahen. Wenn etwas wirklich Grauenhaftes auftauchte, dann sahen diese Menschen wie auch ihre Reiseführer weg; zum Beispiel, wenn wie aus der Erde herausgeschossen eine Gruppe verwahrloster Waisenkinder – sogenannte Besprizorni – erschien, lebendige Beweise dafür, wie weit menschliche Wesen unter die tierische Existenz absinken können. Ich sah diese armseligen Wesen immer wieder, besonders in Stadtrandvierteln, in wenig besuchten Parks oder neben Eisenbahnschienen herlaufend. Ganz gewöhnliche Grundschulen dagegen wurden mit gläubiger Inbrunst betrachtet, als wären sie Geschenke des Himmels; dort wurden dann von den Delegierten Betrachtungen darüber angestellt, daß die Kinder nie das Lesen gelernt hätten, wenn es keine Revolution gegeben hätte. Es soll nicht geleugnet werden, daß manche Großunternehmen und Industrieanlagen, die im ersten Fünfjahresplan entstanden waren, von großen Ideen getragen wurden, auch wenn sie unterschiedlich geführt wurden und an manchen Orten nicht ihren Zweck erfüllten. Die Leiter dieser Unternehmen sowie Betriebsräte und Übersollarbeiter begrüßten die Gäste und ließen sie an Sitzungen teilnehmen, die äußerst lehrreich waren, besonders, was das Seelenleben dieser optimistischen, gläubigen und positiven Menschen betraf, die fest entschlossen waren, ihr Land aus Ruinen wiederaufzubauen und dieses fürchterliche Armutsnest Rußland in ein Paradies zu verwandeln. Das Unvermögen, die Schwierigkeiten und die Armseligkeit, die manche dieser Betriebe erkennen ließen, wurden von diesen mitfühlenden Pilgern buchstäblich übersehen, die mit gläubigem Enthusiasmus aus aller Welt über riesige Entfernungen hierhergekommen waren, um das verheißene Land zu schauen. Auch der eiskalte Luftzug, der damals unter der Terrorherrschaft Stalins die Gesellschaft zu durchwehen begann, vermochte nicht die Glut dieser von vornherein begeisterten Gäste zu dämpfen. Wenn bis an die Zähne bewaffnete Soldaten bei bedeutenden Werken und in Industrievierteln, ja vor jedem Fabriktor Wache hielten, schien man das als natürliche Konsequenz des Bürgerkrieges anzusehen. Die Direktoren der Fabriken erklärten uns, solche Vorsicht sei inzwischen überflüssig geworden, doch sei die Anwesenheit der geliebten Roten Armee der Arbeiterklasse und den Bauern ein ständiger Ansporn, denn sie würde die Erinnerung an die siegreiche Oktoberrevolution wachhalten. Ausländische Gäste begrüßten diese Soldaten mit einem besonders warmen Lächeln und sprachen sie mit »Hallo, Genosse« oder ähnlichem an. Manch einer dachte zweifellos: So gut ausgerüstete Soldaten sollten wir auch bei unseren Fabriken haben, wenn wir einmal den Kapitalismus besiegt haben werden. Sogar eine Kulturinstitution wie der Rundfunk hatte schwerbewaffnete Soldaten an den Türen und auf Treppen und Gängen stehen, so daß der Ankömmling keine zwei Schritte machen konnte, ohne nicht nach seinem Ausweis gefragt zu werden. Besonders erinnere ich mich daran, wie gut das Hotel »Lux« geschützt wurde; dort gab es auf jeder Etage und bei jeder Treppe Wachstationen, denn in diesem Hotel wohnten viele Mitglieder der Komintern.

Ich glaube, die wenigsten haben die Fabriken im Rußland jener Zeit wirklich als vorbildlich empfunden, sobald sie die Brille der Gläubigkeit ablegten. Irgendwie empfand man das ganze Gehabe dieser erlösten Arbeiterklasse als unfroh und gezwungen, ausgenommen natürlich die Vorkämpfer der Partei, die Propagandaspezialisten und Direktoren; unter diesen fand man ausnahmslos Orthodoxe, die alle der

Politik folgten, wie sie Stalin angab und bestimmte, und sie priesen.

Sogar die relativ gut eingerichteten Freizeitstätten und Klubhäuser der Fabriken strahlten etwas Unwohnliches und Armseliges aus, das wortlos all dem Propagandageleier widersprach. Auch wenn sich das Gespräch zwischen Gästen und Gastgebern wie üblich bald zu einer Art von Wechselgesang mit ständigem »Halleluja«-Refrain entwickelt hatte, gab es immer einen verkrampften Ton, denn der naive Lobpreis wirkte gewollt und überzeugte nicht. Endlose pathetische Reden und Hymnen auf die neuen Verhältnisse gerieten im Munde nicht weniger Apologeten des Systems zur völligen inhaltslosen Prahlerei. Manches klang sogar paradox, indem es die Gäste davon überzeugen wollte, daß hier der Ort sei, wo sämtliche Probleme der Menschheit bereits gelöst wären, auch wenn irgendwelche unwichtigen Details noch ihrer geringfügigen Korrektur harrten. Dieses Eigenlob der Partei, das allem widersprach, was so offensichtlich ins Auge sprang, mußte jedem nüchtern denkenden Menschen beinahe unerträglich erscheinen, wenn er nicht aus anderen Gründen, wie zum Beispiel aus Höflichkeit, dem allem zustimmte. Wenn aber der eine oder andere später in Ruhe über die wirklichen Zustände im damaligen Sowjetrußland nachgedacht hat, so wird es, vermute ich, manchem ergangen sein wie mir: Er mußte die Unumgänglichkeit solcher Wortkaskaden in einer Situation anerkennen, in der das ganze Leben des Volkes wahrhaftig ein unabsehbarer Kampf um die Existenz war. Hier taugte nichts anderes, als sich zusammenzureißen; dies war die gleiche Art von Gerede, wie sie bei Menschen in Lebensgefahr gebraucht wird. So empfand ich dann später dieses öde Selbstlob des Stalinismus mitsamt seiner ewigen Vertuschung von Armseligkeit und Mißwirtschaft in gewisser Hinsicht als moralisch gerechtfertigt, als ein Mittel im Dienste des Sozialismus. Ich erkannte es an und verwendete es sogar selber, obwohl ich zugeben muß, daß es bei mir meistens einen Klang von Ausrede hatte. Manch einer befürchtete auch – und ich zählte dazu –, daß es dem Sozialismus ganz allgemein in der Welt schaden würde, wenn die Menschen von der unbestreitbaren Freudlosigkeit des Stalin-Regimes zu hören bekämen – »dort im Zentrum des Sozialismus«.

Hinter vorgehaltener Hand sagte man sich: »Wer weiß, vielleicht erholt sich der Patient noch«, und in dieser Hoffnung wartete man geduldig und machte gut Wetter für die Sache.

Es waren aber nicht nur verständnisvolle ausländische Arbeitervertreter, die dieser Schönrednerei fasziniert zuhörten; sie wirkte auch erstaunlich stark auf Menschen, die von der kommunistischen Ideologie unberührt waren, sogar auf westliche Kapitalisten. Vielleicht erklärt sich das daraus, daß solche Leute von Haus aus ein Verständnis für Reklame haben, ganz gleich, für was da geworben wird; Perfektionisten auf diesem Gebiet freuen sich in ihrem Herzen über jeden Ansatz dazu, und vielleicht noch besonders, wenn er nichts anderes ist als übertriebenes Selbstlob, das dennoch seinen Zweck erfüllt.

Ich wurde einmal mit anderen westeuropäischen Gästen losgeschickt, Fabriken, Schulen und Kinderheime zu besichtigen; meine Reisegefährten waren Großindustrielle und Direktoren internationaler Kapitalunternehmen. Sie stellten Fragen, die gleicherweise weit davon entfernt waren, Lobhudelei oder Provokation zu sein. Oft nickten sie verständnisvoll mit dem Kopf, wenn sie erkannten, daß durchaus Vernunft am Werke war, wenn es darum ging, gewisse Probleme zu lösen. Manch einer setzte ein Pokerface auf und behielt es bei. Andere versuchten gar nicht zu verheimlichen, daß sie ihre Erwartungen in manchem noch übertroffen sahen. Einer von ihnen erregte meine besondere Aufmerksamkeit, als er plötzlich aufstand, um wie auf einer Spiritistenversammlung Zeugnis zu geben von einer

Vision. Wir kamen gerade aus irgendeinem relativ erfolgreichen Betrieb, als ihm die Bemerkung entfuhr: »Das ist doch alles in allem keine Lüge!« Mir war nie ganz klar, was er meinte, aber er schien zufrieden, wahrscheinlich sogar begeistert angesichts der bloßen Feststellung, daß es möglich war, ein sozialistisches Unternehmen zu gründen und es auch noch funktionsfähig zu machen – ja, sogar den Ansatz zu einem sozialistischen Staat zu schaffen. So waren nicht nur angesehene geistige Persönlichkeiten wie auch viele denkende Arbeiter von dem Wert des Sowjetregimes überzeugt, sondern auch nicht wenige einflußreiche und realistisch denkende Vertreter des großen und kleinen Privatkapitals; selbst tonangebende Mitglieder kapitalistischer Regierungen waren in diesen Jahren empfänglich für die Argumente der russischen Arbeiterrevolution – nicht weniger allerdings eine stattliche Zahl ausgesuchter Gangster, darunter einige der schlimmsten Verbrecher der Welt.

Bereits in diesen frühen Jahren Stalins hatte man Politik im eigentlichen Sinne in der Sowjetunion verboten. Statt selbst aktiv Politik betreiben zu können, mußte sich das Volk damit abfinden, ohne zu murren Diktate und Befehle entgegenzunehmen, Vorschriften und Bekanntmachungen der Regierung in jeder Angelegenheit, nach denen es sich zu richten hatte. Jegliche Diskussion in der Öffentlichkeit war verboten, ausgenommen Lobeshymnen auf Staat und Partei, eine freie Meinungsbildung war um diese Zeit im Lande so gut wie ausgestorben, hatte wohl auch nie zuvor in Rußland rosige Zeiten erlebt. Auch wenn mir der Gedanke nicht besonders sympathisch war, von vornherein verdammenden Argumenten gegen die einzig erlaubten Methoden im System mein Ohr zu leihen, so konnte ich doch nicht umhin, auf dieser Reise manchmal entsprechende Reden mitanzuhören.

Beispielsweise erinnere ich mich, daß mir einmal ein alter Vorkämpfer des Kommunismus in Deutschland, Hermann

Duncker, Spartakist und Theoretiker des Marxismus, als Zimmergenosse zugeteilt wurde. Er war in Moskau, um den Geburtstag der Revolution, den 7. November, zu feiern, wie viele andere gute Menschen. Tagsüber saß er stundenlang an unserem Zimmertelefon und versuchte, mit dem Büro Bucharins im Kreml Verbindung zu bekommen; er wollte sich mit Bucharin verabreden, der in jenen Jahren als einer der größten Philosophen des Marxismus galt, jedoch schon bei Stalin in Ungnade gefallen schien, denn er hatte irgendeine unwichtige Stellung im Kreml inne, bis er nach einer geraumen Zeit wieder avancierte und zum Chef der »Iswestija« gemacht wurde. (Später hat man ihn erschossen.) Die beiden unterhielten sich am Telefon nie lange und verabredeten sich in einer Weise, die mir seltsam kompliziert vorkam. Einige Male kam ein junger Deutscher zu uns aufs Zimmer, um seinen weisen alten Landsmann zu besuchen. Er war Kommunist, hatte sich aus Idealismus als Freiwilliger beim sozialistischen Wiederaufbau Rußlands gemeldet, im Fernen Osten Schlimmes erlebt und war daher äußerst nervös und niedergeschlagen. Der Mann war gerade aus Sibirien gekommen, und die Geschichten, die er dem alten Meister leise erzählte und die ich nicht vermeiden konnte mitzuhören, berichteten von schauderhaften Zuständen, Übergriffen, Elend und Terror. Ich sehe diesen blassen geschockten Menschen noch heute vor mir, höre noch seine flüsternde Stimme und sehe noch den tiefen Ernst im Gesicht des alten Spartakisten, der oftmals nachfragte und sich vieles dreimal erzählen ließ – wie Njáll in »Njálls Saga«, als er von den Wundern des verheißenen Landes hörte, die nicht im Buch standen.

Ich erinnere mich auch daran, wie der Ökonom Leif Björk, Ehemann der Dichterin Karen Boye, den ich in Oslo kennengelernt hatte, eines Abends mit einer Gruppe russischer Studenten auf mein Zimmer kam und mich bat, zu erlauben, daß diese Menschen hier trinken dürften, weil sie woanders die Tür gewiesen bekommen hatten. Ich konnte natürlich kaum anders antworten, als daß ich selbst der Gast dieser Leute sei, schließlich gehöre ihnen auch das Hotel.

Die Studenten waren lebhafte und intelligente Burschen, die gern Streitgespräche über Politik führten. Damals war es üblich, alle Leute Trotzkisten zu nennen, die nicht einfach ja und amen zu der Parteilinie sagten; als ich das Papiermundstück meiner Papyrossa abriß, bevor ich sie rauchte, fragte ein Witzbold unter ihnen, ob ich Trotzkist sei. Zu der Zeit waren gerade von Stalin Direktiven für das Volk erlassen worden, um danach zu leben. Ich hatte dieses Pamphlet auf meinem Tisch liegen. Einer der Gäste nahm das Buch verachtungsvoll in die Hand und warf es mit den Worten weg, daß dieser Unsinn nicht einmal sein Papier wert sei. Ein anderer meinte, daß es Stalin völlig gleichgültig sei, wenn alle Russen vor Hunger stürben, denn er wäre dabei, eine Weltmacht aufzubauen, und habe keine Zeit für Nebensächlichkeiten. Sie rechneten augenscheinlich nicht damit, daß in meinem Zimmer Mikrofone verborgen wären, sondern überboten sich in Beschimpfungen der Regierung und sind wahrscheinlich alle einmal in Workuta gelandet.

Ein alter Plan von mir war gewesen, ein kritisches Werk über die Armut der isländischen Landbevölkerung zu schreiben; seit 1929 hatte ich an einem Roman mit diesem Thema gearbeitet, parallel zu meiner Arbeit an »Salka Valka« (»Salka Valka« bezieht jedoch seinen Stoff aus den Armutsvierteln der Fischerdörfer jener Zeit an den isländischen Fjorden). Ich hatte mich gefreut, nach Rußland zu kommen, um zu sehen, wie sich die Bauern dort in dem neuen Leben nach der abgeschlossenen Revolution einrichteten, die in den Augen der Marxisten gleichbedeutend mit der Erlösung der Menschen aus der Hölle der Armut war. Wie bereits erwähnt, hatte ich schon zwei Entwürfe zu dem Roman über die Bauern niedergeschrieben, meinte aber, daß mir noch der letzte Anreiz fehlte, um die Sache vollends in den Griff zu bekommen.

Wenn ich heute in meinem Reisebüchlein über Rußland im Jahre 1932, »Auf östlichen Pfaden«, lese, scheint es mir, ich hätte damals eher in einem Ziegenstall nach Wolle suchen können, als die Hoffnung zu hegen, im Land der Revolution das vollkommene Glück der Bauern zu finden. Wie diejenigen bezeugen können, die »Auf östlichen Pfaden« gelesen haben, hat der Verfasser auf seiner Reise nie eine landwirtschaftliche Genossenschaft erblickt. Man hatte es mir zwar ziemlich fest versprochen, bevor ich in die Ukraine fuhr, doch schienen die Schwierigkeiten in dieser Angelegenheit unüberwindlich zu sein. Ich sah auf meiner Reise keine anderen Bauern als jene dreißig Millionen, die jede Verbindung zu ihren Höfen verloren hatten und mit ihrem Schultersack in den Großstädten auf der Stelle traten.

Nichtsdestotrotz war es interessant, über die Sache der Bauern zu lesen, so wie Lenin sie darstellte und wie sie dann Stalin ausführlich erläuterte, als er die Idee der Kollektivierung zu verwirklichen begann. Vieles in bezug auf die Probleme der Bauern enthüllte sich mir bei dieser Lektüre als ein Weltproblem. Die Leninsche Dreiteilung der Bauern in Großbauern, Mittelbauern und Kleinbauern wurde mir zum Universalschlüssel des Problems überhaupt; ich übertrug diese Definition auf die Verhältnisse in meinem Land, wie sie in »Unabhängige Menschen« dargestellt sind. Große Geistesgaben gehören dazu, alles durch drei zu teilen, dachte ich mir. Im nachhinein stellt sich aber heraus, daß die Wahrheit nie ein für allemal gefunden worden ist, nicht einmal in der Bauernfrage – selbst dann nicht, wenn man sie in drei Teile gliedert.

Wenn ich jetzt das 8. Kapitel meines Rußlandbuches überfliege – seine Überschrift lautet »Ein Brief vom Lande« –, so springt mir die alte Tatsache ins Auge, daß es keine

Grenzen dafür gibt, was alles geglaubt werden kann, wenn ... Nichts kommt häufiger in der allgemeinen Psychologie vor, als daß jemand nicht an das glauben will, was er mit eigenen Augen sieht, sondern das zu sehen behauptet, was wahrhaftig nicht vorhanden ist. Menschliche Vernunft kann sogar verhindern, daß wir das sehen, was dem vernunftlosen Tier offen vor Augen liegt. Und wo der Glaube im Spiel ist, hält die Vernunft das Maul. Auf der anderen Seite: Wenn auch die Vernunft das Beste ist, was wir besitzen, so ist doch der Glaube dem Leben manchmal näher.

Damals war weltweit eine große Agrarkrise ausgebrochen, nicht zum wenigsten gerade in reichen und hochkultivierten Ländern, ja vielleicht nirgends schlimmer als dort. Aus dieser Agrarkrise bezog John Steinbeck den Stoff für seinen bemerkenswerten Roman »Die Früchte des Zorns«. Ich erwähne im »Brief vom Lande«, daß, als ich zwei Jahre zuvor in Amerika gewesen war, dort überall sogar ›Mittelbauern‹ brauchbare Landwirtschaftsmaschinen und die meisten auch Autos besessen hatten. Diese seien in den USA ebenso häufig wie die Pferde bei uns in Island. Dann werden in meinem Buch neueste russische Nachrichten zitiert von der amerikanischen Agrarkrise, wie sie sich abgespielt haben sollte in diesem Herbst 1932. Sie berichteten, daß amerikanische Bauern gegenwärtig ihre Autos auseinanderrissen, um aus dem Fond Pferdewagen zu machen, weil sie sich nicht leisten könnten, Benzin oder Reifen zu kaufen. Allerdings könne die Mehrheit der amerikanischen Bauern sich nicht leisten, ein Pferd zu besitzen; vielmehr ließen sie ihre Kuh, wenn nicht die Ziege, diese Autohälften über das Feld ziehen. Die Tankstellen an den amerikanischen Straßen seien in Heuverkaufsstellen umgewandelt worden, heißt es weiter in diesen Nachrichten, die insofern aufschlußreich waren, als sie einem Lande zu entstammen schienen, in dem Autos den Berichterstattern offenbar im

Gegensatz zu Ziegen relativ unbekannt waren: Es bedarf nämlich eines recht stattlichen Gauls, die zweite Hälfte eines Autos zu schleppen, noch dazu eines unbereiften Wagens. Einen Gebrauchtwagen konnte man immer für beinahe nichts in Amerika bekommen, wobei ein einigermaßen brauchbares Pferd vielfach teurer war als ein schlechtes Auto. Und die Ziege, dieses klassische Symbol primitiver Bergwirtschaft und armseligen bäuerlichen Lebens, dieses Vieh war leider nur selten in Amerika anzutreffen, es sei denn in Zoologischen Gärten. Es ist die Kunst der Propaganda, darauf zu achten, daß sie nicht gegen sich selbst arbeitet, speziell dann, wenn die Kenntnisse des Agitators ungenügend sind; wahrscheinlich ist es dieser Schwierigkeit zuzuschreiben, daß Propaganda im zwanzigsten Jahrhundert zum Synonym für Lüge wurde. Als verwunderliche Konzession in der zitierten Nachricht muß es angesehen werden, daß der Propagandist überhaupt erwähnen durfte, daß amerikanische Bauern Autos besaßen, die sie auseinanderreißen konnten.

Eine diskrete Warnung, nicht zuviel zu erwarten, wenn ich die Landwirtschaft der Sowjetunion kennenlernen würde, gab mir eine russische Akademikerin, allerdings keine sowjetische, sondern aus Berlin stammend – es war die Witwe Karl Liebknechts. Ich traf sie auf einem Empfang in Moskau, kurz bevor ich in die Ukraine aufbrechen sollte. Meine Antwort war in etwa, daß ich mich darauf freuen würde, jene Neuerung in der Weltgeschichte kennenzulernen, die die landwirtschaftlichen Genossenschaften darstellten; ich fragte noch, ob sie nicht der Meinung sei, daß sie zu den wichtigsten Resultaten der Revolution in Rußland gehörten. Die Frau sah den Schwärmer aus Skandinavien ein wenig melancholisch-nachdenklich an und erwiderte, ich solle mich nicht allzu großen Illusionen hingeben. »Das russische Dorf ist traurig«, sagte sie und schloß eine Bemerkung an, die so geringfügig scheint, daß man sie fast nur unter einem Mikroskop wahrnehmen kann, die aber sicherlich tiefgründiger ist als das meiste, was mir je über Rußland erzählt worden ist: »Entweder liebt man das russische Dorf, oder es macht einen unglücklich.«

»Kollektiver nationaler Wiederaufbau«

Zuletzt wurde ich einer belgischen Delegation zugeteilt und mit ihr quer durchs Land geschickt, um den »kollektiven nationalen Wiederaufbau« kennenzulernen bzw., um mit meiner eigenen Sprache zu sprechen, den sozialistischen Aufbau des Landes. Meine Reisegenossen, Männer wie Frauen, waren hauptsächlich gehobene Facharbeiter, »Arbeiteraristokratie«, wie sie die Marxisten nennen. Der Gruppe waren zwei russische Dolmetscher zugeteilt, der eine sprach Flämisch – wie er dazu kam, weiß ich bis zum heutigen Tag nicht – und war Professor an einem marxistischen Lehrinstitut. Er war ein quicker Agitator und erinnerte an Joseph Goebbels. Ich empfand es irgendwie als seltsam, daß ein Mann, der mitten im »nationalen Wiederaufbau« stand, seine Zeit damit vergeudet hatte, Flämisch zu lernen. Dagegen hat sich in der ganzen Sowjetunion kein Genie gefunden, das sich hätte einfallen lassen, Isländisch zu lernen – noch nicht.

Der zweite russische Reiseleiter war eine junge Amazone, eine Erlesenheit im Aussehen wie im Temperament, fröhlich und spielerisch, die uns den ganzen Tag lang im Chor Revolutionslieder singen ließ. Sie bespielte alles, was sie vorfand, sogar Geschirr, oder stellte aus Gläsern und Bestecken ein Xylophon her, und war auf der Reise unsere Ernährerin, da sie Unmengen von Brot und Würstchen mit sich schleppte. Der dritte offizielle Begleiter und mein Zimmergenosse war deutsch mit Haut und Haaren, eine Art Parteifunktionär, dem die Aufsicht über diese Gruppe übertragen war. Er hieß Dietrich, wobei anzumerken ist, daß Namen nichts zu bedeuten hatten, die sich Kommunisten gaben, die internationale Aufträge zu erfüllen hatten; sie behielten nie ihre ursprünglichen Namen – nach der alten russischen Kriegsregel, sich an den Orten als Verschwörer zu betrachten, wo ein Auftrag zu erfüllen war. Es wurde großer Wert darauf gelegt, von keinem nachspürbaren Ursprung und in den Registraturen der jeweiligen Polizei ein unlösbares Fragezeichen zu sein. Ich stellte diesem Dietrich nie Fragen, wohl wissend, daß das meiste, was solche Leute über ihr vergangenes Leben zum besten geben, genausowenig stimmt wie ihre Namen. Ihr ganzes Bestreben bestand darin, durch die Fangfragen antikommunistischer Polizeiorgane schlüpfen zu können. Dieser Dietrich war ein gequälter und enttäuschter Kettenraucher, der immer wieder mir nichts dir nichts seufzte und nie etwas Positives äußerte. Alle politischen Gespräche mit ihm erschöpften sich in vorgeprägten marxistischen Formeln, die nicht mehr Interesse erregten als das Gequietsche eines sich drehenden Wetterhahns; mittlerweile hatte man längst nach Stalins Art zur fragen: Wie viele Divisionen hat der Papst? Wenn ich hingegen Alltägliches erwähnte und mich beispielsweise nach Land und Leuten erkundigte, mit denen er zu tun hatte, da tobte Dietrich los; er ließ kein gutes Haar am russischen Volk, machte alle seine Leistungen des 19. Jahrhunderts herunter, selbst die seiner Dichter und Komponisten; man durfte nicht einmal erwähnen, daß die Russen volkstümliche Musik besäßen, ausgenommen das geile Geheul der Kosaken.

Es tat mir leid, bei diesem ersten Aufenthalt in der Sowjetunion keinen Russen kennenzulernen, den man unter vier Augen sprechen konnte. Die wenigen kommunistischen Paradekämpfer, die dazu befugt schienen, Gespräche mit den Gästen zu führen (wie zum Beispiel unser Professor und die Amazone), zitierten ständig deutsche Lehrmeister und ihre Adepten, ohne auch nur den Versuch eines normalen Disputs zu machen. Dennoch zweifelte ich nie daran, daß sich hinter dieser sterilen Zitierfreude ein Volk mit ungeheurer Lebenserfahrung verbarg, von reifer, tiefer menschlicher Vernunft; nur war der Zugang zu ihr durch deutsche Philosophie verbarrikadiert. Wieviel hätte ich dafür gegeben, mich mit diesen bärtigen, vorsintflutlichen Muschiks und all den Kopftuchweibern unterhalten zu können, diesen seltsamen russischen Menschen, die im Aussehen am ehesten einer Leberwurst ähnelten. Ich hatte das Gefühl, daß jedes Gesicht, in das ich blickte, ein menschliches Leben in sich verbarg, das von Bedeutung wäre. Hinter jeder einzelnen Verschlossenheit versteckte sich nicht nur die Geschichte eines ganzen Lebens, sondern auch ein ewig bleibender Vorbehalt gegen die steigende Fortschrittssonne von Genossenschaftsbewegungen, die bis zum heutigen Tage am leuchtendsten in dem Lande Utopia strahlt.

Ich habe bereits gesagt, daß man selbst in Großstädten nicht einmal die alltäglichsten Dinge kaufen konnte. So selbstverständliche Gegenstände wie Rasierklingen und Scheren schienen in diesem eisernen Jahrhundert der Menschheit aus Rußland verbannt zu sein. Dieses Wunder hatte ich meinen Gastgebern gegenüber erwähnt, so daß sie es wohl als außerordentlich passend empfanden, mich in die Ukraine zu schicken, wo ich unaufhörlich Eisenverarbeitung studieren konnte, desgleichen Kohlengruben, die die unvermeidliche Voraussetzung dafür sind, daß Eisen zum Schmelzen gebracht werden kann. Die Wahrheit zu sagen, habe ich wie die meisten Menschen mehr Interesse für die Ware, die ich in einem Geschäft vorfinde, als für glühendes Eisen, das aus Schmelzöfen herausströmt.

Man brachte uns zu einer dieser neuen Eisenhütten in der Ukraine und führte uns durch eine jener Höllen, in denen

Eisen entsteht, doch war dieser unaufhaltsame rotglühende Fluß mit der Zeit etwas eintönig. Die Langeweile erklomm ihren Höhepunkt, als mir Kohlengruben vorgeführt wurden. Manche meiner belgischen Reisegenossen verstanden etwas davon oder taten wenigstens so und ließen sich zu einer Besichtigung überreden. »Haben Sie kein Interesse, mitzugehen?« fragte der Professor. Ich antwortete mit dem alten Spruch, daß mich keine sieben wilden Pferde in eine Kohlengrube hinabziehen könnten.

Danach fuhr man uns zum Dnjepr, wo wir das große Stauwerk Dnjeprostroj besichtigten, das damals seiner Vollendung entgegenging. Es war nicht zu übersehen, daß hier riesige Pläne realisiert wurden, und alle ehrlichen Menschen freuten sich mit dem russischen Volk über die Verwirklichung seiner Industrialisierung. Wir sahen ganze Städte, die – den Fünfjahresplan erfüllend – in aller Eile um Industrieschwerpunkte herum errichtet worden waren. Warme Mahlzeiten erhielten wir in den Kantinen der Werke; diese Kantinen waren noch nicht immer fertiggestellt und daher gewöhnlich kalt und ungemütlich. Augenscheinlich war bei den Arbeitervertretern, die uns zur Begrüßung gesandt wurden, weniger eine tiefgehende innere Zufriedenheit oder ruhige Siegesgewißheit als ein aufgeblasenes Pathos im Spiele. Auch das Empfinden für Wohnlichkeit war bei diesen Menschen noch nicht geweckt, vermutlich fehlten noch Geld und Material, um die Umgebung attraktiver zu machen. Es steigerte die Armseligkeit solcher Speisesäle nur noch, wenn man eine Palme im Topf dort hingestellt hatte, wo es sonst keinen anderen Hausschmuck gab als farbige Bilder von Marx und Engels und ihren russischen Epigonen, Bilder, die wie ins Riesenhafte gewachsene Briefmarken wirkten.

In dem Zug, mit dem wir Moskau verließen, stand uns ein ganzer Waggon zur Verfügung. Doch da unsere Reiseroute nicht an feste Fahrpläne gebunden war, sondern alle möglichen Umwege und Abstecher für uns vorsah, wurde der Waggon immer wieder abgehängt und mußte auf einer x-beliebigen Station warten, bis ein anderer Zug kam, der in unsere Richtung fuhr. Diesem Zug wurden wir jeweils angekoppelt, und er schleppte uns dann einige zehn Kilometer dorthin, wo irgendeine neue Leistung des »kollektiven nationalen Wiederaufbaus« zur Schau gestellt werden sollte. War diese Station erreicht, wurde unser Wagen wieder abgehängt, und wir wurden erneut losgeschickt, weitere Symbole der siegreichen Revolution zu besichtigen, abermals Pathetisches anzuhören und Hurra zu rufen auf die Partei und auf Josef Stalin. Dies hätte im Sommer bei gutem Wetter ein wirkliches Vergnügen sein können, doch herrschte wie gesagt bereits Winter. Oft habe ich den Einfallsreichtum bewundert, der fremde Menschen in einer Art Geisterzug losschickte, in dem sie völlig hilflos und abhängig waren, um sie dann nach unerforschlichem Ratschluß da- und dorthin schleppen zu lassen, kreuz und quer übers Land, je nachdem, wie es sich ergab, und das im tiefen Winter. Wann immer mir diese Reise einfällt, muß ich in schallendes Gelächter ausbrechen. Manchmal wurden wir irgendwo auf freiem Feld bei Schnee und Eis abgehängt; uns wurde dann gesagt, wir hätten hier die Nacht über zu warten, vielleicht käme morgen früh ein Zug, der uns weiterschleppen könnte. Dann konnte es vorkommen, daß jemand aus der Gruppe fragte: »Ist dies irgendein berühmter Ort?« – »Nitschewo«, lautete die Antwort, »dies ist ein Rangierbahnhof«. – »Können wir ein Hotelzimmer bekommen?« wurde weiter gefragt. – »Nitschewo, hier gibt es eigentlich kein Haus außer dem Stationsgebäude, dort jenseits der Schienen.« – Dann wurde angefangen, Tee zu kochen, der eigentlich nichts anderes war als siedendheißes Wasser mit ein wenig Heugeschmack, denn der gute Mann, der den Samowar unter seiner Obhut hatte, verließ uns nie; anschließend wurden belegte Brote hervorgeholt und schließlich Revolutionslieder und Jubelchöre voll anheizender Refrains gesungen; mit den Teelöffeln wurden die Gläser bearbeitet, daß es nur so klirrte. Es waren wirklich lustige Gesänge, und alle hofften, daß irgendwann irgend jemand käme, der uns abschleppen würde, irgendwohin. Wir zündeten Kerzen an, denn andere Lichtquellen gab es natürlich nicht, da wir ja völlig ohne elektrischen Anschluß waren. Der Schneesturm setzte seine Schläge gegen den einsam in der Steppenweite stehenden Wagen fort. Von Wärme konnte natürlich auch nicht die Rede sein, abgesehen von dem bißchen, was der Samowar ausstrahlte. Wir zogen unsere Mäntel an, zwängten Regenmäntel darüber, sofern wir so glücklich waren, welche bei uns zu haben, und wikkelten uns in die Decken, die man aufgetrieben hatte. Dann rauchten wir uns in den Schlaf hinein. Viele kamen beinahe um vor Kälte.

Lange vor Morgengrauen zündete unser Teekoch den Samowar an, der Professor und die Amazone standen auf und setzten sich zu ihm, und nach und nach füllte sich der Wagen mit wohltuender Wärme. Zwischen Schlafen und Wachen hörte ich, während das Wasser warm wurde, das wohlklingende, ruhige russische Geplauder, das mich an das Gespräch zwischen Ermolaj und der Müllerin in Turgenjews »Aufzeichnungen eines Jägers« erinnerte – diese Erzählung hatte mich schon als Kind fasziniert, und seitdem hatte ich mir immer gewünscht, nach Rußland zu fahren, um ein solches Gespräch im Halbschlaf mitzubekommen.

Eine Kolchose bekam ich nie zu Gesicht, und das Mir, das russische Dorf, das jeden unglücklich macht, der es kennenlernt, es sei denn, er liebe es, wie die Witwe Liebknechts gesagt hatte – ich sah es bloß von einem Abteilfenster aus. Es war unvermeidlich, Dutzende, ja sogar Hunderte von diesen Dörfern vorbeihuschen zu sehen, diese sich immer wiederholende, hoffnungslos graue Verwahrlosung, die Tristesse, die diese scheckigen Lehmhütten und windschiefen wankenden Holzbehausungen ausstrahlten – es war ein Ereignis, wenn irgendwo in einem Fenster ein Licht zu erblicken war. Nirgendwo war Neues oder gar die Spur einer Reform zu entdecken, nirgends schien man auch nur den Versuch zu machen, Reparaturen vorzunehmen, eine Mauer auszubessern, eine zerbrochene Scheibe in einem Fenster zu ersetzen, eine auseinanderfallende Tür zu erneuern oder einen niedergetretenen Zaun aufzurichten! Es war, als habe irgendein fürchterlicher Dämon aus jedem Dorf jeglichen Ansatz zu einem schöneren Leben verbannt und dazu den Fluch getan, auch die allerkleinste Verbesserung (etwa ein Loch mit einem Brett zu vernageln, Blumen in ein Fenster zu stellen oder gar auf dem Gesicht ein Lächeln hervorzubringen) mit dem Tode zu bestrafen. Menschliches Leben schien sich in diesen Dörfern auf Wesen zu beschränken, die – Gespenstern gleich – bis über den Kopf in grauschwarze Lumpen gehüllt waren. Manchmal saßen diese niedergeduckten Wesen der Finsternis in armseligen Häufchen auf Karrenwracks, die vor Alter bald auseinanderfielen; sogar die Ochsen, die die Karren zogen, diese heiligen Kreaturen, schienen Angehörige des Reichs der Finsternis zu sein. Es wundert mich nicht, daß Stalin gut 20 Jahre später in Moskau zu Churchill unter vier Augen sagte, daß der Zweite Weltkrieg, der zu jener Zeit, was Rußland anbelangte, auf seinem Höhepunkt stand, ein Kinderspiel gewesen sei verglichen mit den Jahren, in denen die Kolchosen errichtet wurden.

Wenn ich auch keine landwirtschaftliche Genossenschaft besichtigt habe, so sah ich auch nicht die Abertausende vor Hunger krepierten Bauern, von denen die Weltpresse damals berichtete, daß sie tot auf den Äckern und den Landstraßen in der Ukraine gelegen hätten. Diejenigen Bauern, die an allen Bahnhöfen in endlosen Schlangen standen, waren lebendig und keineswegs tot. Sie hatten sogar die Hoffnung, morgen oder übermorgen mitfahren zu können; auf jeden Fall würde in der nächsten Woche ein Zug kommen, der sie mitnähme. Jeder Zug, der hielt, war vollgestopft wie eine Sardinenbüchse. Die Ruhe und die Abgeklärtheit in den Gesichtern dieser Menschen, die da warteten und warteten und warteten (ganze Familien saßen Nächte und Tage hindurch auf irgendwelchen Säcken, umweht von den Winterstürmen) – sie waren unbegreiflich, ein Wunder; dies war die Kraft, die das Volk noch durch alle Nöte tragen sollte – manche in den Tod, andere zum Leben –, die russische Geduld, Rußlands Tao.

Eines darf ich nicht zu erwähnen vergessen, daß ich in einem der Industrie-Kraftwerke des Donbas das prachtvollste Festessen, das ich je erlebt habe, genoß – dabei waren die Tische, an denen ich im Laufe meines Lebens schon gegessen habe, oft nicht gerade spartanisch gedeckt. Man mag Väterchen Stalin vieles Schlechte nachsagen, aber daß er irgend etwas nur halb gemacht hätte – dieser Fehler ist ihm wohl nie unterlaufen.

In unserem Waggon machte die Nachricht die Runde, daß sich unsere Lage wesentlich verbessern werde: Wir seien für heute Abend zu einem Festessen eingeladen; doch machten wir uns im vorhinein keine besonderen Hoffnungen. Als wir abends unser Ziel erreicht hatten, kam zur Begrüßung eine kleine Gruppe von Arbeitern und Funktionären, die uns im Namen der Gemeinde empfing und willkommen hieß. Nicht alle unsere Gastgeber waren in ihrem Verhalten gleich. Der Mutigste fand schnell den richtigen Weg zum Genossen Dietrich, ein Jüngling mit einem Sixpencer auf dem Kopf, den Schirm nach oben geschlagen und die Mütze tief im Nacken, was damals große Proletariermode in Rußland war, ja sogar als schick galt. Er zögerte nicht lange, sich vorzustellen, und war äußerst kontaktfreudig. Meine Mütze gefiel ihm so gut, daß er mich bat, sie anprobieren zu dürfen; danach gab er mir zu verstehen, daß er sie gern zwei anderen zugesellen würde,

die er zu Hause habe. Als nächstes bat er mich um Erlaubnis, meinen Anorak anziehen zu dürfen; mit ungeheurem
Redefluß erläuterte er, daß er einen neuen Mantel zu Hause
habe und auch noch andere Schätze, und hörte nicht mit
der Aufzählung seiner Habe auf: *ú ménja ést, ú ménja ést.*
Als er jedoch so weit war, daß er meinen Anorak zu all den
Mänteln und anderen Kleidungsstücken, die er zu Hause
besäße, hinzukaufen wollte, unterbrach Genosse Dietrich
die Prozedur und warf ihn hinaus. Anschließend bat er
mich in aller Form wegen des Benehmens dieses Esels um
Entschuldigung und fügte hinzu, er werde ihn dem Vorstand der Partei anzeigen. Ich versuchte, ein gutes Wort für
den Mann einzulegen, und fragte den deutschen Apparatschik, ob er nicht bemerkt habe, daß dies doch ein unschul-
diger Kindskopf vom Lande sei, der einen Sixpencer erworben habe und mir dementsprechend beibringen wolle,
daß sein Volk unter dem Sozialismus in Reichtum lebe. Ich
wisse nun genau, wie gut die Verhältnisse in der Sowjetunion seien, sagte ich. Ob übertrieben oder nicht, das ändert nichts, und meine Ansicht über den Kommunismus
bleibt dieselbe, auch wenn dieses Knäblein versucht hat,
mich zu überzeugen, daß er zahllose Kleidungsstücke besitzt.

Ich kann nicht einmal versuchen, die ganze Mühe zu schildern, die man sich unseretwegen in dem ärmlichen Haus des
Volkes in diesem Industrieort machte. Das Festessen war
offensichtlich von erstklassigen Köchen zubereitet, die bestimmt früher für russische Grafen und Fürsten, die Gour-
mets waren, gekocht hatten. Als wir eintraten, sahen wir
Tische vor uns, die sich unter einem Übermaß von Hors
d'œuvres, Fischgerichten, Geflügel, Salaten, Pasteten und
Fleisch bogen, überhaupt allem, was in diesem an Lecker-
bissen reichen Land aufzutreiben war, wenn nur gründlich
gesucht wurde. Kaviar, das teuerste Lebensmittel auf Erden
(vielleicht Mammutfleisch ausgenommen), wurde in großen

Schüsseln aufgetragen, als ob es Hafergrütze wäre. Mitten auf den Tischen standen Torten-Kunstwerke aus Gewürzteig, prachtvoll dekoriert mit Engelhaar aus Zucker, alles sichtlich von Meistern ihres Fachs entworfen und hergestellt. Dabei war dies alles nur das Vorspiel zur Mahlzeit und dazu bestimmt, unseren Appetit anzuregen. Draußen in der Küche warteten etliche Braten und andere warme Gerichte, die aber nicht eher hereingetragen wurden, bis nicht die Gäste einige Stunden lang an den Hors d'œuvres ›gearbeitet‹ hatten unter leidenschaftlichen Reden und Trinksprüchen. Nicht zu vergessen die Unmengen von Wodka, armenischem Kognak, Champagner und roten und weißen süßen grusinischen und Krim-Weinsorten. Selbst das kalte Büfett Stockholms, das gewaltigste der Welt, verblaßte im Vergleich mit dieser Prasserei, im Grunde wohl auch alle Feste der Weltgeschichte, ausgenommen vielleicht diejenigen zur Zeit des Untergangs des Römischen Reichs. Festgäste strömten herein; außer uns, der kleinen und eher farblosen Delegation aus Belgien, kamen allesumarmende Bolschewiki von großer Gestalt und Energie, alle möglichen Leiter von Industriewerken oder Kolchosen oder Vertreter der Partei und andere Apparatschiks, Bürokraten, Agitatoren und Politiker, aber auch richtige Arbeiter von der Sorte, die man damals *Udraniki* nannte und später Stachanows – alles Riesen und Übersollmenschen. Auch waren alte Vorkämpfer der Arbeiterklasse anwesend, Revolutionäre aus der Zarenzeit, die einen Großteil ihres Lebens in Sibirien und anderen Lagern und Gefängnissen verbracht hatten und nun Spitzen der Gesellschaft und Lieblinge der Nation waren. (Stalin hatte noch nicht damit begonnen, diese Menschen seinerseits haufenweise zu liquidieren, wie es später der Fall sein sollte.) Viele kamen direkt von ihrem Arbeitsplatz in der Industrie oder von anderen Fronten des kollektiven nationalen Wiederaufbaus und hatten wochenalte Bartstoppeln. Alle trugen schlechte Kleidung, und manch einer drückte seinen schmutzigen Arbeitskittel auf den Stuhl, wenn er sich an den Tisch setzte. Dies waren wirklich Avantgardisten einer neuen Zeit und Kämpfer, die Hartes durchgemacht hatten in ihrem Land, dem flächengrößten der Welt; sie hatten gegen seine Feinde gekämpft und waren dabei herzlich und gütig geblieben, kindlich und immer zum Lachen bereit. Bei den Russen gibt es nichts Kleinliches. Augenscheinlich hatten sie keinen Zweifel daran, daß sie die wahren Besitzer ihres Landes seien, seiner Nützlichkeit und Vorzüge, und vor allem Besitzer der Zeit, der kommenden Zeit, die für sie vor allem das Zeitalter der Sowjetunion war. Kein Fest war ihnen zu schade für ihre Freunde, die gekommen waren, sie zu besuchen.

Hotelleben

Nach dem Festessen ging die Fahrt weiter – kreuz und quer durchs Land, wie gehabt. Zehn Tage waren nun schon vergangen, seitdem wir Moskau verlassen hatten, und noch war ein Ende der Reise überhaupt nicht abzusehen. Ich sah mich daher gezwungen, dem Funktionär Dietrich zu erklären, daß ich nunmehr leider keine Zeit mehr hätte, gemeinsam mit den Belgiern Erlebnisse auf einer nicht enden wollenden Vergnügungsreise zu sammeln; an anderen Orten würden mich andere interessante Dinge erwarten, und er möge bitte so freundlich sein, mich in irgendeinen anderen Zug zu stecken, der zurück nach Moskau führe.

In Charkow nahm ich ein wenig wehmütig Abschied von dem Geisterwagen und wartete dort einen Tag lang auf einen Zug nach Moskau. Ich kann es mir nicht erklären, aber diese Stunden, die ich allein und ohne Begleitung in Charkow umherwanderte, auch wenn sie völlig ohne ein besonderes Erlebnis blieben, sind wie eingraviert in meiner Erinnerung; es kommt mir vor, als sei alles erst gestern gewesen. Dabei ragte diese Stadt in keiner Weise aus dem damaligen Gesamtbild des Landes heraus, sondern bestätigte nur die Verwunderung und Entfremdung, die den Gast immer mehr in ihren Bann zog. ›Krasnaja‹, glaube ich, hieß das Hotel, das meine Zuflucht war, während ich dort wartete. Es war eines von den vielen Hotels, die in dem Stil errichtet worden waren, den die Schweden ohne Umschweife ›Schreinerfreude‹ nennen. Die ›Schreiner‹, die in der zaristischen Zeit dazu ausersehen worden waren, für vornehme Russen Hotels zu bauen, versuchten einen Architekturstil nachzuahmen, von dem sie glaubten, er sei im östlichen Mittelmeerraum vorherrschend. Damit alles auch wirklich orientalisch aussah, mußte aus jeder Ecke ein besonderer Hauch von Schmuck, Komfort und Reichtum atmen; dabei schadete es nicht, zur höchsten Vollendung Weihrauchstäbchen anzuzünden. Im Rußland der dreißiger Jahre dagegen hatte man eine neue Variation des ›orientalischen‹ Stils entwickelt, indem man alles ausmerzte bis auf das, was die Minimalansprüche völlig verarmter Menschen befriedigte, samt einer peniblen Reinlichkeit. Diese bis auf Grund und Boden saubergeschrubbte Verödung wurde nur durch eine übelriechende Seifenart belebt – ein Geruch, der einem den Atem verschlug, sobald man eintrat. Die wohlgewaschene und -geschrubbte Pracht war längst ihrer Seele verlustig gegangen, da auch die Seelen der Grandseigneurs, Fürsten und Großhändler, die den mystifizierenden orientalischen Stil geliebt hatten, längst über alle Berge waren. Die Gäste, die jetzt hier verkehrten, sahen meist wie Hinterwäldler aus, ausgenommen die Offiziere der Roten Armee, die hier wie auch sonst in der Menschenmenge das Aussehen von Gesandten Jupiters hatten – die einzigen Menschen im Lande, an denen ein ›Schreiner‹ seine Freude gehabt hätte. Wenn man aus dem abgedankten Herrschaftsstil des Hotelfoyers auf die Straße trat, befand man sich augenblicklich inmitten eines grauen, schweigenden Meers ärmlich gekleideter, schwermütig-hoffnungslos dahinziehender Menschen; nirgends war eine Farbe noch eine Linie zu sichten, die etwas mit Schönheit zu tun gehabt hätte. In solchen Provinzstädten wurde es nicht der Mühe wert erachtet, irgendwelche bunten Kulissen aufzustellen, ähnlich den historischen und berühmt gewordenen von Potemkin; nirgends sah man ein modernes Verkehrsmittel, der wahnwitzigen Autowelle zum Trotz, die die Welt gerade überschwemmte. Im Gegensatz zu der Leuchtschriftkultur Europas, die damals ihren ersten Höhepunkt erreicht hatte und alle westeuropäischen Städte, gar nicht so weit von hier, langsam zu ihrem Vergnügen in leuchtender Pracht ertränkte, waren in russischen Städten hingegen nur irgendwelche lächerlichen Funzeln an den Hausdächern angebracht, die keinesfalls geeignet waren, die Städte etwa in ein Lichtermeer zu verwandeln, sondern augenscheinlich nur eben bewirkten, daß die Fußgänger sich nicht völlig in den Gassen und Straßen verirrten.

Die Umstellung vom glanzvollen, lebensfrohen und optimistischen Festessen inmitten kräftiger Männer, die das System auf ihren Schultern trugen, zur Düsternis des alltäglichen Lebens einer sowjetischen Großstadt war groß. Es wäre ein trauriges Los gewesen, in dieser quälenden Umgebung zu leben, wenn die Menschen nicht inbrünstig daran geglaubt hätten, daß die Philosophie des Kommunismus in Stalins Kopf ständig weiter reifen und bald Früchte tragen würde. Schließlich brauchte der alte Stalin nichts anderes mehr zu tun, als den Leuten immer wieder zu versprechen, daß sie in fünf Jahren genügend zu essen haben würden und vielleicht sogar auch irgendeinen Fummel zum Anziehen, damit sie den Gürtel enger schnallten und diesen glorreichen Mann, die Inkarnation des Lichts, lobten.

Zu allem anderen Elend war die Ukraine bis vor kurzem auch noch der Spielball mehrerer Parteien gewesen, der ›anerkannten‹ und anderer; das Selbständigkeitsgefühl des Landes war stark und die Neigung zur Zusammenarbeit mit dem Kreml dementsprechend schwach, denn die Bolschewikenherrschaft war in den Augen der ukrainischen Autonomisten nur eine Fortsetzung der Macht der Großrussen. Es war also nicht verwunderlich, wenn der Seelenzustand der Menschen im Innersten traurig war, dunkel und zornig; schließlich war Stalins Regiment über die Ukraine nicht besonders zart nach allem Hörensagen, auch wenn seine Propagandisten mit schönen Zungen redeten und es an nichts mangelte, wenn zum Beispiel zu einem Festessen bei den Vertretern von Stahl und Kohle im Donbas geladen wurde.

Ein Mann von Intourist brachte mich zum Zug nach Moskau, meine Freunde aus dem Geisterzug hatten mir ein wenig trockenes Brot und Dauerwurst als Proviant mitgegeben und mir gesagt, ich solle mir Tee im Zug kaufen. Ich genoß auf dieser Reise nach Moskau ein Privileg, das zu jener Zeit sicherlich einmalig war, indem mir ein ganzes Polsterabteil der ersten Klasse zur Verfügung gestellt wurde. Die Menschenmenge im Zug ähnelte den ominösen Sardinen in der Büchse, immer wieder kamen neue Leute dazu, und aus Platzmangel mußten viele auf den Bahnhöfen zurückbleiben; mein Abteil aber wurde grimmig bewacht, damit ja keiner aus diesem Menschenmeer in es eindringe. Die ganze Strecke nach Moskau ließ man mich allein in einem Abteil sitzen, das wenigstens zehn Menschen hätte beherbergen können, wahrscheinlich noch mehr. Aber was machte es in jenen Tagen schon aus, ob zehn, zwanzig Menschen mehr oder weniger an ihr Ziel gelangten? Allah ist groß, sagt in den Ländern Mohammeds selbst der Bettler, und Rußland blieb weiterhin mächtig und heilig, wenn auch der Bärtige dort oder diese müde

Frau und jenes weinende Kind noch bis morgen oder übermorgen warten mußten.

Ein Teekocher war jedoch weder in meinem Waggon noch überhaupt sonstwo im Zug vorhanden. Es herrschte grimmiger Frost, doch gab es keine Heizung, und die Fenster vereisten. Dies hätte einen Isländer nicht unbedingt beeindrucken müssen; dennoch zog ich jedes Wollstück, das sich in meinem Koffer befand, an, ein Kleidungsstück über das andere. Ich aß die Wurst, die man mir mitgegeben hatte; da wir Skandinavier nicht so wild auf Weißbrot sind, zumal wenn es trocken ist, hob ich mir diesen Teil des Proviants für den Schluß der Reise auf. Die Folge meines Wurstgenusses war ein schlimmer Durst, der auch die folgende Nacht hindurch nicht gestillt werden konnte. Ich hatte einen langsamen Zug erwischt. Er schleppte sich die ganze Nacht dahin, den ganzen nächsten Tag und noch die Nacht darauf. Wir hielten an unzähligen Stationen, die alle gleich auszusehen schienen; derselbe Ozean von grauschwarzen Elendsgestalten – doch nichts zum Essen und zum Trinken, aller Dinge beraubt, die einen Reisenden erfrischen könnten. Ich gab jedoch nicht auf, und nach langer Mühe gelang es mir, ein wenig kaltes Wasser zum Trinken zu bekommen. Ab und zu bot ein ärmlicher Bauer oder eine arme Frau ein paar unappetitliche Äpfel an oder zwei, drei gerupfte Hühner.

Kaum in Moskau angekommen, ging ich gleich zu meinen offiziellen Gastgebern. Sie hätten eher ihren eigenen Tod erwartet als mich, einen Mann, den sie auf eine lange Vergnügungsfahrt zum Schwarzen Meer geschickt hatten. War er vielleicht politisch abtrünnig geworden? Ich erzählte ihnen, daß ich leider vorläufig nicht die Zeit zu weiterem Vergnügen hätte, und bat sie, mich für eine Nacht in einem Hotel unterzubringen und in einen x-beliebigen Zug nach Westeuropa am nächsten Tag zu stopfen.

Es erwies sich als völlig unmöglich, in der großen Stadt

für mich irgendein Hotelzimmer aufzutreiben. Endlich, als das Büro schon völlig die Hoffnung aufgegeben hatte, verfrachtete man mich in ein winziges Kämmerlein unterm Dach des Riesengebäudes von Mesjrapom, wo sicherlich irgendein wichtiger Repräsentant der Institution sein Bett für mich geräumt hatte. Dort herrschte reges Leben. Selbst die Korridore waren voller Menschen, jede Familie nistete sich in einer Ecke ein, es wurde gekocht, Wickelkinder wurden versorgt, Geschichten erzählt. Ab und zu wurden die Saiten eines Instruments berührt. Während der Nacht fielen ständig Tropfen an meinem Ohr vorbei mit einem feinen metallischen Klang, als schlüge eine Glocke jenseits einer papierdünnen Wand; hinter einer anderen Wand, die sicherlich auch nicht dicker war, schnarchte jemand die ganze Nacht mit großer Inbrunst, ein Schnarchen mit tiefen musikalischen Brusttönen, die etwas zu erzählen schienen – Botschaften aus seltsamen Himmelssphären, die wir nicht verstehen. Frauen und Kinder setzten die ganze Nacht in allen Ecken ihr Weinen fort, bis der Morgen graute. Und wenn nicht unablässig eine kleine Gruppe leidenschaftslos in diesem hypnotisierenden Ton des russischen Flüstergesprächs, der mich wiederum an Ermola und die Müllerin erinnerte, gemurmelt hätte, dann glaube ich nicht, daß ich die Nacht über ein Auge zugemacht hätte. Hier war ich, wie gesagt, ein Mitbewohner in einer Umgebung geworden, die man nicht anders wie als Slum definieren konnte. Bereits nach der ersten Nacht hatte ich mich aber an diese Menschenmenge gewöhnt und fühlte mich in ihr sogar ausgesprochen wohl. Diese Menschen waren liebenswert im Umgang, denn einzig die Russen sind darin Meister, in Enge und unter Platzmangel zu leben, ohne sich gegenseitig zu verprügeln. Es war nicht so leicht wegzukommen, wie ich gedacht hatte. Schon lange wurde das Visum für Polen erwartet, denn meine Rückreise sollte mich in der ersten Phase über Polen nach Deutschland führen. Damals herrschte in Polen ein autoritäres Regime, und solche Regierungen haben es oft an sich, auch dann komplizierte Dokumente von Leuten zu verlangen, die ihre Länder durchqueren wollen, wenn nirgends im ganzen Land ein Aufenthalt vorgesehen ist (Hitler-Deutschland war in dieser Beziehung eine Ausnahme). Sie verlangen jedem Reisenden so viele Fotos ab, daß jeder Minister sich eines davon an die Wand hängen könnte. Formulare müssen in sechs Ausfertigungen ausgefüllt werden, ferner Biografie und Stammbaum des Reisenden eingereicht werden, die mehrere Generationen umfassen müssen, es gilt, allerlei pedantische Fragen zu beantworten. Diese Fragen werden gestellt, um die Menschen in eine Falle zu locken, damit Bürohengste in Botschaften und Ministerien einen Anlaß zum Nörgeln und Schikanieren haben; sie schieben den armen Reisenden hin und her, verstricken ihn in Widersprüche – verunsichern ihn und werfen ihm schließlich vor, alles mögliche Böse vorzuhaben, indem er dieses edle Land bereist. Ich brauchte viele Tage, um polnischen Faschisten zu erklären, warum es in Island keine Familiennamen gibt. Sie machten ein Riesenaufheben davon, daß irgendeiner meiner Urahnen einen anderen Familiennamen getragen habe als sein Sohn, verdächtigten meine Groß- und Urgroßmütter unehelicher Geburten oder versuchten mich mit allen möglichen Argumenten davon zu überzeugen, daß diese Frauen die schlimmsten Huren gewesen seien, da sie einen anderen Nachnamen als ihre Männer trugen. Schließlich gelang es mir durch die Gnade eines bestochenen Bürokraten, die Erlaubnis zu bekommen, schlafend durch Polen zu reisen.

Es war fast wie ein Hauch der ewigen Seligkeit, wieder an einen so behaglichen Platz gelangt zu sein, wie es das Hotel ›Excelsior‹ in Berlin war, wieder in einer wohnlichen und geschmackvollen Umgebung zu sitzen, wo niemand große Augen machte, wenn jemand eine alltägliche Sache verlangte, wo alles von dem Komfort erfüllt war, der wenig kostet und einfach zum Leben des modernen Menschen gehört. Dabei sollten nur noch gut zwei Monate bis zum Untergang der Weimarer Republik vergehen, dieses humansten und kultiviertesten Staatsgebildes, das Deutschland seit Menschengedenken gehabt hatte. Zwei Ratten nagten Tag und Nacht, aus gegensätzlichen Richtungen, an seinen Wurzeln, Kommunisten und radikale Linke, die nie so viel Bewegungsfreiheit gehabt hatten wie unter dieser Regierungsform, waren einhellig der Meinung, daß Ungerechtigkeit und Terror die Erfindung der Demokratie seien. Alle wesentlichen Künstler, auf welchem Gebiet auch immer, Dichter von Weltformat wie Brecht, Genies der bildenden Kunst wie Grosz, unvergleichliche Meister des Theaters wie Piscator, ganze Scharen anderer hervorragender Geister – sie waren nie müde geworden, die deutsche Demokratie in diesen ihnen genehmen Farben als abgründigen Sumpf von Dummheit und Verbrechen zu malen. Über ihren Kampf gegen die Weimarer Republik braucht man nicht viele Worte zu verlieren: So tatkräftig auch die linken Kräfte und die Kommunisten vorgingen, so waren doch die Agitationsvirtuosen des Faschismus noch erfolgreicher; wie gesagt, es vergingen nur wenige Wochen, bis der Erlöser und Liebling Deutschlands der Weimarer Republik den Garaus gemacht hatte. Sein Strahlenbild allein leuchtete dann fortan von dem Himmelsgewölbe dieses Landes.

Eine Woche lang hielt ich mich in Leipzig auf, wo inzwischen Jóhann Jónsson gestorben und begraben war, seit ich das letzte Mal gegen Ende August dort gewesen war. Nun ging ich allein durch die Gassen, die wir früher gemeinsam durchschritten hatten, und kehrte in unsere Kneipen ein. Es war, als hätte die Welt eine Zeitlang ihren Klang eingebüßt. Ich verfaßte eine kurze Würdigung, »Mein Freund« betitelt, um der Zeit zu gedenken, als wir hier, wie zwei Männer der Ewigkeit, herumgewandert waren und zwischen uns das Licht der Welt brannte. Über diese vergangenen Jünglingstage, in denen wir das erste Mal diese Gassen durchstreiften, er vierundzwanzig, ich neunzehn, schrieb ich jetzt:

Wir besprachen wie die Götter die tiefsten Probleme der Menschen und suchten ihnen ein Schicksal aus, als wären wir Nornen; wir waren im Besitz der Kraft, die die Welt erlösen kann. Wir radierten den deutschen Imperialismus aus und gründeten kommunistische Reiche in der ganzen Welt. Auf dem Marktplatz vor der Bank stand ein junges Mädchen und verkaufte wunderschöne Blumen.

In Leipzig traf ich den Komponisten Jón Leifs, unseren gemeinsamen Freund, der den Leichnam Jóhanns gesehen hatte, bevor er eingeäschert worden war; er berichtete: »Seine Totenmaske war wie ein Aufschrei.« Ich sagte darauf zu Jón Leifs (und sagte ihm das auch noch dreißig Jahre später): »Die Gedichte von Jóhann sind nicht so zahlreich, daß es dir nicht gelingen sollte, sie in einer großen Komposition zu verewigen.«

»Herbst« schrieb ich damals: *Heute durchstreife ich einsam die Straßen dieser leeren Stadt. Ich sollte forteilen, ehe es Nacht wird.*

Die Blumenverkäuferin auf dem Marktplatz ist inzwischen eine alte Frau.

Als ich zur Weihnachtszeit in Reykjavik anlangte, wohnte ich eine Zeitlang im Hotel ›Borg‹ am Austurvöll, denn ich war ohne Bleibe. Damals war es üblich, daß Beerdigungen in der Domkirche erfolgten. Manchmal waren es viele am Tag, und jedesmal, wenn ich das herrliche Glockengeläut in der Schummrigkeit des Mittags – bei der Kurzlebigkeit des Wintertages im hohen Norden – vernahm, stand ich auf, ging ans Fenster und wartete auf den Trauerzug, bis er aus der Kirche herauskam. Derart verfolgte ich von meinem Dachgeschoßfenster aus jeden Trauerzug und sah ihm nach, bis er um die Ecke beim Café ›Uppsala‹ verschwand. Es ist oft schwer zu schildern, wie Dichtung entsteht, sie entwickelt sich nach ähnlich ungeschriebenen Gesetzen wie Träume. Mehr, als man vermutet, ist Poesie eine reine Parallele zu Träumen. Ob es Jóhanns wegen geschah, daß ich jeden Tag das Empfinden hatte, daß hier der Mann aus Olafsvik beerdigt werde? Ehe ich mich's versah, hatte ich die Geschichte dieses Mannes geschrieben, und sie ist genau wie ein Traum: Ich bildete mir ein, daß sein Leichnam an die Professoren der Universität verkauft worden sei, die dann die Gebeine aus dem Sarg herausgenommen und Steine an ihre Stelle gelegt hätten.

Der Sohn des Gudmund selig in der Apotheke und andere Menschen

Wenn ich in Reykjavik war, verbrachte ich mehr Stunden mit Erlendur, dem Sohn des Gudmund selig, in der Apotheke, als mit irgendeinem anderen Menschen. Ich werde wohl fünfzehn Jahre alt gewesen sein, als wir uns kennenlernten; er war zehn Jahre älter als ich. Una, seine Mutter, die bereits viele Jahre Witwe war, lebte in einem kleinen roten Haus, das auf einer großen grünen Wiese stand, und beherbergte alleinstehende Arme und Elende. Diese alte Frau behandelte ihre Mitmenschen mit natürlicher, schlichter Güte und empfand es als selbstverständlich, Menschen bei sich aufzunehmen, von denen sie erfuhr, daß sie keine Zuflucht hatten. Dabei hat nie jemand feststellen können, daß sie irgendwelchen speziellen ethischen Anschauungen anhing, noch daß sie überhaupt irgendein Interesse an Ethik zeigte; auch habe ich nie gehört, daß sie je versucht hätte, die Menschen zu bessern, ihnen Predigten zu halten oder ihnen den ›rechten Weg‹ zu zeigen. Ebenso hielt es auch Erlendur, ihr Sohn. Unas Haus war eine Gratis-Herberge für das ganze Land, wenn auch eigentlich nie Geld vorhanden war. Die alte Frau unterhielt ihr schwieriges Unternehmen, indem sie sich hier und dort Kredite bei wohlwollenden Menschen verschaffte, die davon überzeugt waren, daß sie eine Heilige sei. Mir ist berichtet worden, daß sie die wenigen Male, wenn Geld bei ihr eintraf, besonders viel Wert darauf legte, ihre Schulden sofort zu begleichen. Doch erst als ihr Sohn Erlendur sich an der Haushaltsführung zu beteiligen begann, wurden die Rechnungen dieses Unternehmens monatlich beglichen. Unas Rechnungen konnten manchmal ungewöhnlich hoch werden, denn viele ihrer armseligen Schützlinge gewöhnten sich daran, jede Ware, die sie begehrten, beim Kaufmann Zimsen zu erwerben und dort darum zu bitten, man möge sie zu Lasten von Una anschreiben. In diesem Haus bekamen alle, was auch immer die Phantasie ihnen eingab. Durch Gottes Huld reichte die Phantasie der meisten jedoch nicht über kleine Diebereien, Besäufnisse und Weibergeschichten hinaus.

Erlendur war von einer ungewöhnlichen Sensibilität; seine Auffassungsgabe war zugleich schnell und scharf, die Konzentrationsfähigkeit ungewöhnlich groß und derart, daß er selbst bei größtem Lärm oder Streit Hören und Sehen plötzlich vollkommen abschalten konnte, wenn er seine Gedanken auf eine Aufgabe konzentrieren wollte; von der gleichen Stärke war seine Geduld. Ihm war von Natur aus ein fruchtbares und mutiges Denken gegeben, von Kindheit an hatte er sich dazu erzogen, jede Frage von der Wurzel auf zu ergründen; nichts bejahte er ungeprüft im voraus. Sein natürliches und sanftes Gemüt wie auch seine bedingungslose Hilfsbereitschaft hatte er von seiner Mutter geerbt.

Er begann früh, allerlei Arbeiten anzunehmen, um sein Zuhause mit Geld zu unterstützen – erst als Ladengehilfe, dann als Postbeamter, untergeordneter Beamter beim Zoll und schließlich als Abteilungsleiter. In seiner Jugend hatte er keine Zeit gehabt, die Schulbank zu drücken, doch hielten sich im Hause seiner Mutter immer Jungen vom Lande auf, mit denen er die Fächer durchging, die damals auf der Lateinschule unterrichtet wurden. Als ich ihn kennenlernte, beherrschte er sämtliche Hauptsprachen Europas wie auch die skandinavischen Sprachen und hatte bereits eine Unmenge Literatur verschlungen: klassische ebenso wie moderne, außerdem theoretische Schriften, besonders über Ökonomie und soziale Probleme, und hatte sogar allerlei philosophische Werke gelesen. Musik war von Anfang an eine seiner Lieblingsbeschäftigungen, er pflegte sie lebenslang mit dem Engagement des gelehrten Theoretikers wie auch als leidenschaftlicher Zuhörer. Als nächstes brachte er sich im Selbststudium Theoretisches über die bildende Kunst bei und verfolgte passioniert alle Neuerscheinungen auf diesem Bereich, besonders dem der Malerei. Ich habe nie wahrgenommen, daß er das überkommene Wissen auf jedem Gebiet unterschätzte, doch wandte sich sein Interesse vorwiegend den neueren Entwicklungen zu.

Wohl nur weniges illustriert die Vielfalt seiner Begabungen so deutlich wie seine lebenslange Beschäftigung mit dem Schachspiel. Eine Zeitlang war er völlig vernarrt in das Spiel, und das nicht nur theoretisch, sondern auch im täglichen Wettstreit mit Männern, die wirkliche Schachspezialisten waren; seine Partner behaupteten, er würde als Schachspieler zur internationalen Spitzenklasse gehören, wenn er die Gelegenheit dazu bekäme, auf einer solchen Ebene zu spielen. Wer sich mit der Psyche von Schachspielern vertraut gemacht hat, weiß am besten, daß eine große und weitgehende Kombination der meisten allgemeinen Begabungen notwendig ist, um Resultate in diesem wundersamen Wettstreit zu erzielen. Außer der grundlegenden Kenntnis des Spiels an sich muß der Schachspieler Beobachtungsgabe, Übersicht, Gedächtnis, Phantasie, Kombinationsfähigkeit und eine Konzentration besitzen, die ihn vollkommen von der Umwelt abzukapseln vermag, ferner Ruhe, Mut und eine grenzenlose dialektische Begabung, dazu noch Vertrautheit mit dem Geist des Spiels, die die Voraussetzung für alles übrige ist; all diese Begabungen besaß Erlendur in reicherem Maße als die meisten, wenn nicht alle Menschen, die ich je kennengelernt habe. Mit der Zeit aber hatte er das Gefühl, dem Schachspiel unverhältnismäßig viel Zeit zu opfern, zumal es ihm nie vorgeschwebt hatte, Schach zu seiner Lebenserfüllung zu machen, am allerwenigsten auf internationaler Ebene, was sich allerdings geradezu anbot. Wenn er auch die Praxis aufgab, so studierte er doch weiterhin die Schachliteratur und hatte sein Leben lang eine äußerst genaue Übersicht über alle Schachleistungen in der Welt.

Ich vermute, daß sich Erlendur in der Zeit seiner Pubertät stark zum Anarchismus eines Kropotkin hingezogen fühlte, selbstverständlich mit aller Besonnenheit, die ihm angeboren war. Später wird er von Vorstellungen asiatischer Geistesversenkung geformt worden sein, entsprechend der Lehre spezieller Zweige des Yoga, vielleicht am ehesten des Kharmayoga, das indische Gurus bereits damals in den westlichen Ländern bekanntgemacht hatten. Seine Gedankenwelt war auch vom unvermeidlichen Hauch Bergsons gestreift worden, der damals – um die Jahrhundertwende – in der Luft lag. Zu jener Zeit, als ich Erlendur kennenlernte, war er gerade vom Taoismus fasziniert und stellte mich in einen Bannkreis, den ich seitdem nie mehr verlassen habe.

Schon früh zog Erlendur Menschen höchst unterschiedlicher Wesensart an: Akademiker, Idealisten, Politiker, Dummköpfe und Philosophen, Menschen jeder nur denkbaren Kategorie. Männer und Frauen suchten ihn aus vielerlei Gründen auf, manche Rat erbittend für das Hauptproblem ihres

Lebens, andere wegen geringfügiger Schwierigkeiten; überall hatte er seine Schützlinge. Es gab kein noch so kleines menschliches Problem, für das er nicht eine brauchbare Lösung zu finden versuchte. Erstaunlich viele betrachteten ihn nicht nur als ihren besten Helfer, sondern als ihren innigsten und alleinigen Freund. Ganze Familien, Sippen, Menschen mit ihrer zahlreichen Nachkommenschaft wurden mehr oder weniger von ihm in den Tagen der Armut und der Arbeitslosigkeit am Leben erhalten. Sein Haus war jeden Abend mit Gästen gefüllt. Erst wenn alle Gäste gegangen waren, fand er Zeit, um in ein Buch zu schauen, saß bis zum Morgengrauen über die Lektüre gebeugt und legte sich dann für einige Stunden hin, bevor er zur Arbeit ging. An allen Tagen arbeitete er gleich unablässig, wochentags wie feiertags; manchmal hatte er in seiner Eigenschaft als Abteilungsleiter Nachtschicht. Sein mühsam zu bestreitender Haushalt verbrauchte viel Geld, und am Ende mußte er noch sein Haus verkaufen, um einen Freund zu retten, der vor einem drohenden Konkurs stand. Sommerurlaub gönnte er sich erst in späteren Lebensjahren, als Ferien gesetzliche Vorschrift geworden waren. Dann mietete er manchmal ein Zimmer in Hafnarfjord, das wenige Kilometer von seinem Heimatort entfernt lag.
Abgesehen davon, daß Erlendur ein unermüdlicher Buchkäufer war, abonnierte er noch eine Unmenge von Zeitungen und Zeitschriften aus aller Welt, wie auch eine Menge Fachzeitschriften. Er war wohl einer der ungeheuerlichsten Schnell-Leser, die ich je kennengelernt habe; nie jedoch überlas er etwas, das in einem Text von Bedeutung war. Ausgedehntere Reisen machte er nie, fuhr nie in andere Länder. Wenn jemand, von Auslandsreisen zurückgekehrt, zu ihm kam, wußte er vom Hörensagen oft besser über die bedeutendsten Ereignisse des Landes Bescheid, aus dem der andere kam; es geschah nicht selten, daß Gäste, die gerade aus Berlin, Paris, London, Hollywood oder Moskau ins

Haus kamen, wie Hinterwäldler wirkten, wenn sie in seiner Gegenwart an dem Abendtisch in Unahus anfingen, ihr großes Licht leuchten zu lassen. Manchen verschlug es die Sprache, wenn sie, aufgeblasen von kulturellen Sensationsberichten aus der ›großen‹ Welt, diesen bescheidenen Langbart mit gebeugtem Rücken hörten, der sich in einem weit abseits der ›großen‹ Welt liegenden Nest bereits über jede Sache von Bedeutung, nah oder fern, seine eigene Meinung gebildet hatte, aber bestrebt war, sich nirgends zitieren zu lassen. Mit mir verabredete er, daß ich seinen Namen so lange nicht in einem gedruckten Text veröffentlichen sollte, wie er und seine Mutter noch am Leben wären.

Seine Gedanken basierten auf Grundsätzlichem, das in ihm selbst verborgen war, und benötigten keine radikalen Kehrtwendungen, wie es so oft bei Männern des Geistes zu beobachten ist – politischen Protagonisten und Philosophen, denen die Unbill zustößt, daß die Welt im Bruchteil eines Menschenlebens eine vollständige Veränderung durchmacht; das Schiff der Zeit ist davon, und der Geist steht da wie ein Zuspätgekommener, in alte Sprüche verwickelt wie der Jäger in der Schlinge, die er eigentlich den Vögeln der Luft zugedacht hatte. Nichts kommt häufiger vor, als daß die Weisen gegenüber der Avantgarde versteinert dastehen wie jene Mammute oder andere Urtiere, die in den Eissteppen Sibiriens mit ihren fürchterlichen Stoßzähnen und großen Mäulern auf das Jüngste Gericht warten. Erlendur änderte oft seine Meinung, aber nie an *einem* Tag, sondern im Gleichschritt mit der langsamen und ewigen Revision von Lehren und Werten durch die Zeit selbst.

Hinter seinen Anschauungen war eine lebendige Flexibilität spürbar, die einem Vorbehalt gegen alle Dinge gleichkam. Die Welt wird zwar jeden Tag von neuem erschaffen, aber immer mit dem Blick zurück auf das, was gestern war. Die spätere Ansicht ist die logische Fortsetzung der vorangegangenen. Der Avantgardismus und jede progressive

Richtung öffnet, wenn sie nur echt ist, der Allgemeinheit auch den Zugang zur vorausgegangenen Epoche. Das Vorwärtsstreben, die sich mit der Zeit immer ändernde Realität in Geist und Welt schien mir die Triebfeder jeder erneuerten Meinung Erlendurs.

Einer seiner zentralen Grundsätze war, daß kreative Kunst eine Darstellung der Freiheit des Geistes ist. In Ländern, in denen das Kunstschaffen nicht frei ist, ist folglich die Voraussetzung jeglicher Kunst unterdrückt und somit auch jegliche Kunst überhaupt; das gleiche gilt für Meinungen und Anschauungen, darunter natürlich auch politische. Wenn jedoch ein Staat infolge von Kriegen oder anderen politischen Verbrechen periodisch in Schwierigkeiten steckt und der Hunger im Lande umgeht, dann ist es wohl angezeigt, hohe geistige Vorstellungen beiseitezustellen und statt dessen zu versuchen, etwas für die leeren Mägen der Bevölkerung zusammenzukratzen, damit diese nicht völlig zugrunde geht. Wer weder zu essen noch etwas anzuziehen hat, ist gewiß kaum für philosophische Gedankengänge, Kunst, Politik und Kultur empfänglich. Seine Bemühungen zielen vielmehr darauf hin, das Lebenslicht bis zum nächsten Tag zu erhalten. Für eine in der Existenz bedrohte Nation gelten die gleichen Gesetze wie für das Individuum. Ein Mensch denkt bei einer Feuersbrunst nicht an Philosophie, Kunst, Politik oder Kultur, sondern preist sich schon glücklich, wenn er außer seinem nackten Leben irgendwelche banalen Besitztümer retten kann, zum Beispiel den Feuerhaken. Dasselbe gilt für einen Ertrinkenden, dem jener sprichwörtliche Strohhalm die Hauptsache ist und sonst nichts.

Kapitale politische Irrtümer hatten damals in den meisten Staaten Europas bewirkt, daß mit verstärkter Intensität erneut die Probleme der Freiheit aufgeworfen wurden, die zuvor schon oft gelöst worden waren; manchmal in mildem Klima, manchmal bei eisigem Frost, manchmal im Feuer,

Probleme, die jedes Jahrhundert, jedes Volk, jede Generation wie auch jeder einzelne selbst wird lösen müssen bis zum Jüngsten Gericht. Oft saß ich mit Erlendur zusammen, und wir sprachen über die Probleme, die die Welt damals heimsuchten. Just um diese Zeit hatte Hitler in Deutschland die Macht ergriffen und sich das Recht genommen, über Leib und Leben eines jeden im Lande zu verfügen – ein Ausländer, den die Einwohner des Landes erst eingedeutscht und dann in demokratischen Wahlen selbst auf den Kanzlerstuhl gehoben hatten. Das war mehr, als die Russen mit ihrem Ausländer Stalin angestellt hatten.

Erlendur war kein querulierender, fanatischer und schon gar nicht ein orthodoxer Sozialist, sondern beweglich, flexibel und nicht an Parteien gebunden. Er war so wenig orthodox, daß es einer seiner Grundsätze war, von dem er nie abwich: im voraus alles mit Skepsis zu betrachten, was öffentlich für Rechtens erklärt wurde. Einmal, als ich im Juli nach Island kam, hatte er einen vollgeschmückten Weihnachtsbaum in seiner Stube stehen. Ich kann nicht genau bestimmen, wo sein politischer Standort gewesen wäre, wenn man seine Anschauungen bis auf den Grund analysiert hätte. – Ein weiterer seiner Grundsätze war, nie die Mehrheit zu unterstützen, die jeweils in den Arbeiterbewegungen eines Landes die Führung innehatte, denn dies würde die positive Einstellung zur Revolution in einem Lande bedeuten, in dem die Revolution bereits stattgefunden hätte und in dem die Arbeiterklasse bereits unter einer Führung organisiert wäre, die sich auf der Basis der Revolution mit der Erneuerung der Gesellschaft beschäftigte. Als greifbares Beispiel sei die Sowjetunion genannt. Diese These jedoch konnte auch eine These gegen die Revolution sein, zum Beispiel was Amerika betrifft, wo es selbst in Krisenzeiten mehr wohlhabende Arbeiter gibt als in irgendeinem anderen Land und wo auch ein niedrigerer Prozentsatz an Lumpenproletariat zu verzeichnen ist als in den meisten anderen

Ländern schon in normalen Zeiten. So jedenfalls sah es damals dort aus, als ich drüben war, mögen heute auch andere Länder weiter fortgeschritten sein, in denen die breite Masse bei besseren Bedingungen lebt als in den USA, Länder, wo echte Armutsviertel kaum mehr aufzufinden sind. Selbst zur Zeit der großen Weltwirtschaftskrise konnte man nicht einmal von regionalen Hungersnöten in den Vereinigten Staaten sprechen, in den schlimmsten Monaten wurde einfach nur etwas weniger billiger Konsumkram gekauft; weit von einer allgemeinen Not entfernt, herrschte Mangel lediglich bei dem Fünftel der Nation, das in den USA dauernd in relativer Armut lebt. Die Arbeiterklasse dachte überhaupt nicht an eine Revolution, selbst die Ärmsten dieser Klasse nicht. Einer Revolution redeten hauptsächlich einzelne Akademiker und verblendete Idealisten das Wort, die europäischen philosophischen Modellen einer bereits vergangenen Zeit anhingen, ohne dabei von einem taktisch geschickten revolutionären Führer wie Lenin begeistert zu sein. Diese Männer hatten natürlich keinerlei Rückhalt bei irgendeiner politischen Kraft, etwa bei rebellischen Proletariern oder einer rebellischen Armee. In Amerika Sozialist zu sein war gleichbedeutend mit Sonderling, mit Egghead, wie man diese Leute nannte. Selbst die allgemeinen Gewerkschaften waren nur schlecht organisiert und mancherorts sogar in die Hände von Gangstern geraten, die freilich nur als winzige Würmer erschienen, verglichen mit solchen Ungeheuern wie Stalin in Rußland und Hitler in Deutschland. Der Begriff ›Klassenkampf‹ bürgerte sich in den Vereinigten Staaten nie ein. Amerikanische Arbeiter, noch im Bann des Pioniergeistes, empfanden sich mehr als freie Menschen als die europäischen Arbeiter, waren oft sogar ausgemachte »Djingoisten«, was unter Arbeitern in den traditionellen Arbeiterverbänden der kultivierten Staaten, wie etwa der Weimarer Republik, eine Seltenheit war, ganz zu schweigen von den skandinavischen Ländern.

Sollten wir die Tatsache akzeptieren, daß es in manchen Ländern nur eine schlecht organisierte Arbeiterklasse gab, die, was auch immer geschah, dem Kapitalismus anhing und selbst noch in den größten Krisenzeiten zum Djingoismus neigte? Eine solche Frage konnte Erlendur gelegentlich mit Ja beantworten – freilich mit großen Vorbehalten. Nun war Hitler mit seiner ›Revolution‹ auf den Plan getreten und hatte eigene Arbeiterverbände organisiert. Beide, Hitler wie Stalin, benutzten das gleiche rechthaberische Vokabular, denselben pseudomarxistischen Aufguß – sie setzten ein sprachliches Kunstprodukt in die Welt, das bei dem einen »Volk« und beim anderen »Narod« hieß. »Alles mit dem Volk, durch das Volk, für das Volk!« Die sentimentale Lobrednerei auf das Volk bei Nationalsozialisten und Stalinisten ist bei Marx selbst nie anzutreffen. Ich könnte kein Verbrechen nennen, das nicht unter dem Regime Hitlers wie dem Stalins »im Namen des Volkes« und »für das Volk« begangen worden wäre. Zum Besten eines Volkes wurden Bücher verbrannt, Kunstwerke zerstört und Ideen verboten, eines Volkes, das niemals und nirgends existiert hat. Nicht nur die Arbeiter ließ man chauvinistische Lieder singen, sondern auch Bettler, die die persönliche Freiheit der Weimarer Republik voll ausgeschöpft, mit vorgestreckten Händen auf der Erde gesessen und mit struppigen Bärten und zitterndem Körper von morgens bis abends ein ganzes Jahrzehnt lang die Hauptstraßen deutscher Städte gesäumt hatten – sie alle hatte man inzwischen zum Straßenbau geschickt, samt den Arbeitslosen, um doppelspurige Autobahnen zu bauen. Dort mußten sie im Gleichschritt mit geschulterter Schaufel zur Arbeit hin- und abends wieder nach Hause marschieren und das Horst-Wessel-Lied singen: »Die Fahne hoch«, zehnmal am Tag, bei rationierter Fleischbrühe und Gemüse aus riesigen Töpfen, und bekamen umgerechnet 25 Öre pro Tag für Tabak, weil sie zum »Volk« geworden waren.

Es ist immer einer meiner Grundsätze gewesen, so sagte Erlendur, Menschen dabei zu helfen, das zu tun, was sie selbst wollen. Wenn jemand ein Unternehmen gründen will, das ihn zum Konkurs bringen wird, dann ist er auf dem Wege in sein Himmelreich; ich möchte ihm dabei helfen. Kommt jemand zu mir und bittet mich, ihm zehn Kronen zu leihen, damit er sich Gift kaufen könne, weil er sich umbringen möchte, dann gebe ich ihm diese zehn Kronen ohne Umschweife, wenn ich sie bei mir habe. Es vergeht kaum ein Tag, an dem ich nicht irgendeinen Trunksüchtigen unter meinen Freunden das Geld für eine Flasche Schnaps gebe. Eines aber möchte ich betonen: Wenn jemand zu mir kommt und mich um Geld für Gift bittet, damit er beispielsweise seine Frau umbringen kann, dann hat sich mein Prinzip in diesem Moment selbst aufgehoben, und ich sage zu diesem Mann: Geh woanders hin, mein Bester. So stark und (oberflächlich gesehen) widervernünftig war bei Erlendur der Glaube an die Freiheit als reines Prinzip, an die Freiheit als Grundbedingung für menschliches Leben. War es das Vertrauen auf die Menschen, das zugleich das Risiko in sich barg? Ich sagte: »Nie haben so viele Deutsche irgendein Wesen, weder ein menschliches noch ein göttliches, derart heiß und innig geliebt wie Hitler.« Erlendur erwiderte: »Wenn die Masse der Deutschen, die Arbeiter inbegriffen, Hitler tatsächlich so innig liebt, dann kann man nichts anderes dazu sagen, als daß dieses Volk auf dem Wege zu seinem Paradies ist.«
Erlendurs Maximen änderten sich im Laufe der Zeit erstaunlich wenig. Denselben Grundsatz, den er 1924 erstmals in meiner Anwesenheit erläutert hatte, hörte ich zwanzig Jahre später in einem Gespräch nachdrücklich betont. Damals hatte ich noch den Glauben verteidigt und zugunsten des Katholizismus Partei bezogen. Ich empörte mich gerade über einen französischen Meister (ich glaube, es war Anatole France), weil er den Katholizismus scho-

nungslos mit Spott und Hohn überhäufte. Da vernahm ich von Erlendur die Worte, die später noch oft und mit anderen Varianten von seinen Lippen kamen: »Ich bin Sozialist«, sagte er, »aber ich ziehe es vor, gut geschriebene Bücher *gegen* den Sozialismus zu lesen, als schlecht geschriebene Bücher für ihn.«

Könnte es sein, daß Toleranz dieser Art die Hauptvoraussetzung für wirklichen Humanismus ist? In der Tat wüßte ich nicht, was Humanismus bedeutet, wenn Toleranz nicht eine seiner Grundbedingungen wäre. Diejenigen Staatsformen, die die Freiheit der politischen Betätigung, der Meinungsbildung und des künstlerischen Schaffens beschneiden, haben kein Recht, sich auf den Humanismus zu berufen, denn eben dieser ist die Vorbedingung für diese Formen von Menschsein. Ein sogenannter Humanismus, der der Freiheit und der Toleranz zuwiderhandelt, verleugnet, selbst wenn er es im Namen des Volkes tut, die Basis und die Voraussetzungen des Humanismus.

Mitte Oktober 1955, ein halbes Jahr vor seinem Tod, hatte ich mit Bertolt Brecht ein langes Gespräch bei ihm zu Hause, in dem dieses Thema eine beherrschende Rolle spielte; es ging um das Problem der Einmischung von Regierungen in literarisches Schaffen, von Regierungen, die sich zu einer orthodoxen Spielart des Sozialismus bekennen. Dieses Reglementieren, ein direktes Erbe aus Stalins Nachlaß, das keinem anderen ›Sozialisten‹ außer ihm hätte einfallen können, wird gelegentlich unter dem Deckmantel des Humanismus praktiziert: im Namen des Volkes und für das Volk. Die Gefahr, daß Normen beherrschend werden, die im Gegensatz zur menschlichen Vernunft stehen, ist in Staaten groß, in denen man meint, der Marxismus sei eine sakrosankte Heilslehre, die in sich selbst ruhe wie hinter einer Chinesischen Mauer, eine Art moderne griechisch-katholische Orthodoxie wie der Stalinismus.

Solche wider jede Vernunft gesetzte Normen können beispielsweise in einer allgemein bindenden Formel erscheinen (erlassen von irgendeiner Reichsschrifttumskammer oder ›beschlossen‹ auf einem Schriftstellerkongreß, der sich aus der Klasse der Parteikontoristen rekrutiert); nach ihnen kann man, wie Brecht es formulierte, befinden, daß ein Buch zwar gut, aber nicht ›richtig‹ sei, womit es der Axt der Zensur zum Opfer falle. Diese Definition scheint mir recht paradox zu sein. Einem Buch wird Huld erwiesen, und es wird mit luxuriösem Aufwand herausgebracht – im Wissen, daß es zwar *schlecht,* aber doch ›richtig‹ sei. Bei künstlerischen Urteilen bedeutet dies also meist: Gut ist gleich schlecht, und umgekehrt. Bücher, die gegen die Realisierung des Sozialismus an einem bestimmten Ort oder zu einer bestimmten Zeit oder gegen das Verhalten und Vorgehen eines beliebigen Sozialistenführers gerichtet sind, sind also entsprechend dieser Definition schlecht, auch wenn es sich um Meisterwerke von hoher Intelligenz und literarischer Könnerschaft handelt und auch, wenn jedes Wort dokumentarisch abgesichert ist. Dies soll ebenso gelten, wenn die spezielle Art Sozialismus, gegen die sich solche Bücher wenden, von Grund auf verfehlt ist und wenn jeder weiß, daß obengenannter Sozialistenführer ein ausgesuchter Verbrecher ist!

Es soll schließlich auch das Umgekehrte gelten: Schlechte Bücher, die dem Sozialismus oder anderen Ideologien (z. B. dem Katholizismus) das Wort reden, sind gut, ganz gleich, wie schlecht sie sind.

Ich kann solche Auffassung nur als Verhöhnung und Verspottung der menschlichen Vernunft ansehen, die die Auslöschung jeglichen moralischen Bewußtseins zur Folge hat: es wird erklärt, daß der Faktenbericht über Mißstände und Missetäter in einem geographisch abgegrenzten Raum irgendwo »außerhalb« dessen der Ideologie, die in diesem Raum herrsche, schaden könne: die Tatsachen, die man nicht zu Lob und Preis der eigenen Ideologie ummodeln kann, sollen dem Schweigen anheimfallen. Wie heißt es in dem Vers von einem alten Weib in Island, Gudrun Feuersbrunst:

Man nennt mich ein geschwätzig Weib, doch wahrhaft schweigen konnte ich, während die Kirche brannte.

»Wahrhaft geschwiegen« hat auch Hitler über die vielmillionenfachen Menschenverbrennungen in den Öfen von Auschwitz – wie das Weib in diesem isländischen Vers, nachdem sie die Bischofskirche in Skálholt in Brand gesteckt hatte. Kaum ein Deutscher hatte von diesen Menschenverbrennungen etwas gehört, noch der Teil Europas, den Hitler in seiner Gewalt hatte, und im Grunde die ganze Welt nicht, bis man diese Vernichtungsstätte betrat und die schönen Worte über dem Eingang las: »Arbeit macht frei.« Und Stalin . . .?

Die Definition ›schlecht, aber gut‹ beinhaltet eine Ablehnung der Tatsachen welcher Art auch immer, sofern sie gegen die Verpflichtung stehen, die ›gute‹ Lehre zu verbreiten und zu predigen. Hier ist die Einstellung des mittelalterlichen Katholizismus gegenüber der Ketzerei leibhaftig auferstanden. Ein gewisses Buch verneint Tatsachen, ist schlecht geschrieben und voller Lügen und Unsinn, doch ist es nichtsdestotrotz ein *gutes* Buch, weil es die *richtige* Lehre predigt. Derjenige, der schwarz weiß nennt, der Mann, der sich dazu bringen läßt, die Worte »Arbeit macht frei« über die Pforte eines KZ zu hängen – ist er nun lächerlich oder bemitleidenswert? Vielleicht gar ein Heiliger? Es ist mir bewußt, daß dieses Urteil mich in gewisser Hinsicht auch selbst trifft, denn zwei meiner Bücher schrieb ich in dem Glauben und in der Hoffnung, daß auch ein Terrorregime, wenn es ein gutes Ziel verfolge, dennoch Gutes bringen könnte. Die Entschuldigung für viele von uns lag darin, daß wir uns von ortsansässigen Pro-domo-Rednern beschwatzen ließen, die sich nicht frei äußern konnten und daher für ihre Worte nicht verantwortlich waren; manche schwiegen ein ›gutes‹ Schweigen, andere gaben ›richtige‹ Heuchelei von sich.

Moor im Arnes

Im Sommer 1933 regnete es im Südland unmäßig; kaum ein Stein blieb den Sommer über trocken. Von der Schnee-schmelze bis in den Herbst hinein war ich unterwegs: das Land zu schauen, die Leute zu hören. Selbst am Lebenslauf des armseligsten Bauern hatte ich großes Interesse. Schon da-mals meinte ich, daß jene Landleute, die Island vorzuweisen hat, die einzigen wahren Kosmopoliten unter den Menschen sind. Dies schien sich zu bestätigen: *Bjartur auf Sumarhús ist der einzige Isländer, den jedermann versteht, den es in allen Ländern gibt.* Doch davon später . . .

Ich besaß zu »Unabhängige Menschen« zwei Entwürfe, die mir beide jedoch noch etwas blutlos erschienen.

In einem Sommer kam ich, wie so oft, in verschiedenen Pen-sionen oder bei befreundeten Bauern und Pastoren unter und versuchte, mich auf dieses Thema zu konzentrieren, das ich endlich bewältigen wollte. Oft genug bestand die ›Arbeit‹ darin, planlos Moor- und Deltagebiete auf der Snaefells-halbinsel, jedoch besonders im Arnes-Bereich, zu durchwan-dern. Es war schön, dieses feuchte isländische Flachland ken-nenlernen zu dürfen, wo dreißig oder vierzig Generationen hindurch ein großer Teil der Nation in der Nässe gestanden hatte: die Männer mähend, die Frauen bei der Heuernte. Am anheimelndsten sind jedoch die Sümpfe; sie erinnern an Reisfelder in China, nur daß es keine Ochsen gibt und keine Pflüge zu sehen sind. Oft hört man das Stöhnen der späteren Zeit: Die lieben armen Leute, bis zu den Hüften im Schlamm watend, tausend Jahre lang! Ich stellte fest, daß der Lehm im Moor warm und den Füßen höchst zuträglich ist, beson-ders wenn man barfuß darin herumläuft; in Deutschland müssen die Leute -zig Mark pro Tag dafür bezahlen, daß sie sich in einem solchen Schlamm wälzen dürfen, um so ihre Gebrechen zu heilen. Luft und Erde sind gesättigt von wun-

dersam summenden Insekten. Selbst die kleinsten Moor-
bäche sind mit Forellen-Nachwuchs gefüllt, auch dort, wo
das Wasser vom Eisengehalt blaugrau gefärbt und so unge-
sund ist, daß man husten und sich erbrechen muß, wenn
man es trinkt; doch Fische trinken nie Wasser, und es wird
ihnen auch nie übel – außer dem Tintenfisch, dem Lieblings-
fisch der Schriftsteller, der Tinte speit. In Sumpfbächen finden sich oft ungeheuer lange Aale, abenteuerlustige Wander-
fische, die im Frühjahr aus ihren heimatlichen Regionen her-
ziehen, die irgendwo in den Untiefen des Ozeans liegen, um
den isländischen Sommer zu genießen. Es sind hochintelli-
gente Fische, von denen jeder seinen Bach im Arnesmoor
kennt. Die Flora des Moores ist bescheiden, aber äußerst
vielfältig und den Bauern um so nützlicher, weil die Samen-
bildung mit weniger Blütenpracht als üblich stattfindet;
schließlich nennt man Blumen in Island Unkraut, und Lö-
wenzahn und Hahnenfuß wissen nur die unwissenden Kinder zu schätzen. Doch von all den irdischen Herrlichkeiten,
die das Moor beherbergt, ist das Vogelleben in der Sicht des
Menschen das Erstaunlichste, denn alles Sich-Äußern der
Vögel ist ebenso souverän wie umweglos-unmittelbar, nie
ist etwas Dilettantisches, Verwackeltes oder Zögerndes in
ihren Reaktionen, sie sind Meister ihrer Bewegung und ihrer
Form; ihre ›Lust zu leben‹, wie sie sich in Flug und Lautbil-
dung dokumentiert, ist nie ›weibisch‹ im Sinne von affekt-
haft-affektiert, geschweige denn ›sentimental‹.
Rotschenkel, Uferschnepfe, Odinshühnchen, Wasserralle,
Moorlatte, Ente und Schwan, Küstenseeschwalbe, Raub-
möwe haben hier ihre Futterplätze und Jagdgründe; andere
Wasser- und Sumpfvögel wie der Goldregenpfeifer und der
Brachvogel kommen manchmal auch hierher, um nachzu-
sehen, wie das Angebot heute ist, selbst wenn sie nicht besonders von dieser Landschaft angetan sind. Oder sie geraten auf der Flucht vor Raubvögeln hierher; es kommt vor,
daß sich das gesamte Brachvogelvolk eines halben Distrikts

versammelt, um einen Raben zu jagen. Schon immer war ich davon überzeugt, daß die Vögel viel edlere Wesen seien als Menschen und Hunde; nichts scheint mir, wenn die Menschen sich höhere Wesen in Kunst und Religion erschaffen, selbstverständlicher zu sein, als daß sie diesen nach dem Vorbild der Vögel Flügel verleihen; hingegen verstehe ich nicht, warum man die Engel nicht Vogelschnäbel tragen ließ, denn weniges wurde so vollkommen erschaffen wie der Schnabel des Vogels, der viel Gesang hat und wenig Spucke. Wenn die Engel Vogelschnäbel hätten, wären so langweilige Instrumente wie die Harfe völlig überflüssig! Das größte Vergnügen, das es auf Island gibt, besteht darin, ganze Stunden an einem Bachufer zu liegen und das Odinshühnchen zu beobachten, wie es schwimmt und seine Verbeugungen macht. (Übrigens behagt es mir mehr, dieses Tierchen Torfgrabenschwan zu nennen.) In diesem kleinen Vogel, der sich über flachen Gewässern wohl fühlt, die manchmal nicht tiefer als 25 Zentimeter sind, wohnen Höflichkeit, Ruhe, Bescheidenheit, Gelassenheit, Anmut und Ewigkeit – die Ingredienzien von Tao.

Familienleben in Barcelona

Der Sommer verging, ohne daß es aufhören wollte zu regnen, ungeheure Trägheit überfiel mich, und ich bekam den zweiten Teil von »Unabhängige Menschen« nicht in den Griff. Als das Vogelgezwitscher im Moor nachließ, das Wetter sich noch verschlechterte und der Aal von der Sargasso-See zu träumen begann, fuhr ich südwärts nach Spanien. Es war ein Versuch, mich von dem täglichen Kleinkram und Ärger daheim zu befreien – in der Hoffnung, mich besser auf meine Aufgabe konzentrieren zu können. Aber: *Cae-*

lum, non animum mutant, qui trans mare currunt, sagten schon die ›Alten‹. Ich blieb drei Monate in Spanien und versuchte, das kurze Kapitel, an dem ich daheim im Moor gescheitert war, wieder in meine Gewalt zu bekommen. Es ist das Kapitel über den Jungen, der eines Wintermorgens in der Heidekate aufwacht. Wenn ich jetzt, viele Jahre später, meine Augen über dieses Kapitel gleiten lasse, empfinde ich es als geschraubt und gezwungen, ja sogar als ein wenig maniert. Es zeugt davon, daß ich zu lange darüber gesessen habe: Tour de Force.

Mein Zimmer lag zu ebener Erde in der Dependance einer Pension in Barcelona. Diese Pension gehörte zur Klasse der *Hôtel de Famille,* Unterkünfte für Dauergäste, und wurde von jungen Geschwistern bewirtschaftet, die Deutschspanier waren. Mein Zimmer hatte zwei Türen; die eine führte zum Hotelkorridor, die andere ging direkt in den Obstgarten hinter dem Haus. Wenn man durch den Obstgarten und durch das Gartentor schritt, gelangte man in eine schmale Gasse, auf deren anderer Seite eine kleine Straßenkneipe war. Dort saß man oft nach abgeschlossener Mittagsmahlzeit bei einer Tasse Kaffee und einem Anisett. Unter den Bäumen des Obstgartens war es ebenfalls sehr behaglich, denn das Hotel fing jeglichen Lärm von der Hauptstraße ab. Die Vögel stoben in großen Mengen bei Eintreten der Dämmerung herab und setzten sich in die Bäume, dicht an dicht wie Beeren in der Grütze oder wie Menschen auf einer Cocktailparty. Sie sangen *ex officio.* Ich saß im Garten und versuchte, ihnen eine Antwort zu geben. Spanisch ist eine so schöne Sprache, daß ich noch heute, wenn ich Vögel zwitschernd auf einem Baum sehe, unwillkürlich anfange, ihnen in dieser Sprache zuzusprechen: *Flautistas! Excelencias! Existencialistas!*

Im Hotel selbst herrschte ein reges Leben. Damals und auch später überlegte ich mir oft, wie das wohl vor sich ginge, wenn es die Pflicht eines Erzählers wäre, dem Menschenleben gerecht zu werden, das ihn ständig umschließt. Da er nicht aktiv daran teilnimmt, sondern nur als Zuschauer, im schlimmsten Fall als Philosoph, müßte er ein Büro mit einem ungeheuren Archiv besitzen, ja über ein Computersystem, wie es die Versicherungsgesellschaften und Banken einsetzen, sowie über eine Menge Personal verfügen, wobei jeder Kontorist eigentlich das Talent von Marcel Proust besitzen müßte. Gott sei Dank ist das nicht die Pflicht eines Autors, aber dies stellen die meisten erst fest, wenn sie bereits zu lange Bücher geschrieben haben. Prousts Erfahrung, als er dieses eine Werk vollendet hatte, das dann in sechzehn Bänden erschien, war die, daß nun endlich die Zeit gekommen war, mit dem eigentlichen Werk zu beginnen, für das die sechzehn Bände erst die Materialsammlung bildeten. Aber da war sein Leben auch schon zu Ende. Je weitschweifiger ein Buch über einen Menschen gerät, desto weiter entfernt sich der Autor von diesem Menschen, selbst wenn er über sich selbst schreibt, und es kommt dahin, daß er diesen Menschen nicht einmal mit einem Fernglas mehr erblicken kann. Über ein Individuum zu schreiben, auch wenn es bloß ein Vogel ist, ist, als ob man über eine große Stadt schreibt; alles hängt davon ab, im Gebrauch von Wörtern ein Minimum zu erreichen. Dasselbe gilt für Felsen und Inseln. Die Griechen der Antike verstanden dies besser als wir, da ihr Leben schlichter als das unsrige war, wenn auch seiner Natur nach das gleiche. Sie gaben einem Ort wie auch einer Person oder einem Gott zusätzlich zu dem Namen nur ein einfaches Eigenschaftswort als Attribut, was bereits genügte, ihn zu verewigen. »Die veilchengekrönte Athene«, sagten sie, »Salamis, die Lustschöne«, als wäre die Rede von einem Mädchen, »das goldene Mykene«, »das heilige Troja«. Und die weißen Felsen Ithakas nannten sie einfach »fernhohes Ithaka«.

»Wo beginnen, wo stehen?« sagte ein isländischer Poet, als er einen Fjord besingen wollte. Schon die erste Frage über jemanden ist so schwer, daß dies Grund genug wäre, um von Anfang an zu resignieren.

Der Gast eines *Hôtel de Famille* kann nicht umhin, bei seinen Wohngenossen auf Dinge aufmerksam zu werden, die ihn überhaupt nichts angehen, zum Beispiel auf die persönlichen Beziehungen untereinander. Es ist, als wäre er zu einem Klatschbasen-Interesse für diese fremden Leute verurteilt – nur weil er mit ihnen an einem Tisch sitzt, im Aufenthaltsraum Kaffee trinkt oder ihr Zimmernachbar ist. Wohngenossen wissen im Grunde nichts voneinander, höchstens die Nationalität oder den Beruf, die natürlich auch erfunden sein könnten. Ich schärfe mir ein, daß ich als Individuum kein Interesse an diesen Eßgenossen habe, ich suche sie nach Möglichkeit zu meiden, hüte mich davor, ihnen Fragen zu stellen, weiche aus, wenn ich selbst gefragt werde. Mein Hiersein hat ja einen ganz anderen Zweck, als Zufallsbekanntschaften mit Krethi und Plethi zu schließen. Dennoch verlangt jeder Mensch dem anderen einfach durch die Tatsache, daß er in seiner Nähe ist, ein besonderes Interesse ab. Der Gast fängt, ob er will oder nicht, an, sich den Kopf zu zerbrechen über die Leute, unter die er hier geraten ist.

Das Seltsamste jedoch ist, daß, wenn man einmal begonnen hat, diese fremden Leute wahrzunehmen, sich sehr bald herausstellt, daß es ›die Leute‹ gar nicht gibt, sondern immer nur Ausnahmen von der Regel. Ununterbrochen stößt man auf diese Tatsache, die man im menschlichen Leben die Ausnahme nennt, und jede Regel ist eine Ausnahme. Jeder Mensch ist die Ausnahme des anderen Menschen.

Als ich anfing, Kinsey zu lesen – sein »Report« erschien fünfzehn Jahre später –, überraschte es mich wahrhaftig nicht, daß das obengenannte Gesetz auch für jene Bereiche menschlichen Verhaltens gilt, die dieses Forscherteam gründlichst untersucht hatte. Wie erfreulich wäre es, auf einen ähnlichen Bericht auch über andere Gebiete des menschlichen Verhaltens hinweisen zu können, zum Beispiel über das Verhalten der Menschen in Geldfragen, in politicis, in religiösen Angelegenheiten usw.

An einem solchen Daueraufenthaltsort wie diesem Hotel ist im Grunde jeder in die persönlichen Angelegenheiten des anderen verwickelt. Zugleich ist er gesellschaftlicher Teilhaber an Rechten und Pflichten dieser Menschen geworden, mit denen er das Leben gemeinsam verbringt. Man ist verpflichtet, den anderen guten Tag zu sagen, und wer sich nicht auf Französisch über das Wetter unterhält, ist ein Spielverderber. Auch ist es beleidigend, nicht an der richtigen Stelle und zur rechten Zeit zu lächeln.

Kinsey hat in seinem Buch keine Familien- oder Liebesgeschichten dargelegt, sondern das Sexualleben. Wenn nun aber jemand aufgefordert würde, seine Erfahrungen mit der menschlichen Gesellschaft in einem so alltäglichen Haus wie diesem *Hôtel de Famille* in Barcelona preiszugeben? Nach welchen Regeln würde er da vorgehen, um die Menschen einzuordnen, wie zwischen Geschlechtsleben, Liebesaffären und Familiengeschichten unterscheiden?

Um eine Liebesgeschichte handelte es sich meiner Meinung nach bei dem hübschen, langverlobten Paar, dessen eine Hälfte – ein mimosenhaftes kubanisches Mädchen – keine andere Beschäftigung zu haben schien, als auf den Geliebten zu warten, der manchmal kam und manchmal nicht. Er war der Sproß einer reichen Familie in Südspanien und übte in Barcelona einen kaufmännischen Beruf aus. Sie aßen oft gemeinsam mit uns anderen zu Abend, und so konnten wir alle an ihrer Seligkeit teilhaben. Wenn jemand äußerte, was für eine schöne Blume Señorita heute im Haar habe, erwiderte der Geliebte: »Danke, Señor.« Manchmal feierten sie die Wiederkehr eines glücklichen Tages aus dem ersten Jahr ihrer Brautzeit, es mußte gar kein großer Anlaß sein. Einmal zum Beispiel luden sie mich und etliche andere zu einem ausgesuchten Wein ein, um des Tages zu gedenken, an dem sie ein besonders schönes Kleid von ihm geschenkt bekommen hatte, das sie zu diesem Anlaß natürlich auch angezogen hatte. Jeder machte dem Mädchen Komplimente über das Kleid, und der Geliebte konnte kaum mit Verbeugungen und Dankesworten nachkommen. Ältere Leute saßen dabei, schauten sie in süßlächelnder, verträumter Sprachlosigkeit an und vergaßen das Denken. Wir bildeten ihre Verwandtschaft. Er war ein derart enthusiastischer Liebhaber, daß nicht viel gefehlt hätte und wir hätten ihn alle tränenüberströmt verabschiedet, wenn er abends nach Hause ging. Dabei wußten alle, daß eine ihm versprochene Braut in seiner Heimatgemeinde in Südspanien auf ihn wartete und daß bald die Zeit kommen würde, da er sich von uns allen für immer verabschieden und nach dem Süden aufbrechen mußte, um das Mädchen dort zu heiraten.

Der folgende Fall wäre vielleicht auch unter ›Liebe‹ abzulegen: Ein guter Familienvater, Bankdirektor und Abgeordneter, hatte seine Nebenfrau bei uns aufbewahrt, die er dann und wann besuchte. Jedesmal speisten beide mit großem Aufwand, man bediente sie zeremoniös und mit großem Respekt, und ihr Tisch verströmte Würde und Festlichkeit. In der Zeit zwischen den Besuchen aber war die Geliebte nirgends im Hotel zu erblicken, nicht ein Schatten, nicht der kleinste Schimmer war von ihr zu sehen. Es war, als habe sie den Leib ausgezogen, als sei sie auseinandergeschraubt und in einer Kommode verstaut worden. Schlief sie?

Noch komplizierter wurde es, wollte man die Herrschaften, die an meinem Nachbartisch saßen, richtig einordnen. Sie waren Schweizer. Eine blauhaarige, stark geschminkte Dame schien das Wort zu führen. Sie war hochgebildet im Gespräch wie auch im Benehmen und verschaffte mir viel Übung im französischen Parlieren über das Wetter. Es hieß, sie sei von ihrem Mann geschieden. Drei Jugendliche waren in ihrem Gefolge, zwei Jünglinge nahe zwanzig, der eine blond und gutaussehend, und ein Mädchen im

Konfirmationsalter, das in fast jeder Hinsicht die zweite Ausgabe seiner Mutter war, abgesehen davon, daß es sich nicht schminken und das Haar blau färben durfte. Es wirkte etwas blutarm im Gesicht. Der dritte Jugendliche war klein von Wuchs, man konnte ihn als nett oder hübsch bezeichnen. Sein lockiges Haar war eine Zierde, im übrigen war er von blasser Gesichtsfarbe, wie ausgemergelt und nicht frei von Pickeln. Die jungen Männer schienen etwa im gleichen Alter zu sein. Nie bemerkte man etwas Überhebliches an dieser Familie, es schien, daß die Kinder unter dem festen erzieherischen Einfluß der Mutter standen. Ich nehme an, daß sie Calvinisten waren. Der blonde Jüngling und das Mädchen verschwanden jeden Morgen mit Büchern unter dem Arm und besuchten irgendeine Schule. Ihre Schulsachen schienen sie immer bei sich zu haben. Der blasse nette Jüngling jedoch saß, nachdem die anderen gegangen waren, eine Weile still im Hause, manchmal am selben Tisch wie die Dame, die Tageszeitungen studierte. Er löste Kreuzwort- oder andere Rätsel, war vielleicht selbst zu sehr Romanfigur, um Romane zu lesen. Ich machte irgendwann den Fehler, diesen jungen Mann zu fragen, warum er nicht wie seine Geschwister zur Schule gehe. Er sah mich bloß mit großer Verachtung schweigend an und setzte seine Beschäftigung mit dem Kreuzworträtsel fort. Kurz danach erfuhr ich, daß dieser Jüngling der Liebhaber der Dame sei. Wenn er auch nicht verwandtschaftlich dieser Familie angehörte, so war er doch ein Teil ihres Gepäcks. In jenen Tagen war ein Gigolo fast ein Modegegenstand, wie etwa eine Puderquaste. Später tauchte ein alleinstehender dunkelhaariger Franzose auf. Er mischte sich schnell unter die Leute, und sein Interesse für die Nachbarn am großen Tisch war bald geweckt. Es dauerte nicht lange, bis er das Mitglied dieser Familie wurde.

Die Kinder schienen mir etwas beunruhigt, einen so fetten

Papa zu bekommen, doch war nicht festzustellen, daß dem jüngeren Liebhaber dieser Familienzuwachs mißfiel. Er fand bald die richtige Zeit heraus, frühmorgens auszugehen, um frische Luft zu schnappen. Die Dauergäste, die ein Buch über alles andere als über sich selbst führten, flüsterten einander zu, daß es dem blassen Jüngling nur gelegen käme, wenn dann und wann reifere Männer seine Arbeit übernähmen. Wenn ich auch damals nicht wußte – ich weiß es bis zum heutigen Tag nicht –, unter welche Art von Calvinismus dies fiel, eines ließ sich nicht verneinen: Es war eines der schönsten Beispiele familiären Einvernehmens, das man sich überhaupt denken kann.

Jemand hat behauptet, daß in der Liebe keine Absurdität zu finden sei, wie anders aber sollte man das deutsche Paar beschreiben, das, möglicherweise auf der Hochzeitsreise, in der Pension seine Zelte aufschlug? Ob ihre Gemeinschaft von irgendeiner göttlichen oder irdischen Instanz gutgeheißen worden war oder ob sie *gegen* Gottes und der Menschen Gesetz zusammengefunden hatten – diese Frage wurde nie beantwortet. Der Mann war gerade in dem Alter, wo man in meinem Lande sagen würde: »Er näßt die Butter nicht mehr.« Exakte Beobachter hätten wohl behauptet, er sei mindestens über die Hälfte des neunten Lebensjahrzehnts hinaus. Sicherlich war er in seinen besten Jahren ein angesehener Mann in seinem ›Fjord‹ gewesen, schließlich trug er einen Namen, der in Deutschland gleichwertig mit Bülow oder Moltke war. Ihn begleitete die größte Walküre unter den Deutschen seit der Uraufführung des »Rings«. Sie war im besten Alter einer unerschütterlichen Heroine von Wagners Gnaden: hell und imposant, von gigantischem Wuchs und so gesund, daß sie vor einem Pflug hätte gehen oder sogar eine Kanone ziehen können. Man könnte sie bedenkenlos als fleischgewordenes Idol aller wahrhaften Germanophilen, als ›echt arisches Weib‹ bezeichnen. Diese Frau begleitete das Sausen von

Adlerschwingen, wenn sie sich bewegte. Ihre Sprechweise war sehr gewählt, und sie besaß die bei Deutschen häufig anzutreffende Eigenschaft, alles besser zu wissen. Desto bemerkenswerter war die sklavische Demut dieser pompösen Persönlichkeit gegenüber ihrem verschrumpelten greisenhaften Gespons, diesem Tristan, der mehr Sinne verloren zu haben schien als die meisten Tristane. »Solche Männer nennen wir in England ›nasty old men‹«, meinte ein im Hotel wohnender, moralisch hochstehender englischer Privatchauffeur, als dies mystische Rätsel irgendwann bei Kaffee und Anisett erörtert wurde. Vielleicht war ein solches Urteil so weit von des Pudels Kern entfernt wie nur möglich.

In dieser Pension wohnte auch eine elegante, reife Dame, die in ihrem Heimatland Beamtin gewesen war, aber jetzt in einem warmen Klima Heilung von ihrer Gicht suchte. Sie war noch eine resche Frau, dazu blond und blauäugig. Spanier sprachen sie auf der Straße an und baten auf der Stelle um ihre Hand. Sie reagierte aber lustlos auf solche Bitten, denn sie hatte bereits einen edlen spanischen Caballero zum Freund, einen, wie sie skandinavische Mädchen en gros in den Straßen spanischer Städte bekommen können. In diesem Fall jedoch brauchte man nicht lange über das Einordnen nachzugrübeln: Hier war die Liebe selbst. Die beiden waren Tag und Nacht unzertrennlich. Er wohnte auch in der Pension, und wir nannten ihn Matti. Von Beruf war er Juwelenhändler. Ich kannte die beiden so wenig, daß ich das Gefühl hatte, sie zu verstehen, denn es ist nun einmal so, daß Menschen erst dann im wesentlichen unverständlich und rätselhaft werden, wenn man sie näher kennt. »Matti« war dunkelhäutig, nahe vierzig und trug immer ein schneeweißes, frischgewaschenes Hemd, glänzende, pechschwarze Anzüge und schwarze Lackschuhe, denn Schwarz und Weiß stehen bei den Spaniern in hohem Ansehen. Ich sah seine Juwelensammlung

zwar nie, doch wurde oft von ihr gesprochen. Wenn wir unseren Kaffee samt Anisett bezahlen wollten, hatte diese saubere und würdevolle skandinavische Beamtin häufig schon das Ganze, ohne daß wir es gemerkt hätten, bereits an der Bar erledigt. Das Leben an diesem Trottoir jenseits des Obstgartens war sorgenfrei und kurzweilig, und das Treueverhältnis dieser zwei Liebenden machte es den anderen warm ums Herz. Er war von jenem fürstlich anmutenden Aussehen des typischen Spaniers, sie hatte beinahe zu blaue Augen und ein fast zu goldenes Haar, die Farben des Himmelblau und des Kornährengelb. Irgendwann ist sie für vierzehn Tage auf eine Kurzvisite nach Griechenland gereist. »Matti« blieb da, um nach seinen Juwelen zu sehen, und wir zahlten unseren Kaffee-Anisett im Straßencafé selbst. Er war ein angenehmer Kumpan, indem er nie etwas sagte, sondern nur immer ein zerknautschtes Zettelchen aus der Tasche holte, Zahlen darauf schrieb und so tat, als ob er rechne. Bald waren die vierzehn Tage um, seit Gudrun, die Skandinavierin, weggefahren war, und wir erwarteten ihre Rückkehr. Ich war überzeugt, daß »Matti« sich freute, denn er wirkte völlig abwesend und notierte seine Zahlen mit so ungeheurer Geschwindigkeit, als stünde jemand mit einem Maschinengewehr hinter ihm. Die Zahlen waren zehn- oder zwanzigziffrig, ähnlich den uferlosen Sätzen, die denjenigen vor dem Einschlafen verfolgen, der den ganzen Tag an einem Roman arbeitet. Vielleicht war »Matti« dabei, den endgültigen Marktpreis von Diamanten auszurechnen. Und ich freute mich darüber, wie angenehm es war, mit einem so wortkargen Mann Kaffee zu trinken. Am nächsten Morgen in der Frühe kam Gudrun aus Griechenland zurück, aber da hatte »Matti« sich leider in der Nacht in seinem Bett eine gewöhnliche Stopfnadel ins Herz gestochen und war tot. Liebe? Geschlechtsleben? Familienleben?
Von all den Menschen, die hier aufzuzählen mir die Zeit

nicht reicht, traute ich dem holländischen Anthropologen am ehesten zu, daß er mit seiner Sippe überdauern würde, wenn andere an der Liebe oder am Geschlechtsleben zugrunde gingen. Er hatte sich jahrzehntelang auf fernen Inseln unter Wilden aufgehalten. Wenn ich mich recht erinnere, war das anthropologische Studienobjekt, das er hier in Barcelona beobachtete, ein Bordell.

Dieser Anthropologe flößte Respekt ein. Er war sehr hager, doch auf seltsame Weise vorderlastig, trug graue Tropenanzüge aus Jute oder Leinen, hatte dazu immer den gleichen Strohhut auf dem Kopf, war etwas über sechzig und ein solch typischer Professor, daß, wenn *er* in irgendeiner Sache nicht antworten oder urteilen konnte, dazu auch kein anderer in der Lage war. Nicht im geringsten war der Professor so von den anderen Menschen in dieser Pension begeistert wie die anderen von ihm. Sein größter Kummer war überhaupt der, daß er Umgang mit zivilisierten Menschen pflegen mußte. Er hielt sie für weitaus langweiliger und weniger bedeutend als die Wilden, doch war er zu gebildet, um die Zivilisierten gänzlich zu verdammen und alle Wilden, wie sie da sind, in den Himmel zu heben. Dieser Professor hing einer praktischen und wohl genau richtigen Philosophie an, was Qualität und Quantität betrifft. Seine Grundsätze erlaubten ihm nicht, etwas, und sei es noch so übel, völlig abzulehnen, auch konnte er anderes nicht bedingungslos bejahen. Dieser Mann war, wie gesagt, ein Weisheitsbrunnen, das Orakel der Wohngemeinschaft, und genoß wegen seiner Gelehrsamkeit, seines dialektischen Scharfsinns, seiner philosophischen Weisheit und seines universalen Wissens uneingeschränkt Respekt und Bewunderung. In dem Moment, da sein hageres Gesicht in der Tür auftauchte, traten die Menschen ihm in den Weg, legten ihm ihre Probleme vor und baten um sein Urteil.

Zwei deutsche Lehrerinnen waren besonders emsig, den

Professor meistens gerade dann zu belästigen, wenn er sich in eine Ecke setzen wollte, um »De Telegraaf« zu lesen. Sie hatten Semesterurlaub bekommen, um in Spanien Studien zu betreiben. Wie so häufig bei den Deutschen, waren sie in mehrere Wissensgebiete auf einmal vertieft, von denen sie keinen Deut verstanden. Oft glaubte ich, daß sie den Professor mit ihren Fragen sprachlos machen würden, aber weit gefehlt: Ich kann mich nicht erinnern, je einen Wortkünstler getroffen zu haben, der so unwiderlegbar, schonungslos und überlegen seine Frageidioten abfand wie dieser holländische Professor. Hier einige seiner Antworten:

Frage (einer sehr ehrfürchtigen deutschen Lehrerin): Herr Professor, was ist Ihrer Meinung nach der Hauptunterschied zwischen zivilisierten Menschen und Wilden?

Antwort: Einen Unterschied gibt es da nicht. Bei Wilden wie Zivilisierten gibt es nur zweierlei: Quantität und Qualität. Aber, meine liebe Dame, Quantität und Qualität sind nicht adäquat. Es gibt nur sehr wenige anständige Menschen, die übrigen sind Lumpen.

Frage (einer ehrenhaften und moralisch hochstehenden Person): Herr Professor, ist es wahr, daß die Papuas ihre Mütter verspeisen, statt sie zu begraben, und wenn dem so ist, was ist von einem so barbarischen Volk zu halten?

Antwort: Unter den Menschen, die ihre Mutter verspeisen, gibt es Quantität und Qualität. Nur ein kleiner Teil von den Menschen, die diese Sitte pflegen, sind anständige Menschen, der Rest sind Narren. Haargenau die gleiche Relation gilt bei Menschen, die ihre Mutter begraben, statt sie aufzufressen; nur ein kleiner Teil davon sind anständige Menschen, der Rest sind Narren.

Frage (einer anständigen, christlichen Person): Herr Professor, glauben Sie nicht, daß es die Papuas bessern würde, wenn man sie christianisierte?

Antwort: Nein. Und ich glaube auch nicht, daß die Christen besser würden, wenn man ihnen beibringt, sich wie die Papuas zu benehmen.

Im Hotel gab es einmal einen großen Disput darüber, ob Hagenbecks Tierpark in Hamburg der beste der Welt sei oder ob es andere gleich gute oder gar bessere gäbe.

Frage (einer ernsten Person, leidenschaftlich an Naturkunde interessiert): Herr Professor, was halten Sie von Hagenbecks Tierpark in Hamburg?

Antwort: Herr Hagenbeck hat nur einen Fehler gemacht. Er hat die Tiere eingesperrt und die Menschen laufen lassen.

Es fiel mir auf, daß unserem Professor immer eine größere Portion als den anderen Mitgliedern der Tischgesellschaft zugeteilt wurde. Gastgeber wie Gäste nahmen diese Anordnung widerspruchslos hin. Tatsächlich wurde ihm eine Portion zugeteilt, die eine große Familie hätte sättigen können. Dabei kam es nie vor, daß er auch nur eine Winzigkeit auf seinen Tellern zurückließ. Die Küche war deutsch-spanisch gemischt, und es wurde daher oft eine Menge von Gerichten vor dem Hauptgericht aufgetragen, dazu immer zweierlei Weine, was im Süden eine feste Unsitte ist. All das verschwand mühelos in unserem Anthropologen.

Eines Tages wollte es der Zufall, daß ich in der Mittagshitze meinen Durst in einem der größten Restaurants der Ramblas löschen mußte. Dort erblickte ich unseren Professor, wie er gerade vor einem wahren Schlemmertisch saß und gewaltige Portionen in seinem Mund verschwinden ließ; dabei war nur kurze Zeit vergangen, seit wir von unserem reichhaltigen Mittagstisch im Hotel aufgestanden waren. Er bat mich, ihm Gesellschaft zu leisten und ein Glas Wein mit ihm zu trinken. Ich bedankte mich höflich für seine Einladung, konnte mir aber nicht die Frage verkneifen, ob ihn unser Hotelessen nicht sättige. Darauf erklärte er mir: er habe in den Tropen einen Wurm verschlungen, der in seinen Eingeweiden Quartier genommen habe und nun in vielen Herrgottsjahren herangewachsen, mehrere Meter lang geworden und dementsprechend hungrig sei. Jedesmal, wenn er im Hotel gespeist habe, müsse er noch in ein anderes Restaurant gehen und gesondert für den Wurm essen. Ich fragte ihn, ob es nicht möglich sei, dieses Monstrum loszuwerden? Er meinte, man könne zwar Teile des Wurms mit Medikamenten eliminieren; ihn aber gänzlich zu tilgen, würde seinen, des Professors, Tod bedeuten, denn die einzige Möglichkeit dazu wäre, den Wurm auszuhungern, was seine Frau jahrelang verlangt habe. Ein solches Aushungern würde jedoch ein Ringen zwischen Wurm und Mensch bedeuten, wobei es schwer vorauszusagen wäre, wer den Sieg davontrüge; der Wurm war als Sieger nicht auszuschließen. Seine Frau habe ihm auferlegt, sich vom Wurm zu trennen, sonst ginge sie. Er hatte sich für den Wurm entschieden und war nach Barcelona gefahren, um an Bordellbesuchern anthropologische Studien zu betreiben. »Man muß es so sehen«, sagte der Professor. »In meiner Jugend war ich gesundheitlich nie in Ordnung; seit ich aber den Wurm aufgenommen habe, kenne ich keine Krankheiten.« Er behauptete, daß er den Wurm beinahe liebgewonnen habe, und deutete an, daß im Leben der meisten Menschen ein Wurm stecke, nur wüßten sie nicht genau, wie sie auf ihn reagieren müßten. Auch wüßten sie nicht, was für einen Wurm sie hätten, noch wo er sitze. Er dagegen wisse genau, wo der seinige sich aufhalte; zwischen ihm und dem Wurm sei eine Art Kameradschaft entstanden. Schließlich hätten viele Leute mehr Kummer mit ihrer Sippe, mit Weib und Kindern, als er mit seinem Wurm. Und da wurde mir plötzlich bewußt, daß dies hier unter Familienleben einzuordnen war. Dieser Mann schien davon überzeugt, daß ihm nur weniges etwas anhaben könnte, wenn er bloß seinen Wurm behielte. Somit hatte er ein Problem gelöst, an dem so viele andere gescheitert sind.

Verlagslunch in Kopenhagen

Wenn die ›Alten‹ sagten, *habent sua fata libelli,* dann meinten sie nicht das Schicksal, das im Schreiben eines Buchs steckt, sondern die verschlungenen Wege des Buchs selbst, wenn es anfängt, zwischen Leser und Verfasser hin- und herzuirren, nachdem es eine lesbare Gestalt angenommen hat. Dieser alte Satz gilt aber auch hinsichtlich des Autors: Es ist gar nichts, ein Buch zu verfassen, oft ist dies kinderleicht. Die wesentlichen Probleme treten erst auf, wenn der Autor ein gediegenes Manuskript abgeschlossen vor sich liegen hat; denn dann geht es darum, es gedruckt zu bekommen, und das ist allein schon in *einem* Land kein geringer Kraftakt, geschweige denn in dreißig, vierzig Ländern.

Ich erwähnte schon früher, welch großes Glück mir im Herbst 1931 widerfuhr, als ich plötzlich in Reykjavik vom Hasselbalch-Verlag in Kopenhagen ein Telegramm des Inhalts erhielt, daß man »Salka Valka« dort auf Dänisch herausbringen wolle; dabei war das Buch damals erst zur Hälfte in Island erschienen. Inzwischen war über ein Jahr vergangen, seit das Buch vollständig in Island herausgekommen war, und ich nutzte 1934, als ich mich für einige Wochen in Kopenhagen aufhielt, die Gelegenheit, mit dem guten Mann Verbindung aufzunehmen, der mich als erster im Ausland vorstellen wollte. Der Vertrag, den ich mit Dr. Kippenberg in Leipzig geschlossen hatte, lag ja infolge von Hitlers Auftreten auf Eis.

In jenem Winter hielt sich auch der isländische Dichter Kristmann Guðmundsson in Kopenhagen auf, der sonst in Oslo lebte und seine Romane auf Norwegisch schrieb. Wir waren etwa gleichen Alters, doch war er damals bereits ein bekannter Autor. Er hielt mir immer die Treue. Seine Bücher waren schon seit einigen Jahren bei Hasselbalch verlegt worden. Eines Tages richtete er mir aus, daß wir beide zu einem

›Verlagslunch‹ bei Hasselbalch eingeladen seien. Eine solche Einladung wird als ein spezieller Vertrauensbeweis von seiten des Verlages angesehen, es gilt als etwas Besonderes, wenn ein Schriftsteller sagen kann: »Ich nahm heute an einem Verlagslunch teil«, denn dies bedeutet: Er gehört zum innersten Kreis des Verlages, ist Bevorzugter. Nie hatte ich bis dahin etwa an einem Verlagslunch bei Dr. Kippenberg teilgenommen. Ich erwähne diese Einladung des Hasselbalch-Verlags deshalb ausdrücklich, weil es mein erster ›Verlagslunch‹ war.

Steen Hasselbalch, der früher Offizier war, hatte eine blutrote Gesichtsfarbe, wäßrige Augen, gab sich gelegentlich etwas gespreizt und war von einer quicken Intelligenz, witzig sowie in jeder Beziehung schlagfertig. Er begrüßte mich mit einem Uppercut und sagte: »Vi er Kolleger«, womit er wohl meinte, daß wir beide ein großes, vorragendes Kinn hätten. Aus einem Sessel erhob sich ein gutaussehender Mann, augenscheinlich von hoher Kultur und Bildung; er trug eine bunte Offiziersuniform und grüßte mit großer Liebenswürdigkeit: Hauptmann Arne Stevns, erster Berater des Verlags. Der dritte Befehlshaber war der Prokurist Jerwin, der zweitmächtigste Mann des Verlags. Es wurde ein reizvoll angerichteter, freilich etwas frugaler Mittagstisch aufgetragen, doch hat eine solche Bescheidenheit bei Leuten nichts zu bedeuten, die von wirklicher Vornehmheit sind; dazu servierte man ein Glas Branntwein und ein Glas Bier. Bei Tisch wurde über Läuse und andere ›Haustiere‹ in Island und Dänemark gesprochen, und da kam so manches Häßliche an den Tag. Obwohl ich in Island als der berüchtigtste Läuseverflucher neben dem Hauptfeind dieses Ungeziefers, Dr. Gunnlaug Claessen, galt, ertappte ich mich nun dabei, daß ich versuchte, die Hygienestatistik meiner Landsleute auf diesem Gebiet in ein günstigeres Licht zu rücken, und die Zustände bei uns zu beschönigen trachtete. Darauf sprach Verlagsdirektor Jerwin, gewiß um Kristmann und mich zu trösten, jene unvergeßlichen Worte: »Solange die Laus nicht das Innere erreicht, ist sie relativ ungefährlich.«

Nach dem Imbiß wurden Verträge unterschrieben, die die dänischen Rechte an »Salka Valka« auf Hasselbalch übertrugen. Man teilte mir mit, kein Geringerer als Gunnar Gunnarsson, der zu jener Zeit mit dem größten Respekt in Dänemark genannt wurde, wolle das Buch ins Dänische übersetzen.

Steen Hasselbalch hat dann insgesamt sieben Bücher von mir in Dänemark herausgebracht.

Dieser kleine Verlagslunch in der Boldhusgade war der Anfang einer Reihe von imposanten Festlichkeiten und Festessen, die ich immer wieder bis zum Kriegsbeginn von seiten desselben Gastgebers genießen durfte; sie hätten sicher keinerlei Unterbrechung erfahren, wäre ich ständig in Dänemark gewesen. Hasselbalch erwies sich als einer der ersten unter den »upper ten«, die die Mehrzahl der Feste in Dänemark geben; zu seinen Festen erschienen auch immer eine Unmenge von Fotografen und Reportern, die unablässig für ihre Tageszeitungen und Wochenzeitschriften tafelnde und einander zuprostende, festlich gekleidete Leute konterfeiten. Hasselbalch konnte sogar auf die Idee kommen, eine besondere Zeitung oder Broschüre mit Bildern, Witzchen und Bonmots von diesen Festen herauszugeben. Er wohnte damals auf einem alten schloßähnlichen Gut am Öresund, und ich war dort oft tagelang sein Gast. Mancherlei Berühmtheiten und Prominenzen kamen dorthin auf Besuch, darunter vor allem jene Leute, die in Dänemark nach englischer Sitte »the smart set« genannt werden: Finanzleute, Zeitungskönige, Chefredakteure, Industriebosse, Modeärzte und weibliche Jockeys in Reithosen, wobei Schriftsteller bis hinunter zum Trivialautor Korch mithalten durften, der in Kopenhagen selbst von allen dänischen Schriftstellern höchst verachtet wurde; seine Bücher wurden in den großen Zeitungen nicht ein einziges Mal rezensiert. Korch war ein liebenswürdiger, fröhlicher Alter und bestimmt ein viel besserer Mensch als diejenigen, die ihn verachteten. Vielleicht hat kein anderer Autor so viel dazu beigetragen, daß diese großzügigen Feste beim Hasselbalch-Verlag veranstaltet werden konnten, wie gerade Morten Korch, bis seine Tochter Johanna auf dem Schauplatz erschien und einen Roman schrieb, der im Nu in 80 000 Exemplaren verkauft war.

Es konnte kein Zweifel daran bestehen, daß Hasselbalch einer der größten Gastgeber Dänemarks und seinem ganzen Lebensstil nach so etwas wie ein skandinavischer Fürst war; die gigantischen Feste, die er auf die Beine stellte und für die er zum Beispiel Lokalitäten wie »Nimb« teilweise oder ganz und gar Nächte hindurch mietete, kosteten sicherlich ein Vermögen. Doch wenn ich am nächsten Tag zu ihm kam, um irgendeine Winzigkeit als Vorauszahlung zu erbitten, klang ein ganz anderer Ton auf. »Vergessen Sie nicht«, sagte Steen Hasselbalch dann, »daß es unser persönlicher Luxus ist, Ihr Werk herauszugeben. Wir tragen Sie wie eine Zierfeder an unserem Hut.« Diese Einstellung kam mir ziemlich arrogant vor; später trennten sich unsere Wege.

Dieser dänische Fürst und Prachtmensch aber war der erste ausländische Verleger gewesen, der bereit war, mir die Hand zu reichen.

»Unabhängige Menschen« / Stationen eines Buches

In einem der voraufgegangenen Kapitel habe ich die Ursache dafür erwähnt, daß der Kleinbauer Bjartur auf Sumarhús einer der international bekanntesten Isländer seiner Zeit wurde – nämlich die, daß er allein in New York mindestens hunderttausend Kollegen besaß. Außerdem zeigte sich, daß es kein Land auf der Erde gab, dessen Bauern ihm nicht in der Mehrheit glichen.

Ich will hier über »Unabhängige Menschen« berichten, obwohl dieses Buch keineswegs das meistverbreitete meiner Werke ist (da stehen Bücher wie »Salka Valka« und »Atomstation« erheblich weiter vorn auf der Liste, beide erschienen in 30–40 Übersetzungen), weil sein Schicksal ein gutes Beispiel für ein Buch abgibt, das es schwer hatte, sich endlich durchzusetzen. Für junge Schriftsteller könnte es Lehre und Ansporn sein, von einem Buch zu hören, dessen Erscheinen mit wenig Hoffnungen verbunden war, ja das sogar im vorhinein zum Tode verurteilt schien, zu hören, wie dieses Buch sich am Ende doch Schritt um Schritt durchsetzte und jetzt inzwischen in 22 Sprachen verlegt worden ist und in noch mehr Ländern, was sich daraus erklärt, daß zum Beispiel die englische Übersetzung sowohl in London und New York wie auch in Neu-Delhi herausgekommen ist, daß etwa eine deutsche Ausgabe ebenso in Hamburg wie in Ostberlin gedruckt wurde usw.

Wenn ich das Schicksal dieses Romans in allen Einzelheiten schildern sollte, von dem Moment an, als ich ihn fertig ablieferte, bis hin zu dem Zeitpunkt, da er gedruckt und gebunden in diesen 22 Sprachen vorlag, so müßte ich dazu im Grunde ein zweites Buch von gleichem Umfang verfassen; aber das dürfte dem verehrten Leser wohl doch als ein allzu großer Mißbrauch geduldigen Papiers erscheinen. Kleine Streiflichter auf ein derartiges Buchschicksal scheinen mir im Rahmen dieser knappen Inventur eines Autors jedoch nicht gänzlich ohne Sinn.

Es ist gar nicht so verfehlt, wenn ich feststelle, daß in meiner Jugendzeit Bücher über ländliches Leben in der literarischen Welt beinahe verpönt waren, auch wenn es damals noch vorkam, daß solche Werke von der Schwedischen Akademie in Stockholm anerkannt wurden, was durch die Verleihung des Nobelpreises für Knut Hamsuns »Segen der Erde« wie auch für das große Werk Reymonts über die polnischen Bauern bezeugt wird. Ich glaube behaupten zu dürfen, daß es auf die Naturverbundenheit der skandinavischen Mentalität zurückzuführen ist, daß dort Bücher über das Landleben noch zu Weltliteratur erklärt werden können. Solche Argumente und Ergebnisse sind anderswo kaum zu erwarten. Weltweit rechnet die respektable Literaturkritik Bücher über das Leben auf dem Lande zu denjenigen, die man nicht ernst nimmt, sie werden am liebsten in versteckten kleingedruckten Artikeln besprochen, als hätte die Redaktion ein schlechtes Gewissen wegen des Abdrucks. In den Jahren, als ich »Unabhängige Menschen« verfaßte, gab es in Skandinavien sogar Diskussionen, in denen angesehene Literaturexperten erklärten, Romane über bäuerliches Leben entsprächen nicht dem gängigen Literaturverständnis; alles, was die Bauern und ihre Lebenswelt betreffe, liege außerhalb der Zeit und finde nicht das Interesse der Leser. Dasselbe behaupteten auch die Buchverleger in der ganzen Welt. Ich habe dieses alte Lied in meinem Leben oft gehört; Literaturpäpste in Zeitungen und in Lektoraten haben es gesungen. Immer wieder wurde mir Bjartur von ›kompetenter‹ Seite mit dem Argument an den Kopf zurückgeworfen, daß es kein Publikum auf der ganzen Erde gebe, das imstande wäre, sich für bäuerliches Leben zu interessieren. Es liegt erst wenige Jahre zurück, daß einer der bedeutendsten Verleger des britischen Empire auf einer Londoner Gesellschaft mir gegenüber erklärte, alle dichterischen Beschreibungen und Schilderungen ländlichen Lebens, egal ob Lyrik oder Prosa, seien heutzutage literarisch im vorhinein zum Tode verurteilt. Er sagte fast wortwörtlich: »Wir hier in England, ebenso wie in anderen hochkultivierten Ländern der industriellen Zivilisation, sehen keinen Abnehmerkreis, der noch irgendein Verständnis für das Landleben hätte, respektive darauf neugierig wäre.« Diejenigen, die sich noch am ehesten dazu bereit fänden, sich in Heimat- oder Bauernliteratur zu vertiefen, seien ältere hochgebildete Damen aus den Oberschichten der Groß-

städte, die politisch der Labour Party anhingen. »Allgemein betrachtet besteht das Leserpublikum aus gebildeten, der Technik aufgeschlossenen Städtern«, fuhr er fort. »Solchen Menschen ist Ländliches aber meistens fremd und ein Greuel, ausgenommen, sie könnten darauf einen kurzen Blick aus dem Autofenster werfen, was jedoch schon das Äußerste an Interesse ist, das sie dafür aufbringen. Ein gebildeter Mensch der Gegenwart betrachtet das Seelenleben von Bauern geradezu als einen Teil der Zoologie. Früher gab es bei uns ein gewisses Interesse für das Leben auf den Landsitzen von Lords oder gar von Geistlichen. Aber das rührte von der Neugier des Kleinbürgers für die Existenz der feinen Leute her, nicht für bäuerliches Leben; jetzt ist die Romantik der Landlords und der Gespenster, die sie in ihren Verliesen aufbewahrten und verbargen, aus der Mode, und die Lords sind in die Stadt gezogen. Was aber die Bauern selbst anbelangt, so ist es, wenigstens bei uns, völlig undenkbar, sie dazu zu bringen, Heimat- oder Landliteratur zu lesen; keine Unterhaltung liegt den Bauern ferner als Literatur über Bauern, sie verachten solche Bücher, genau wie Arbeiter proletarische Literatur verachten und Lords Bücher über Lords. Das wenige, was Bauern lesen, sind Bücher, die von der eigenen Arbeit und der geistigen Enge des Landlebens ablenken. Sie möchten psychologisierende Liebesgeschichten aus der Großstadt lesen – wenn nicht überhaupt reine Pornographie. Abenteuergeschichten von gefährlichen Reisen nach exotischen Gegenden auf der anderen Seite der Erdkugel sind gefragt, Historisches über die Errichtung des Empire, über ruhmreiche Brigadiere oder auch über Galloway-Rindvieh, doch vor allem Horrorstories.«
Ich will diesen Bemerkungen nichts hinzufügen; schließlich ist mir klar, daß sie von einem Mann gemacht wurden, der weiß, wovon er redet, und das viel besser als ich. Es mag wohl sein, daß Romane über die Landbevölkerung nirgends zur Literatur gezählt werden, außer in Skandina-

vien. Man würde mich gewiß nicht als objektiven Richter in dieser Frage ansehen, da alle meine Romane von Landleuten handeln, was wiederum daher rührt, daß in meinen Augen gleichsam alle Menschen Landleute sind. Ich kann einen Menschen tatsächlich erst dann beurteilen, wenn ich in ihm den Bauern, das Ländliche, entdeckt habe oder irgendeinen ähnlichen primären menschlichen Zug. Deshalb verstand ich jenen weisen Amerikaner sofort, der einmal zu mir kam und behauptete, daß es allein in New York hunderttausend Bauern gebe, die ihr ganzes Hundeleben lang unter dem gleichen Moralkodex wie Bjartur auf Sumarhús lebten.

Als ich 1934 nach Island zurückkehrte, arbeitete ich ohne Unterbrechung an »Unabhängige Menschen« weiter, blieb aber nur einige Woche dort und setzte die Arbeit im Winter in Rom und Positano fort, danach in Nizza und in Paris.
Im folgenden Frühjahr jedoch hielt ich mich bereits wieder irgendwo in Island auf dem Lande auf und legte mitten in der Heuernte 1935 letzte Hand an das Werk.
»Salka Valka« war von einem staatlichen Verlag herausgegeben worden, den man damals gerade gegründet hatte. Die Anordnung, dieses Buch eines Unbekannten zu publizieren, der noch keinerlei Ansehen besaß, erging wahrscheinlich von einem einflußreichen Politiker, dem eigenwilligen und gescheiten Jónas Jónsson. Er war zu jener Zeit ein guter Bekannter von mir. Der jetzige Präsident dieses staatlichen Verlags, H. Saemundsson, hat neulich in einer Radioansprache erklärt, »Salka Valka« sei durch die Gefälligkeit dieses Verlags herausgebracht worden, da abzusehen war, daß kein Privatverleger in Island das Buch drucken würde.
Es ist eine uralte und tiefverwurzelte Gewohnheit der Isländer, »von den Dänen zu dependieren«, wie man früher

sagte; so wurde »Salka Valka« in Island nicht eher als ein gutes Buch anerkannt, als bis es in Dänemark Lobeshymnen erhalten hatte. Mein nächstes Buch, »Unabhängige Menschen«, wagte kein isländischer Verleger zu drucken, weil man ja noch nicht wußte, was Dänemark von dem Buch halten würde. Die leitenden Persönlichkeiten des staatlichen Verlags waren etwas zurückhaltend geworden, mehr Bücher von mir herauszubringen, und wollten sich nicht durch die Unterstützung von Sozialkritik unbeliebt machen. Dennoch besaß ich in dem Verlag starke Fürsprache, die, nachdem sämtliche privaten Verleger Islands mir auch dieses Manuskript wieder an den Kopf geworfen hatten, einen jungen und energischen Buchhändler in Reykjavik, E. P. Briem, dazu überredeten, pro forma als Verleger von »Unabhängige Menschen« zu figurieren; sie boten die Garantie des Staatsverlags, den Verlust, wenn es zu einem käme, zu tragen. Wie man sich denken kann, war bei diesem Vertragsabschluß äußerste Diskretion bewahrt worden. Das Buch wurde gedruckt und, wenn das überhaupt möglich war, als ein noch schlimmeres Buch als »Salka Valka« angesehen, jedenfalls so lange, bis man in Dänemark positiv darüber geurteilt hatte. Die wenigen Außenseiter, die das Buch in Island verteidigten, wurden von den tonangebenden Leuten beschimpft und zum Spott der öffentlichen Meinung gemacht. Es waren hauptsächlich isländische Kommunisten, die mein Buch wohl eher deswegen lobten, weil ich mit ihnen sympathisierte, als weil es irgendwelche kommunistische Propaganda zum Inhalt gehabt hätte oder weil etwa vorzugsweise eine marxistische Lösung für die Probleme der Bauern angeboten worden wäre. In dem Buch wurde vielmehr wie in den alten Sagas lediglich das Heldentum eines Mannes ohne Befürwortung seines Standpunktes geschildert. Und der Standpunkt von Bjartur war beinahe in jedem Betracht bedenklich, außer vielleicht im Hinblick auf eben sein Heldentum.

Ich weiß nicht genau, inwieweit der gute Wille der Dänen und ihr Mäzenatentum gegenüber isländischer Literatur und Kunst in der Personalunion der Länder begründet waren oder vielleicht mehr noch in der Vorstellung, Island sei eine dänische Kolonie und würde es hoffentlich auch weiterhin bleiben. Aus solcher Vorstellung folgten dann natürlich einige Pflichten, unter anderem die, jegliche kulturellen Bemühungen der Isländer fördern zu müssen, sofern sie nicht dazu bestimmt waren, die Union zu stören. Wie dem auch sei, die Tatsache ist nicht zu vergessen, daß Island jahrhundertelang unter dänischer Herrschaft stand, wodurch auch die kulturellen Verbindungen zwischen beiden Ländern recht eng geworden sind. Island hatte in Dänemark immer einen Kreis von Interessenten und Fürsprechern, wenn er auch vielleicht nie übermäßig groß war; doch wenn die Isländer einen Anlaß dazu boten, konnte er plötzlich wachsen. Immer wieder waren die Dänen bereit, isländischen Künstlern den Weg zu ebnen, sie sogar in jedem zweiten Satz Isländer zu nennen, wenn sie ihrerseits gewillt waren, sich auf die dänische Seite zu stellen, indem sie entweder ihre Bücher auf Dänisch abfaßten oder auf andere Weise dänische Mitbürger wurden. Ob es sehr abwegig ist, zu behaupten, daß die Basis für das Wohlwollen und den Respekt, die isländische Autoren genossen, die auf Dänisch schrieben, und die auch »Salka Valka« und »Unabhängige Menschen« zugute kamen, heute in Dänemark erschöpft ist? Wenn auch das pflichtschuldige Schönwetter, das zwischen 1918 und 1944 herrschte, inzwischen vorüber und an seine Stelle der Normalzustand getreten ist, so läßt sich doch nicht verhehlen, daß in diesem früheren Konföderationsstaat von uns mehr Kenntnis und Verständnis für das isländische Literaturerbe vorzufinden ist als in jedem anderen Land, ja, die Beziehungen gehen so weit, daß isländische Einflüsse zum Teil die dänische Kultur mitbestimmen. Eine so vertraute Verbindung haben wir Isländer zu keinem anderen Volk. Andererseits ist zu begrüßen, daß die aufrichtige Anerkennung unserer gegenseitigen Grenzen und Begrenzungen nicht mehr als politische Unhöflichkeit gilt wie in den Schönwetter-Tagen der Personalunion.

Ich habe bereits früher erwähnt, daß der Anlaß zur Veröffentlichung von »Salka Valka« in Dänemark der war, daß Gunnar Gunnarsson dem Buch seine Unterstützung verlieh. Sein Name als Übersetzer des Buches galt dort als unbedingte Bürgschaft für mich. Jenen Teil des Winters 1934 über, den ich in Kopenhagen verbrachte, besuchte ich ihn jede Woche auf seinem wunderschönen Landsitz hinter einem Wäldchen auf Seeland, der Fredensholm hieß, und versuchte, ihm einige seltsame Redewendungen in »Salka Valka« zu erklären, die ich hier und da in den Fjorden aufgeschnappt hatte.

Noch heute erinnere ich mich an die Tage, als »Salka Valka« ein halbes Jahr nach meinen Besuchen auf Fredensholm in Dänemark erschien; ich hielt mich gerade in Rom auf, und der dänische Verlag schickte mir per Post immerfort neue Beweise dänischen Goodwills sowie Lobeshymnen aus den Zeitungen und Zeitschriften, die den größten Einfluß auf die öffentliche Meinung im Lande hatten.

Die Verleger der Welt sind ständig auf der Suche nach dem großen Lotteriegewinn, der doch nie nach Voraussage und Vorausberechnung eintrifft. So mancher bildete sich damals ein, hier sei nun etwas aufgetaucht, was zu diesem Gewinn verhelfen könne, ein ominöses neues Werk jedenfalls, von dem exotischen Bewohner eines skurrilen Eilands verfaßt, das keiner kannte – einer Art Papua-Land. Irgend etwas der Art wird sich ein international renommierter Verleger wie Sir Stanley Unwin in London dabei gedacht haben, als er als Gast unseres Staatspräsidenten Asgeir Asgeirsson nach Island eilte und ich gebeten wurde, diesen Verlegergiganten im Auto nach Gullfoss und Geysir zu begleiten. Sir Stanley war kaum wieder in London angekommen, als er mir einen Vertragsentwurf für die englische Ausgabe von »Salka Valka« schickte. Als ich ihn kurz darauf in London traf, teilte er mir mit, daß auch ein namhaftes amerikanisches Unternehmen, Houghton Mifflin in Boston, sich beteiligen und das Buch ebenfalls herausbringen wolle in der Hoffnung, daran eine Million zu verdienen. In London hatte ich mit »Salka Valka« einen Erfolg, wie ich ihn nie wieder in England erzielte, auch wenn noch einige weitere meiner Bücher dort erschienen sind. Eine der meistgelesenen Zeitungen von London, »The Evening Standard«, erklärte das Buch zum Buch des Monats und machte viel Aufhebens davon. Endlich sei ein Stoff für die Garbo aufgetaucht, schrieben die Zeitungen über »Salka Valka«, und das war das größte Lob, das man damals einer Romanfigur spenden konnte. Langlebig war dieser englische Ruhm nicht, und die Garbo blieb weiter emsig bei ihren Prinzessinnenrollen. Ich nehme an, daß auch nicht allzuviel aus der Million wurde, die in Amerika ›gemacht‹ werden sollte.

Ein holländischer Verlag in Den Haag hatte gleichfalls von diesem talentierten Papuaner Wind bekommen, der offensichtlich einen Bestseller verfaßt hatte, und ließ eine illustrierte Prachtausgabe von »Salka Valka« herstellen; aber auch in Holland hat die Million gewiß auf sich warten lassen. In Stockholm brachte Bonniers das Buch auf den Markt – was sicherlich infolge irgendwelcher automatischer Vertragsverbindungen zwischen den skandinavischen Ländern geschah. Diejenigen bei Bonniers, die mit »Salka Valka« zu tun hatten, konnte man in drei Gruppen einteilen, die Schlafenden, die Volltrunkenen und die Gleichgültigen. Schlafend waren die, die den Vertrag abschlossen. Ewig betrunken war der Übersetzer: Er hielt sich zur gleichen Zeit wie ich in Rom auf und rief manchmal volltrunken in meinem Hotel an. Der Gipfel der Gleichgültigkeit war die – wie ich vermute – einer Frau übertragene Besprechung des Buches in Bonniers' gediegener Literaturzeitschrift, dem »Literärä

Magasin«; das Buch wurde dort nicht als Dichtung rezensiert, sondern auf eine ungeheuer nichtssagende Art und Weise irgendwo hinten im Heft in einer Sparte für berufstätige Frauen (»självervärvande Kvinnor«) erwähnt. Dies war nun »Salka Valkas« ganze seinerzeitige Berühmtheit. Denjenigen, die rasch eine Million mit dem Buch verdienen wollten, ging der Wind rasch aus den Segeln. So war ich im Grund schon in der literarischen Welt tot, nur der alte Hasselbalch hielt mir die Treue und ließ alles von mir erscheinen, was auch immer ich verfaßte, um eine Zierfeder an seinem Hut zu haben, die ihm sicherlich teuer zu stehen kam.

Ich komme jetzt wieder auf »Unabhängige Menschen« zu sprechen – von diesem Buch sollte das Kapitel ja schließlich handeln. Als es erschien, wäre es nicht übertrieben gewesen zu sagen, daß ich meine literarische Karriere von neuem beginnen müßte: Diesmal nicht als Unbekannter, als Neuling, der mit der Zeit vielleicht noch brauchbar würde, den man irgendwie hochpäppeln könnte und der womöglich doch noch das Los zum großen Gewinn in der Verleger-Lotterie darstellen würde – nein, so gut stand es diesmal nicht mehr, diese Chance hatte ich beim ersten Anlauf bereits vergeben. Ach, dieser Kerl aus Island, sagten die Verleger weit und breit, vor einiger Zeit hat man versucht, ihn aufzublasen, aber dieser Versuchsballon ist gleich geplatzt. Die Welt der Verleger ist nicht allzu groß; und ihre Telefonverbindungen sind sehr gut. Sie schätzen die Genies untereinander ab, und jedes Stück Vieh wird danach taxiert, wie es sich im Schlachthaus ausnimmt. Meine Korrespondenz war auf dem Nullpunkt angelangt. Zwar erbot sich Sir Stanley aus Edelmut, auch »Unabhängige Menschen« herauszubringen, aber diesmal hatte er keine Eile damit. Ein englischer Akademiker mit Namen Thompson, ein hochintelligenter Mann und des Isländischen wohl mächtig, wurde damit beauftragt, das Buch zu übersetzen. Doch hatte man ihn finanziell wohl nicht zum besten behandelt, so daß er bald der Angelegenheit nicht mehr recht traute und sich daher auch keineswegs mit der Arbeit beeilte. Als er nach acht Jahren endlich die Übersetzung abgeschlossen hatte, war es sein erstes, Schrubber und Eimer zu kaufen und damit zu beginnen, in einem fünftklassigen Londoner Hotel die Treppen aufzuwischen; er mag diese Beschäftigung sogar als Wohltat empfunden haben, verglichen mit der, ein Buch von Halldór Laxness für Sir Stanley übersetzen zu müssen – und von Stund an konnte er kein Buch mehr sehen. Diese spätere Entwicklung des bedauernswerten Mannes ändert indessen nichts daran, daß seine Übersetzung von »Unabhängige Menschen« von höherer Qualität ist als die meisten sonstigen Übertragungen meiner Bücher. Thompsons Arbeit wird von kompetenten Leuten in England als eines der Meisterwerke der englischen Übersetzungsliteratur aller Zeiten angesehen.

Als nächstes traten die Deutschen auf und wollten sich gern an einem Mann versuchen, an dem alle anderen gescheitert waren. Der Grund für ihr Interesse dürfte darin zu suchen gewesen sein, daß der Roman aus Island kam, dem Herkunftsland der Wikinger und Barbaren, die nun bei Hitler insgesamt unter die Heiligen geraten waren. Allerdings hielten sie es für ratsam, vorsichtig vorzugehen, denn oft wird die Katze im Sack gekauft, und die Inquisition der Nazis hatte eine gute Nase. Das Buch wurde aus dem Dänischen übersetzt, auf der Titelseite stand: *Halldór Laxness, Der Freisasse, Zinnenverlag Leipzig, Wien, Berlin 1937*. Der Zinnenverlag hielt sich also drei Fluchtlöcher aus dem Fuchsbau offen, so daß die Leute, wenn man sie in Leipzig schnappen wollte, durch das Berliner Fluchtloch entschlüpfen konnten, während in Leipzig die Recherchen stattfänden; wollte man sie aber in Berlin erwischen, dann könnten sie nach Wien entwischen. Und genau nach diesem Schema lief es auch ab: Hitler verdrängte den Verlag aus Berlin und

Leipzig, ich glaube unter dem Vorwand, seine Inhaber seien Sozialdemokraten; daraufhin übersiedelte die Verlagszentrale nach Wien, was nur für kurze Zeit etwas nutzte, denn bald darauf besetzte Hitler Österreich und war auch dort. Schließlich war inzwischen der nazistischen Inquisition zu Ohren gekommen, daß dieser Nachfahre der Wikinger und Barbaren des Mittelalters, der »Unabhängige Menschen« verfaßt hatte, die arische Rasse verraten habe. In der Reichsschrifttumskammer wurde daraufhin beschlossen – und der »Völkische Beobachter« bestätigte es –, daß nie wieder von diesem Menschen ein Wort auf Deutsch erscheinen dürfe die tausend Jahre lang, die die Nazis nach eigenen Aussagen in Deutschland an der Macht bleiben würden. Nachdem »Unabhängige Menschen« etwa zwei Jahre lang im Deutschen Reich von Stadt zu Stadt geirrt war, wurde das Buch schließlich auf offizielle Anordnung in allen Ländern, die Hitler in seiner Gewalt hatte, in Acht und Bann getan und ›eingestampft‹ – so nennen die Deutschen eine Technik, die darin besteht, Bücher in Stücke zu treten und in Reißwölfen zu zerfetzen. In einem solchen Reißwolf landete Bjartur auf Sumarhús in dem großen Literatur- und Kulturland Deutschland im zwanzigsten Jahrhundert. Später bekam ich Kunde von irgendwelchen Resten der Auflage, die man in die Schweiz gerettet hatte, wo man das Buch bis in den Krieg hinein erwerben konnte.

Weiter führt uns diese Geschichte eines Bücherschicksals im Herbst 1937 nach Schweden, als ich für einige Wochen in dem guten alten Hotel ›Gilden‹ in Uppsala wohnte. Vom Verlag Bonniers ist zu berichten, daß man es dort für ausreichend hielt, ein Buch eines Isländers über »självervärvande Kvinnor« herausgegeben zu haben; man hatte jetzt keinen Appetit auf weitere Bücher über ein solches Volk, wenigstens vorläufig nicht. Das Publikum in Schweden war enttäuscht über das Buch gewesen. Über Eskimos wollen alle Leute etwas erfahren, in Schweden wie anderswo, besonders die, die glauben, in Island lebten Eskimos. Eskimos sind der beliebteste Volksstamm der Erde; aber wie wenige gibt es, die dazu bereit wären, ein Buch über Isländer zu lesen! Ich hatte davon erfahren, daß sich ein Verbindungsmann zwischen Hasselbalch in Dänemark und schwedischen Verlagen, nachdem Bonniers »Unabhängige Menschen« zum erstenmal abgelehnt hatte, an verschiedene andere bedeutende schwedische Verlage gewandt und das Buch angeboten hatte, doch niemand war gesonnen, ein Buch von einem Isländer herauszubringen. Ich konnte kaum glauben, daß »Salka Valka« ein so ungeheuer schlechtes Buch sei, daß es von der Veröffentlichung eines zweiten Buches desselben Verfassers abschrecken könnte. Also raffte ich mich auf, schrieb persönlich an Bonniers, ob man sich denn in diesem vortrefflichen Verlag »Unabhängige Menschen« gründlich genug angesehen habe, und fügte meine Vermutung hinzu, daß es eine voreilige Entscheidung untergeordneter Stellen des Verlags gewesen sei, das Buch abzulehnen. Direktor Bonniers antwortete höchstpersönlich mit einem knapp gehaltenen Brief, es sei durchaus nicht voreilig gewesen, daß der Verlag Bonniers ein solches Buch wie »Unabhängige Menschen« abgelehnt habe.

Nachdem ich mich einmal damit abgefunden hatte, daß nie wieder ein Buch von mir in Schweden veröffentlicht werden würde, blieb ich den Schweden dennoch gleich freundlich gesonnen wie zuvor, und das Hotel ›Gilden‹ in Uppsala an den Ufern des Fyres-Flusses war auch in Zukunft mein liebster Aufenthaltsort, ungeachtet der Tatsache, daß man mich dort monatlich bis zu neunzig Kronen extra für Badewasser zahlen ließ. Als ich eines Abends wie gewöhnlich in dem Speiseraum des Hotels saß – ich las Martin du Gard und hörte Musik –, kam der Hotelboy zu mir und brachte mir eine Visitenkarte, auf der geschrieben stand: »Herr Laxness, ich habe Ihr Buch ›Unabhängige Menschen‹ aus dem Isländischen ins Schwedische übersetzt, und es würde mir eine

große Freude sein, wenn ich mit Ihnen sprechen dürfte.«
Darauf wurde eine blasse Intellektuelle mit einer Pelz-
mütze auf dem Kopf zu mir geführt, die Anna Ostermann
hieß. Sie hatte ihr Manuskript dabei, das noch nicht abgeschlossen war. Ich habe das Fräulein angespornt, die Arbeit
zu beenden, denn sonst sei das, was sie bereits geleistet habe,
für die Katz. Von verschiedenen Stellen in Uppsala erfuhr
ich, daß die Arbeit Fräulein Ostermanns von vorzüglicher
Qualität sei, und so riet ich ihr, die Übersetzung schwedischen Verlagen anzubieten; es könne durchaus sein, daß
man es dort begrüßen würde, das Buch übersetzt vorgelegt
zu bekommen, statt sich bei der Beurteilung des Manuskripts
an einen fremdsprachigen Text halten zu müssen. Kurz
darauf fuhr ich nach Rußland und hielt mich dort den Winter über auf.

Als Fräulein Ostermann ihre Übersetzung vollendet hatte,
begann diese feine, sensible und hochbegabte Frau ihren
Passionsweg von Verlag zu Verlag in Schweden und bot
ihren gediegenen Übersetzungstext an. Sie suchte natürlich
zuerst Bonniers auf. Dort prüften sie das Buch erneut und
stellten zum drittenmal fest, daß es völlig ausgeschlossen
sei, es in Schweden herauszubringen; nun war also Bjartur
auf Sumarhús dreifach mit Ablehnungen aus dem Haupt-
verlag Skandinaviens ausgezeichnet worden. Man hat mir
berichtet, daß »Unabhängige Menschen« während des Kriegs
von einflußreichen Leuten zum viertenmal dem Bonniers-
Verlag angeboten wurde; schließlich hat man damals für
wichtig gehalten, daß die Skandinavier in dem moralischen
Krieg, den sie mit Deutschland ausfochten, ihre Existenzberechtigung als »Unabhängige Menschen« durch ihre Kultur bewiesen.

Ebenso wie Voltaires Candide, der bereit war, sechsund-
dreißigmal für die Freiheit Spießruten zu laufen, so mußte –
ohne Übertreibung – Bjartur bei jedem bedeutenden Verlag
in Schweden insgesamt zwölf Jahre lang durch die Peitschen-

Spaliere herauf und herab. Alle Verlage des Landes, die etwas auf sich hielten, verurteilten das Buch als nicht veröffentlichenswert, manche gleich zweimal und noch öfter. Schließlich war das vergilbte Manuskript Fräulein Ostermanns verschollen, wurde aber Jahre später durch unerklärlichen Zufall in Kopenhagen wiedergefunden: aufbewahrt von einem Dänen, der mit der Sache gar nichts zu tun, aber das Manuskript irgendwo in Schweden gefunden und es gerettet hatte. Es überraschte mich daher sehr, als die Leute von Bonniers mich neun Jahre, nachdem die endgültige Ablehnung von Direktor Bonniers 1937 still und wortlos von mir in den Papierkorb geworfen worden war, zu einer Besprechung einluden. Noch mehr überraschte es mich, daß sie dies taten, nur um nach all diesen Jahren die abgestandene, vielfach durchgekaute Erklärung, die Direktor Bonniers mir vor undenklich langer Zeit hatte zuteil werden lassen, erneut zu wiederholen – eine Erklärung, die alle anderen schwedischen Verlage in ihren Briefen an meine Agenten immer wieder nachgeplappert hatten. Wenn ich mich recht erinnere, hieß der Vertreter des Verlags Bonniers, der mich 1946 zu sich lud, Svenson; er war einer der ersten Experten des Verlags in Sachen Literatur und Chefredakteur der ausgezeichneten Zeitschrift »Bonniers Literärä Magasin«. Um den ungeheuerlichen Schlag abzumildern, den er mir versetzen zu müssen glaubte, fügte er einen Satz hinzu, den ich mir notiert und später oft zitiert habe. Er lautete: »Alles, was isländisch ist, schon der Name Island allein, läßt die schwedische Öffentlichkeit erschaudern.« Diese Einladung 1946 und die Erklärungen, die ihr folgten, kamen mir um so seltsamer vor, als ich mir nicht vorstellen konnte, daß so scharfsinnigen Leuten wie denen bei Bonniers die Stellung von »Unabhängige Menschen« auf dem internationalen Buchmarkt jener Zeit entgangen war. Das Buch war just im selben Sommer in der Ausgabe von Knopf in New York zum Bestseller in Amerika geworden, der größte Buchklub

Amerikas, der »Book-of-the-Month-Club«, hatte es zum Favoriten erkoren und in einer Auflagenhöhe gedruckt und verkauft, die in die Hunderttausende ging.

Ein anderes Ereignis auf dem Schicksalsweg von »Unabhängige Menschen« hat sich in Stockholm gerade an dem Tag vollzogen, an dem ich zu dem Treffen im Verlag Bonniers eingeladen worden war. Ich war am Abend zuvor im Flugzeug mit meiner zweiten Frau Auður Sveinsdóttir aus Prag eingetroffen; wir hatten erst kürzlich geheiratet und wollten uns den Sommer über auf Gotland aufhalten. Irgendwie war wohl meine Ankunft bekannt geworden, denn am folgenden Tag klopfte es um sieben Uhr morgens an der Tür unseres Hotelzimmers. Man weckte uns aus tiefem Schlaf. Der frühe Gast war ein vornehmer älterer Schwede, der erklärte, er heiße Johannes Lindberg und leite den Buchverlag der Schwedischen Kooperativen Union, einer der mächtigsten Institutionen im Lande. Er habe erfahren, daß ich gestern abend in Stockholm eingetroffen sei und wolle die Gelegenheit nutzen, mich als erster im Schwedenland willkommen zu heißen. Außerdem liege ihm die Bitte am Herzen, seinem Verlag die Rechte an allen Büchern zu überlassen, die ich bislang verfaßt hätte, und auch an denen, die ich noch schreiben würde. Er fügte hinzu, daß heute schönes Wetter sei, ein schöner schwedischer Sommertag, und daher erlaube er sich zu fragen, ob meine Frau und ich vielleicht Freude daran hätten, mit ihm eine Fahrt durch die Umgebung von Stockholm zu machen, auf der er uns die Wälder und Sunde zeigen wolle sowie die vorbildlichen Betriebe der Kooperativen-Bewegung, die dort blühten und gediehen. Nachdem wir den größten Teil des Vormittags mit ihm verbracht hatten, lud er uns zum Essen ein; danach bat er mich, ihn zu seinem Verlagsbüro zu begleiten, rief seinen Assistenten und wies ihn an, mit mir einen meinen Vorstellungen entsprechenden Vertrag auszuarbeiten und mir so viel Geld auszuhändigen, wie ich verlangen würde. Mit diesem exzellenten Vertrag war ich in Schweden das, was man einen ›gemachten‹ Mann nennen würde. Kein Wunder, daß ich ein wenig überrascht war, als ich just an ebendiesem Tag – die Tinte unter dem Vertrag wird kaum trocken gewesen sein – zu Bonniers eingeladen wurde, um dort die erwähnten Erklärungen entgegenzunehmen.

Nun muß ich um Verständnis dafür bitten, daß ich in dieser Geschichte eines Buches so weit vorausgeeilt bin. Ich war ja im Schicksalsbericht von »Unabhängige Menschen« noch nicht weiter als bis zum Herbst 1937 gelangt. Im Spätherbst jenes Jahres fuhr ich, wie gesagt, nach Rußland und blieb dort bis zum Frühjahr. Bjartur auf Sumarhús unterließ nicht, mich wie ein Gespenst zu verfolgen; ich konnte mich seiner Gesellschaft in Rußland genausowenig entledigen wie anderswo. Die Geschichte Bjarturs unter Stalin verdient nicht weniger erzählt zu werden als sein Schicksal bei Bonniers.

In jenen Tagen hatten die Sowjets noch nicht gänzlich die Gewohnheit abgelegt, mit ausländischen Autoren, die sie gern drucken wollten, Verträge zu machen. Ich war Gast des sowjetischen Schriftstellerverbandes. Nach einem kurzen Aufenthalt im Lande lud mich einer der größten Staatsverlage zu einem Gespräch ein, mir wurde mitgeteilt, daß man mit mir einen Vertrag über meine Bücher schließen wolle, und man bat mich, sie in lesbaren Sprachen zu genauerer Prüfung vorzulegen. Ich überreichte ihnen »Salka Valka« auf Englisch und »Unabhängige Menschen« auf Deutsch. Dann verging der ganze Winter, ohne daß ich das geringste weitere Lebenszeichen von diesen guten Leuten erhalten hätte. Eine Woche, bevor ich das Land verlassen wollte, wurde ich erneut zu einem Gespräch eingeladen und unterhielt mich mit dem lebhaften Russen Anisimow, der der Leiter jenes Staatsverlags war. Er war der erste und einzige Verleger, den ich kennengelernt habe, der den Tag nicht damit begann, sich zu rasieren. Als erstes teilte er mir mit, daß es unmöglich sei, »Salka Valka« in der Sowjetunion zu veröffentlichen, weil darin ein Kommunist vorkomme, der ein schlechter Marxist sei, Arnaldur mit Namen. Solche Kommunisten hätten in Rußland nie existiert, und, so fügte er hinzu, kein Sowjetleser könne einen solch absurden Menschen wie diesen Mann verstehen. Dies überraschte mich keineswegs, da man kurz zuvor nach einem Prozeß achtzehn von Rußlands bedeutendsten Kommunisten, darunter einen der Hauptpropheten des Marxismus, Bucharin, erschossen hatte, und zwar deswegen, weil sie als Kommunisten nicht genügend marxistisch gewesen seien. Hingegen, sagte Anisimow, biete das Buch über Bjartur auf Sumarhús ein sehr gutes Bild vom Elend der Bauern in kapitalistischen Ländern; dieses Elend würden alle Russen noch von der Zarenzeit her kennen. Sodann machte er einen Vertrag mit mir über die Herausgabe von »Unabhängige Menschen«. Das einzige, was im Vertrag stand, war, daß ich zehntausend Rubel Vorschuß bekommen sollte. Diese Summe wurde mir, als ich das Haus verließ, an der Kasse ausgehändigt.

Die Russen hielten damals einen sogenannten Reputationskurs ihres Geldes aufrecht, das heißt eine Wertschreibung des Geldes, wie es etliche Länder tun, die nach außen vortäuschen möchten, daß ihre Geldangelegenheiten in Ordnung seien. Solche Länder bezahlen sogar manchmal aus Propagandagründen ihre Schulden im Ausland nach dem fingierten Kurs, obwohl sie genau wie alle anderen wissen, daß dieser Kurs nichts mit der Realität zu tun hat. Mir erzeigten die sowjetischen Finanzoberen eine solche Großzügigkeit nicht, was man ja auch vielleicht verstehen konnte. Der Rubel hatte damals auf dem freien Markt den Kurswert von wenigen schwedischen Öre, stand jedoch auf dem Papier zweimal so hoch wie eine schwedische Krone. Nichtsdestotrotz waren zehntausend Rubel zu jener Zeit kein Pappenstiel in Rußland. Da die Mitnahme oder Ausfuhr von Rubeln bei Strafe des Räderns und Knochenbrechens streng verboten war, empfahl man mir als einzige Möglichkeit, irgendwelche russischen Waren zu kaufen, um sie mit nach Hause zu nehmen. Ich ging mit meinen Helfern von Geschäft zu Geschäft, fand aber nichts, was ich eher besitzen als entbehren wollte. Am Ende überzeugten mich meine wohlmeinenden Ratgeber, daß ich Rauchwaren kaufen sollte; das Resultat war, daß ich einen Zobelmantel erstand, der nach dem notierten Kurs des Rubels den Gegenwert von etwa 20 000 dänischen Kronen darstellte. Ich nahm diese Kostbarkeit also in meinem Gepäck mit in Richtung Westen; doch an der Grenze kamen russische Zollbeamte in mein Abteil und entdeckten den Zobel in meinem Koffer. Es stellte sich heraus, daß niemand mir gesagt hatte, daß ich eine offizielle Erlaubnis zur Mitnahme eines so ungeheuer wertvollen Gegenstandes aus dem Lande brauchte. Da ich aber ansonsten gute Dokumente und Papiere bei mir trug, wurde das teure Stück nicht beschlagnahmt und ich nicht aufgehängt. Der Offizier, der mit der Sache befaßt war, erbot sich, den Mantel an denjenigen in Rußland zurückzuschicken, dem ich den Pelz zur Aufbewahrung anvertrauen wollte. Ich schickte den Zobel an meine Freunde im Vorstand des Schriftstellerverbandes zurück.

Dies alles zeigt wohl deutlich, daß es kein Honigschlecken für einen Schriftsteller ist, seine Bücher an den Mann zu bringen – statt sie bloß zu verfassen, was eine relativ leichte und unterhaltsame Arbeit ist, und sie dann in eine Schublade zu stecken.

Nun verging längere Zeit (ich glaube, etwa ein halbes Jahr), in der kein Wort mehr über die Angelegenheit von den Russen zu hören war. Schließlich bekam ich ein riesiges Paket nach Reykjavik geschickt, eingewickelt und eingenäht in vielfache Schichten von Leinen; als man diese umständliche Näharbeit beim Zoll in Reykjavik endlich aufgeschnitten hatte, schälte sich aus all den Fetzen nicht mehr und nicht weniger als mein teurer Zobel heraus.

Meinen russischen Freunden war es nach großen Schwierigkeiten gelungen, den Behörden für dieses wertvolle Stück eine Ausfuhrgenehmigung abzuluchsen; beigefügt waren russische Begleitpapiere und Dokumente jeglicher Art, in denen der Wert des Zobels präzise angegeben war. Als man den Wert in isländische Kronen umgerechnet hatte, stellte sich heraus, daß man in Island für eine solche Summe ein gediegenes Haus mit allem Komfort hätte kaufen können. Die Zollgebühren, die ich nach isländischen Gesetzen hätte zahlen müssen, um das Stück zu besitzen, hätten dem Wert eines zweiten solchen Hauses entsprochen oder gar mehr. Zum Glück besaß ich dieses Geld nicht. Aber mir wurde erlaubt, das Stück sachkundigen Männern und Frauen zu zeigen, um in Zusammenarbeit mit der Zollbehörde herauszufinden, was der angemessene Preis in isländischen Kronen sein dürfte. Wenn ich mich recht erinnere, habe ich mit der Zollbehörde die Übereinkunft treffen können, daß ich den Pelz unter Hinterlegung einer bestimmten Summe zollfrei zeigen durfte. Leider erweckte das gute Stück nicht die Begeisterung, die ich mir erhofft hatte – weder bei denen, die behaupteten, über Rauchwaren Bescheid zu wissen, noch bei den vornehmen Damen, für die solche Kleidungsstücke bestimmt sind. Die Sachverständigen behaupteten, daß der Pelz von Anfang an falsch verarbeitet und daher verdorben worden sei, und die feinen Damen von Reykjavik sagten, sie hätten noch nie einen so altmodischen Schnitt an einem Pelzmantel gesehen, derlei sei allenfalls bei geschmacklosen Provinzlern vor zwanzig Jahren einmal modisch gewesen, und es sei undenkbar, daß irgendeine Frau – weder in Island noch in benachbarten Ländern – bereit wäre, in der heutigen Zeit ein so kurioses Unding wie diesen Pelz zu tragen; sie fügten sogar hinzu, daß sie ihn nicht einmal geschenkt von mir bekommen wollten. Erneut war ich in der Hauptstadt zum Spottobjekt geworden, diesmal, indem ich mich mit diesem Alptraum von einem Pelz herumschleppte. Schließlich bekam ich die behördliche Erlaubnis, das Stück in meinem Gepäck aus Island auszuführen, wenn ich das nächste Mal verreisen würde.

Kurze Zeit später wanderte ich in Kopenhagen von einem Kürschner und Pelzwarenhändler zum anderen, denn die Dänen sind auf diesem Gebiet berühmt dafür, daß sie beides zugleich garantieren: Qualität und den neuesten Stand der Mode. Äußerst erfahrene Spezialisten waren sich darin einig, daß mein Zobel völlig wertlos sei; der Pelz habe nicht ein handflächengroßes Stück, das nicht von Motten und anderem Ungeziefer angefressen sei, und niemand würde Geld für eine solche Ware herausrücken. Sie rieten mir, den Pelz in den Mülleimer zu werfen. Ein gutmütiger dänischer Fellhändler meinte, man könne vielleicht ein einzelnes Stück aus dem Mantel herausschneiden, um daraus Flicken zu gewinnen, und bot mir für den Mantel im jetzigen Zustand 50 bis 75 Kronen. Ich lehnte dieses großzügige Angebot jedoch ab und zog es vor, den Pelz wieder nach Rußland zurückzuschicken. Später erfuhr ich, daß seine Rückgabe dort ein Chaos von Streitereien ausgelöst hatte, das über viele Monate mit einem ungeheuren bürokratischen Aufwand andauerte, wie er damals im herrschenden System blühte und wucherte. Schließlich gelang es durch die Einschaltung mächtiger Institutionen (wie zum Beispiel des sowjetischen Schriftstellerverbandes), die Entgegennahme dieses Mottenparadieses nach allen amtlichen Vorschriften zu erwirken. Ich bekam vom Staatlichen Fellhandel der Sowjetunion den Gegenwert ausbezahlt – das heißt, er wurde unter meinem Namen auf einem Bankkonto deponiert.

Es ist unnötig zu erwähnen, daß es während der ganzen Stalin-Ära keinem Menschen bei klaren Sinnen in irgendeiner verantwortlichen Institution der Sowjetunion eingefallen wäre, ein Buch von mir zu veröffentlichen. Dabei war ich damals doch ein Freund dieses Landes und hatte Hoffnungen und Optimismus an dieses System geknüpft, wobei, wie schon früher auf diesen Seiten ausgeführt, mein Leitgedanke war: Wer weiß, vielleicht erholt sich der Patient noch?

Als ich 1948 das nächste Mal nach Rußland kam (eingeladen anläßlich des achtzigsten Geburtstages von Maxim Gorki, von dem die Sowjetregierung sieben Jahre später behauptete, daß Stalin ihn habe erledigen lassen), wurden die Zuständigen nicht müde, mir mit vielerlei Ausreden zu erklären, warum »Unabhängige Menschen« nicht auf Russisch erschienen sei. Die eine Version lautete, daß die Übersetzung zwar abgeschlossen gewesen, aber bei den Angriffen der Deutschen auf das belagerte Leningrad durch Brand vernichtet worden sei. Diese Version mag wahr sein. Andererseits erfuhr ich nach und nach, wie andere auch, daß man unter Stalin keinem Wort Glauben schenken konnte, das im Lande gesagt oder geschrieben wurde. Auch wenn es sonst noch so nette Leute waren, so konnte man damals unter den Russen selbst dem besten Freund nicht glauben. Aber dies war entschuldbar – und sogar mehr als das. Wir wissen inzwischen sehr wohl, daß damals ein wahres Wort das Leben kosten konnte. Unter solchen Umständen verlangt man nicht einmal von seinem besten Freund, daß er die Wahrheit sagt.

»Wo ist das Geld, das hier vor elf Jahren auf ein Konto für mich eingezahlt wurde?« fragte ich 1948. Schon wieder gibt es eine Geschichte zu erzählen. Nach sowjetischen Gesetzen werden Bankguthaben, die innerhalb von zehn Jahren nicht angerührt werden, vom Staat beschlagnahmt. Und so war das Geld, das ich für »Unabhängige Menschen« erhalten sollte, in Stalins Tasche gelandet. Trotzdem rieten mir gute Freunde im Schriftstellerverband – und unterstützten mich dabei –, Klage zu erheben und zu versuchen, das Geld dem Alten wieder abzujagen; ich befolgte diesen Rat, ließ Klage erheben und gewann wenigstens teilweise, als der Prozeß endlich abgeschlossen war. Auf diese Weise seinen Lebensunterhalt zu verdienen, ist langwierig.

Die Zeit verging, bis Stalin im Frühjahr 1953 seinen Geist aufgab. Kaum hatte sich der Alte Lenin in der Ewigkeit beigesellt, als meine Freunde und Gönner in der Sowjetunion sich aufrafften und sich mit aller Kraft um die Veröffentlichung meiner Bücher bemühten. Mit »Unabhängige Menschen« machte man den Anfang. Meine hochbegabten Freundinnen Anna Esmina und Nina Krimowa arbeiteten Tag und Nacht daran, das Buch ins Russische zu übersetzen; im Verlauf des ›Tauwetters‹ wurde das Buch ein halbes Jahr nach dem Tod Stalins endlich in Rußland herausgebracht und zunächst in dreißigtausend Exemplaren gedruckt; mehrmals kamen danach neue Auflagen heraus, die letzte mit hunderttausend Exemplaren; ferner habe ich erfahren, daß in verschiedenen Republiken der Sowjetunion spezielle Übersetzungen erschienen sind, so zum Beispiel eine ukrainische mit 13 500 Exemplaren, so daß die Sowjetunion inzwischen das Land ist, das den USA in Auflagenhöhe und Verbreitung dieses isländischen Buchs am nächsten kommt.

Am Snaefells-Gletscher

Bei Schlechtwetter, wie es so oft in der Bucht von Faxaflói herrscht, fuhr ich am 21. März 1936 gegen Mitternacht mit einem winzigen Motorboot los und schaukelte die ganze Nacht auf den Wellen. Ich war der einzige Passagier. Am Morgen erwachte ich aus einem unruhigen Schlaf und nahm wahr, daß der Sturm sich gelegt hatte und das Meer mit einem Mal still geworden war. Wir lagen im Schutz der

Küste. Es herrschte zwar noch Schneetreiben, aber man konnte gelegentlich schon die schwarzen Felsen der Küste wahrnehmen: Stapi auf Snaefellsnes. Ein kleines Ruderboot kam vom Land zu uns heraus, in dem ein kräftiger, schnurrbärtiger Naturbursche stand, der einen Südwester, einen ölgetränkten Schutzmantel und hohe Gummistiefel anhatte, Kaufmann Guðlaugur. In Stapi gab es zwei, drei Anwesen, wovon das größte ihm gehörte. Im Keller führte er auch seinen Kramladen. Diesen Mann bat ich, mich aufzunehmen. Er sagte, ich solle mein Gepäck ins Boot laden und mitkommen. Ich schulterte Skier und Rucksack und fuhr mit ihm ans Land. Seine Knechte luden ein paar Weizensäcke und andere für den Kramladen bestimmte Waren aus dem Boot und trugen sie auf den Schultern über den steilen Küstenpfad zum Haus. Der Schneesturm war heftig und ich sah ein, daß ich nicht viel weiter gelangen würde, ehe er sich legte. Frau Kristin schenkte mir heißen Kaffee ein. Der Kaufmann war nicht allzu gesprächig und wollte nichts Näheres über mich wissen. Hingegen fragte er, ob ich Jóhannes Sveinsson Kjarval kenne. Ich erwiderte: »Kennst du ihn?« »Ja«, sagte der Kaufmann. »Was für ein Mensch ist er?« fragte ich. »Ein gefälliger Mensch«, antwortete er. »Ich ging mit ihm vor vielen Jahren auf einem Segelkutter auf Fischfang. Er malte ein Bild von mir, das ich an die Wand gehängt habe. Er war ein sehr gefälliger Mensch.« Der Kaufmann zeigte mir dann das Bild, lachte ein wenig, sagte, es sei ihm nicht ähnlich, aber trotzdem gut.

Das Bild war jedenfalls so gut, daß es die einzige Sache war, die er einem Fremden an einem frühen Wintermorgen bei tobendem Schneesturm vorführte, nicht lange, bevor er zu seinen Ahnen gehen würde. Man konnte vermuten, daß der »gefällige Mensch« Jóhannes Sveinsson Kjarval auch der einzige Mensch gewesen sei, den er genauer kennengelernt habe, auf jeden Fall der einzige, den nach dreißig Jahren gegenüber einem fremden Gast zu nennen lohnte.

Diese guten Leute fragten mich nicht weiter über Ziel und Zweck meiner Reise aus, meinten jedoch, daß ich bei diesem Sturm wahrscheinlich keinen ruhigen Schlaf gehabt habe; ob ich nicht nach oben gehen wolle, um mich bis zum Morgenessen ein wenig hinzulegen.

Mittags wurde ich geweckt, um mit dem Kaufmann jene Art Fleischtopf auszulöffeln, der Vertrauen erweckt zu jedem Menschen, der ein solches Essen aufträgt. Daher besuchte ich wenige Wochen später das Ehepaar erneut, um mehr von diesem Eintopf zu bekommen, aber da gab es den Hausherrn leider schon nicht mehr.

Der Sturm hatte sich momentan gelegt, und es herrschte Tauwetter. Stapi befindet sich unmittelbar am Fuß des Snaefells-Gletschers, dort, wo man zu Zeiten von Jules Verne ins Erdinnere einzudringen liebte. Ich zog meinen Anorak über, schulterte meine Skier, verabschiedete mich fürs erste von meinen Gastgebern und entschuldigte mich, daß ich als Dichter doch nicht Manns genug sei, ein Verslein zur Erinnerung hinterlassen zu können, wie es dort einmal der Talpoet Simon getan hatte.

Ich schlug die Richtung nach Hamreander in Breiðuvik ein, wo ich den alten Sigmundur und seine Margret besuchen wollte. Als ich mich das erste Mal bei ihnen aufgehalten hatte, wohnten sie noch in einer alten Erdhütte, inzwischen besaßen sie jedoch ein gemauertes Haus. Kaum hatte ich meine nassen Kleider ausgezogen, als man schon aus einer Kiste vergilbte Blätter mit Stabreimballaden hervorholte und sie laut vorzutragen begann. Es war unglaublich und bemerkenswert, wie vielseitig diese alte Frau – eine primitive Bäuerin, wie es sie durch viele Jahrtausende in Europa gegeben hat und bis zum heutigen Tag gibt – mit der Literatur vertraut war. Sie kannte viele Balladenzyklen, deren jeder etwa drei- bis fünftausend Verse umfaßt, und konnte in den Vortrag mit einfallen, ohne in ein Buch zu schauen, wobei sie noch ihre Arbeit fortsetzte. Schwierige Metaphern verstand sie augenblicklich und ohne Verzug, sogar in solchen Balladen, die sie noch nicht kannte, und konnte sie sofort zur Gänze genießen. Es ist selbst für Gelehrte schwierig, die Metaphern in den Balladen der späteren Jahrhunderte zu verstehen, hauptsächlich, weil sie so schlecht und ungekonnt sind; diese Frau aber erfaßte sogleich auch jene, die unstimmig waren, denn sie erspürte instinktiv sogar das Gesetz einer falschen Metapher, wie sie bei einem schwachen Poeten vorkommt. Es geschah mir oft, daß ich den Sinn einer schlechten Metapher oder eines Worträtsels – ja selbst der guten und richtigen – erst am nächsten Tag begriff, über die die alte Frau schon während des Vortrags entweder gelächelt oder den Kopf geschüttelt hatte, jeweils genau mit dem richtigen Empfinden.

Das alte Ehepaar fragte, wohin mich meine Reise jetzt führe. Ich sagte, daß ich dabei sei, meine schlechte Laune loszuwerden, und vergangene Nacht beschlossen hätte, den Konsum von Süßigkeiten, Zigaretten und Zigarren einzustellen. »Ja, es ist schlimm, was die Leute für solche Nichtigkeiten heutzutage ausgeben«, meinte der Bauer, »ich würde den Mann verständig nennen, der das sein läßt.«

»Die Ausgaben sind ja nichts gegen das, was der Tabak bei uns Schriftstellern dem Stil zufügt«, entgegnete ich. »Nehmt zum Beispiel den Stil von ›Unabhängige Menschen‹, die ich vor einiger Zeit hier bei euch schrieb, von ›Salka Valka‹ ganz zu schweigen. Der Stil dieser Bücher ist voller Schleifen und Kurven. Das kommt vom Tabakkonsum. Mit jeder Zigarette entsteht eine Schleife oder eine Schlinge. Dazwischen fällt alles wieder ab. Eine Prise Schnupftabak – und der Stil wird zurückgeworfen.«

Ich blieb einige Tage auf Hamreander in Breiðuvik, um mit dem alten Ehepaar Balladen anzustimmen oder in der Umgebung des Gletschers zu wandern. Im ganzen Snaefellsnes verspüre ich immer die Anwesenheit uralter Geister, besonders zur Landzunge hin; aber so oft ich es auch versuchte, nie habe ich Spiritisten davon überzeugen können, wahrscheinlich, weil sie außer Gespenstern niemanden sonst anhören möchten. Hier ist das Königreich von Barður Snaefellsás. Nirgends in Island ist eine Landschaft so sehr unabtrennbarer Bestandteil des Volksglaubens und der Mythen wie im Land am Gletscher; solcherart werden auch Land und Mythos im alten Griechenland miteinander verwoben gewesen sein. Hier liegt der Geburtsort von Steingrimur Thorsteinsson, den ich immer als den zweitgrößten isländischen Dichter des zwanzigsten Jahrhunderts empfunden habe. Von hier aus gesehen bekommen *Helgrindur* und der Zyklus *Dynhamraborgin* ihre Bedeutung und ihren Sinn.

Eines Morgens sagte ich zum alten Sigmundur: »Ich beabsichtige, heute nach Olafsvik auf der anderen Seite des Berges zu gehen. Zeigst du mir bitte den richtigen Weg?« »Selbstverständlich«, antwortete Sigmundur, denn er war ein unverfälschtes Prachtexemplar seiner Gegend und sagte daher nie ja. Übrigens auch nie nein.

Es hatte die ganze Nacht leicht geschneit, und der Berg war mit weichem, lockerem Schnee bedeckt. »Ausgeschlossen, daß man bei diesem Schnee die Skier benutzt«, meinte Sigmundur, »die versinken. Ich schicke sie dir morgen nach.«

Also ließ ich die Skier zurück, auch weil ich es als unpassend empfand, den alten Mann neben mir durch den Schnee stapfen zu lassen, während ich auf den Skiern vorwärtsglitte. Der Schneefall hielt den ganzen Tag über an. Ich erzähle dies alles nur, um die Ansicht zu widerlegen, daß alte Männer steif und ungelenk gingen und einen Herzanfall bekommen müßten, wenn sie die Strapazen eines Marsches auf sich nähmen. Natürlich war der Weg über den Berg sehr anstrengend, denn der Schnee reichte teils bis zum Knie, teils bis an die Lenden. Ich war damals knapp über dreißig, aber der alte Sigmundur stand im achten Jahrzehnt. Wir durchwateten einen ganzen Tag lang den lockeren Schnee und erreichten gegen Abend unser Ziel. Ich hatte mich immer für einen ganz passablen Wanderer gehalten; trotzdem mußte ich mich anstrengen, um dem alten Mann folgen zu können. Er wollte mich sogar in seinen Spuren gehen lassen, aber das empfand ich als eine zu große Schande. Manchmal blieb ich aber zurück und mußte mich dann ziemlich abmühen, um ihn wieder einzuholen. Dabei konnte ich nicht feststellen, daß der alte Mann, solange wir unterwegs waren, nur ein einziges Mal außer Atem geraten wäre. Noch am selben Abend ging er sogar, nachdem er eine Tasse Kaffee getrunken hatte, nach Hause zurück, war also weitere fünf Stunden bei tiefem Schnee und pechschwarzer Nacht unterwegs. Ich könnte mir vorstellen, daß Sigmundur auf Hamreander eher einen Schlaganfall bekommen hätte, wenn er *aufgehört* hätte, durch den Schnee zu stapfen und Berge zu besteigen.

Olafsvik – das war Jóhanns Geburtsort, und noch war er ungefähr derselbe wie damals, als Jóhann ihn im Jünglingsalter verlassen hatte. Seine Mutter lebte noch. Ich besuchte die alte Frau in ihrer kleinen Kate, die, von einem Kohlgarten umgeben, auf einem Feld in der Nähe des Dorfs stand. Es war eine schon recht kraftlose Frau, die da an einem kleinen Fenster saß und das Leben, wie es nun einmal war, vorüberziehen ließ. Ich hatte das Gefühl, daß ich mit seiner »seligen Mutter« sprach, wie er sie in einem Gedicht genannt hatte, obwohl sie ihn doch um ein Jahrzehnt oder mehr überlebte. Er wußte genau, daß ein Gedicht seine eigene Dauer besitzt und daß man es immer noch lernen würde, wenn er und seine Mutter schon längst nicht mehr am Leben wären. Sie wirkte wie eine Frau, die ich einst gekannt hatte, die aber inzwischen längst gestorben war und die mir nun im Traum erschien; es gab irgendwie keinen Berührungspunkt. Sie wußte nicht, wer ich war, und ich wußte im Grunde auch nicht, wer sie war; doch sie bot mir Kaffee an, und wir sahen einander an – schweigend.

Es war, als ob ich hierhergekommen wäre, um einen seltsamen Vogel zu schauen, und nun würde umgekehrt der Vogel mich neugierig betrachten.

Dies war einer der Orte Islands, in dem keine Entwicklung stattgefunden hatte. Die Misthaufen lagen vor den offenen Türen auf der Hauptstraße, wie in französischen Dörfern. Kaum, daß irgendwer sich einfallen ließ, seine Hütte zu reparieren, geschweige denn, daß als notwendig erachtet wurde, etwas Neues zu bauen, das dem Auge Freude bereiten könnte. Die Menschen dort glichen jenem unfähigen Poeten, der einmal auf einer Pressekonferenz gefragt wurde: »Schreiben Sie Gedichte?« »Ich kann, aber ich sehe keinen Grund dazu.« Das Leben in Olafsvik war um keinen Deut besser als das in den armseligen Dörfern Rußlands, abgesehen davon, daß es hier undenkbar war, daß jemand vor Hunger sterben könnte, denn der Fisch war ja gratis zu haben. Dennoch gab es hier Männer, in deren Gesichtern man die Poesie und den Glanz der Sagas lesen konnte anstelle des Glaubens an den Kommunismus, der aus den Augen der Menschen in Rußland leuchtete.

Das intelligente Mädchen, das in fremden Ländern gewesen war (die Tochter des Konsumgeschäftsführers, bei dem ich wohnte), führte mich tagelang im und ums Dorf herum, ja sie führte mich sogar von Haus zu Haus. Sie glaubte, daß ich irgend etwas suchte, was ich dringend finden müßte, aber was konnte das sein? Was wollte ich eigentlich hier? »Wo – ach wo?« hatte Jóhann geschrieben. Ich war damit beschäftigt, schlechte Gewohnheiten abzulegen. Ich war beschäftigt, mich zu unterhalten. Ich hatte Ohrensausen. Ich war dabei, mich auf Skiern zu versuchen. Ich versuchte, einer alten Frau die Ehre zu erweisen. Ich war dabei, nach einem hübschen Mädchen zu schauen. Und ich war beschäftigt, den Ort zu betrachten, wo mein Dichterfreund zu Hause war – oder vielleicht gar den Ort, wo wir alle zu Hause waren.

Ólafur Kárason / Am anderen Ende der Welt

Ich glaubte, da ich ein Heldenepos über den Fisch und auch schon eines über Schafe geschrieben hätte, könnte ich wohl genausogut eines über Dichter und Poeten verfassen – nicht über einen Großmeister mit Adresse und Telefonnummer in der Literaturgeschichte, noch über einen, der besser als andere gedichtet hätte, sondern über einen, den es immer gegeben hat und den es auf Island wie überall auf der Welt immer geben wird.

Die Menschen sehe ich erst, wenn sie gleichsam ihrer Verpackung entledigt sind: Was ist das für ein Paket? Was befindet sich wohl in dieser Verpackung? Wie von selbst und ohne mein Zutun habe ich schnell immer dieselben menschlichen Urgestalten unter den Händen, eine Art menschlichen Grundbestand, den mancher wohl als bloßes Fabelwesen bezeichnen würde, das ich erfunden hätte. Ein Moralcode, auch wenn er gesetzlich festgelegt ist, spielt bei mir keine Rolle, wenn ich Menschen betrachte, desgleichen nicht Sitte, Gewohnheit, nicht einmal die Mode; nur der *Mensch,* der sich hinter Moralcode, Gewohnheit und Mode verbirgt, interessiert mich. Während internationaler Kongresse, Festivitäten oder Galaessen, bei denen vielleicht einige hundert befrackte Spitzen der Gesellschaft und weltberühmte Leute beisammen sind, ertappe ich mich dabei, daß ich unter ihnen nach und nach Fischer, Schafhirten, Krämer, Pferdehändler, Schneider, Bischöfe, Verrückte, Lügner, Heilige und Dichter ausmache. Irgendeine nach neuestem Schrei frisierte Baronin, die neben einem Bankdirektor sitzt, ist und bleibt das Mädchen aus dem Fischerdorf, was auch immer ich anstelle, selbst wenn ich ein Auge zudrücke. Und der Bankdirektor bleibt der skurrile Sonderling, der von Haus zu Haus geht, um eine Salbe gegen Läuse feilzubieten. Hingegen kann es auf einem Bauerntreffen im Nordland geschehen, daß ich nirgends einen Bauern entdecke. Ich erinnere mich, daß ich einmal im Pingeyjar-Gebiet an einem Tisch drei alten, blutarmen Gestalten zugesellt wurde. Es hätte viel Dummheit dazu gehört anzunehmen, daß diese Männer irgend etwas mit Bauern zu schaffen hätten. Der eine war General, der andere Lord und der dritte Erzbischof.

Auf der Suche nach dem großen, des Geheimrätlichen entkleideten Weltpoeten Goethe, nach dem Dichter in *puris naturalibus*, entdeckte ich den Lichtviking Ólafur Kárason, von dem unwissende Ausländer glauben, er sei nur ein isländischer Heimatdichter! Was sein Alter betrifft, hätte er, wie auch James Joyce und Marcel Proust, der Generation meines Vaters angehören können: Er starb, als ich noch im Konfirmationsalter war. Dieser Dichter, oder richtiger: sein aus dem Leben gegriffenes Modell, hatte in einem Tagebuch präzise Rechenschaft über sein Leben abgelegt, von Jugend auf bis zum Tage seines Todes.

Ich las alles. Es gibt auch unveröffentlichte Manuskripte von ihm, Prosa wie auch Verse, und man könnte beweisen, daß er ein einmalig schlechter Poet und Dichter war. In meinen Augen aber war der Lichtviking Ólafur Kárason sechs Jahre lang der bedeutendste Dichter der Welt und der einzige, der eine Rolle spielte. Im Jahr 1935 begann ich ihn zu studieren, Material zu sammeln und seine Geschichte vorab zu skizzieren, 1940 schloß ich das Werk »Weltlicht« ab. Um mir das Bild der Person zu verdeutlichen, suchte ich die meisten Orte auf, denen der Dichter verbunden gewesen war, als er leibhaftig lebte, denn die Umgebung ist ja ein Teil der Persönlichkeit und umgekehrt. Ich studierte die Lokalitäten, sprach mit Menschen, die ihn geprägt hatten und die er beeinflußte. Die meisten dieser Orte befanden sich auf der Westfjord-Landzunge, ausgenommen natürlich den Friedhof und das Zuchthaus in Reykjavik. Olafsvik war nur die Vorbereitung für eine vierwöchige Reise gewesen, die ich kurz darauf mit zweien meiner Freunde durch die Westfjorde machte. Zum Schluß bestieg ich im Spätwinter den Eyjafjalla-Gletscher und zeltete dort, um den Ort vor Augen zu haben, an dem mein Dichter in einem Schneesturm mit der Luft verschmolzen war. Keine Kraft sonst zwischen Himmel und Erde hätte mich dazu bringen können, Skitouren und Expeditionen über Gletscher durchzustehen; nur dieser eine Dichter vermochte es.

Wenn ich auch bereits viel Material gesammelt hatte, blieb ich dennoch stecken, als ich anfangen wollte, daraus einen Roman zu machen. Ich suchte und suchte, aber ein angemessen schlichter und spontaner Anfang kann für einen Schriftsteller mitunter schwer zu finden sein; er zerbricht sich den Kopf, bis er am ganzen Körper steif geworden ist und resigniert. Eines Tages aber, nachdem er längst beschlossen hat, das Ganze aufzugeben, und bereits an etwas ganz anderes denkt, kommen plötzlich die Worte wie von selbst: »Er steht zusammen mit Strandelstern und Regenpfeifern auf dem Uferstreifen unten vor dem Gehöft und betrachtet die Wellen, wie sie am Strande saugen, aufwärts und abwärts.«

In jenen Wochen wurde der Versuch unternommen, »Unabhängige Menschen« in Deutschland zu veröffentlichen. Dies bereitete meinen Verlegern, so wie die Verhältnisse dort damals waren, viel Sorgen und Kopfzerbrechen, und sie baten mich, zu Gesprächen und Beratungen anzureisen. Ehe ich mich's versah, hielt ich mich in Berlin und Leipzig auf und landete sogar an einem so absurden Schauplatz, wie es die Olympischen Spiele 1936 waren, aber davon jetzt nichts weiter.

Übrigens war ich bald darauf unterwegs nach Südamerika zum PEN-Kongreß in Buenos Aires. Die Reise mit H. M. S. »Highland Brigade« begann in London, unterwegs hatten wir, manchmal für einige Tage, zahlreiche Aufenthalte, so in Spanien, Portugal, auf den Kanarischen Inseln, in São

Paulo, in Rio de Janeiro und Montevideo. Die Seereise dauerte drei Wochen hin und drei Wochen zurück. Mich überkam dabei eine Ruhe von der Art, wie sie nötig war, um zu echter Konzentration zu gelangen; ehe ich mich's versah, war ich voll in Fahrt gekommen und arbeitete zügig an dem ersten Teil von »Weltlicht«. Gesellschaftliches Leben gab es an Bord in Hülle und Fülle, und wir waren den ganzen Tag über vollauf damit beschäftigt, in der Zwischenzeit, in der man nicht bei Mahlzeiten, Trinkgelagen und Spielen voreinander Pfauenräder schlug, die Kleider zu wechseln. Das, was mein Herz am meisten erfreute, war das vorzügliche Schreibkabinett auf dem Oberdeck. Es war mit durchsichtigem Glas in Boxen und Separées aufgeteilt, in denen jeweils ein Schreibtisch und eine Lampe standen; hier konnte jeder für sich allein ungestört arbeiten. Ich gehörte zu der Gruppe von Schriftstellern, die diese willkommene Arbeitsmöglichkeit ausnutzten, fand mich dort schon frühmorgens ein und hielt nicht inne, bis ich gegen Abend völlig erschöpft war und es Zeit wurde, den Smoking für das Abendessen anzuziehen. Auf dieser Reise von und nach London samt dem Aufenthalt von einigen Wochen in Buenos Aires gelang es mir, den ersten Band von »Weltlicht« fertigzustellen. Allerdings schlichen sich Fehler ein: Ein Sternbild war zum Beispiel falsch placiert, was daher kam, daß ich nicht berücksichtigt hatte, daß ich mich auf der südlichen Hälfte der Erdkugel befand und nicht im hohen Norden.

Wie es oft einem Autor geschieht, wenn er arbeitet, so ging es auch mir damals: Die Wirklichkeit rings um einen herum wird zu einem matten Schattenreich, in dem man sich nur für Momente und mit einem Bruchteil seines Bewußtseins bewegt. Damals war die Zeit des Spanischen Bürgerkriegs, und beiderseits des Ozeans, wo auch immer unsere Fahrt hinführte, konnte man kaum umhin, den Aasgeruch von der Tafel des spanischen Faschismus wahrzunehmen.

Starke lateinamerikanische Kräfte entwickelten energischen Widerstand gegen den Faschismus, und der Schriftstellerkongreß in Buenos Aires stand im Zeichen dieses Widerstandes.

Die Zeit ist eine sonderbare Sache; heute berührt es einen seltsam, wenn man sich daran erinnert, daß der Unanimist Jules Romains derjenige unter den bürgerlichen Schriftstellern war, der mit der größten Kampfeslust darauf hinwirkte, daß die französische Volksfront, *Front populaire,* zustande kam. Sie richtete sich gegen den triumphierenden deutschen Faschismus, der schon ein halbes Jahrzehnt später mit Waffengewalt das gesamte Europa so weit unter seine Fuchtel bringen sollte, daß keine Bastionen der Verteidigung mehr übriggeblieben waren außer dem konservativen London und dem kommunistischen Moskau. Ich bewunderte die titanischen Leistungen Jules Romains' und las fasziniert jeden neuen Band seines monströsen Romanzyklus »Les hommes de bonne volonté«. Unter seinem Einfluß, oder vielmehr seinem damaligen aktuellen Anspruch folgend, wurde ich in meinem Vaterland zum Initiator der Vereinigung gegen den Faschismus. Die Vereinigung fand bei uns dadurch ihr Ende, daß Gruppierungen aus zwei linken Parteien unseres Landes sich zusammentaten, um eine Sozialistische Partei zu gründen; die Isländische Kommunistische Partei wurde aufgelöst. Diese Neugründung verhinderte jedoch nicht, daß starke Kräfte der ehemaligen Kommunistischen Partei die Machtpositionen der neuen Partei in die Hände bekamen, die seitdem in Island als radikale Partei ohne revolutionäre Ziele, aber mit großer Sympathie für Moskau gewirkt hat.

Die französischen Volksfront-Befürworter waren auf dem Kongreß in Buenos Aires sehr stark vertreten und heizten den italienischen Faschisten tüchtig ein. Deutsche hingegen nahmen nicht teil, denn einmal hatte Hitler in seinem Reich den PEN-Club verboten, und zweitens wurden Hitlers

Radfahrertypen nirgends auf der Welt für gesellschaftsfähig gehalten. Einige der bedeutendsten französischen Initiatoren des Schriftstellerkongresses in Buenos Aires wurden später nach dem deutschen Einmarsch 1940 in Frankreich entweder umgebracht oder ins Gefängnis gesteckt, darunter Benjamin Crémieux, ein guter Bekannter von mir. Er war Sekretär des französischen PEN-Clubs und wurde in seinem Vaterland von den Deutschen gejagt und gehetzt, bis sie ihn ermordet hatten. Die Mussolini-Faschisten hingegen trugen in den Augen der Welt nie einen solchen Makel wie das wahnwitzige und nichtsnutzige Pack, das über das damalige Deutschland herrschte – obwohl dieses Pack ja durch legale demokratische Wahlen an die Macht gekommen war. Dennoch werden die schiefen Blicke, die wir auf den Star-Faschisten Marinetti, den selbsternannten Vorreiter des Futurismus, und seine Gefolgsleute warfen, auch nicht von schlechten Eltern gewesen sein, aber dort stand Ungaretti in erster Reihe. Und Ungaretti seinerseits zögerte keinen Augenblick, Jules Romains eine Kanaille zu schimpfen, als dieser in seinen Reden gegen die italienischen Faschisten zu wettern begann. Damals wie auch später konnte niemand bestreiten, daß Ungaretti wohl der bedeutendste Lyriker Italiens war und ist, aber für wie wenig wahrscheinlich hätte man es seinerzeit gehalten, daß er einmal ein mächtiger Vorkämpfer für das freie Wort werden sollte.

Die Zeit ist eine große Zauberin.

Als ich mir vor einiger Zeit in Paris ein Buch von Jules Romains kaufte – es ist noch gar nicht so lange her –, erwies es sich als eine Art *Roman policier*. Sein Titel lautet »Une femme singulière«. Es gab andere Zeiten. Heute erinnert sich kaum ein Mensch mehr seines großen epischen Zyklus über die Leute, »Die guten Willens sind«. Irgend jemand hat einmal geschrieben, daß dieser Zyklus nichts anderes sei als eine Art Halde sinnlos herumliegender Felsbrocken, als wenn sich jemand um die Pyramiden Gedanken macht, ob sie einmal langsam in der Wüste zerbröckeln oder von Wasser überflutet werden. Der Autor Romains hat dann begonnen, die Eigenschaften von Flußdeltas zu studieren – bezeichnend für die Berühmtheit und ihren Wandel in der Zeit. Eines ist sicher: Mir ist dieser ganze Zyklus, diese zwölf, vierzehn Bücher (oder waren es zwanzig?), ungewollt abhanden gekommen. Es ist, als hätten sie sich selbständig gemacht, als wären sie aus meinen Bücherregalen gekrochen. Von den Büchern dieses Spitzenautors einer Zeit, als unser Jahrhundert noch jung war, ist nur die lächerliche degenerierte »Femme singulière« in meinen Regalen verblieben. Und von mir selbst ist zu berichten, daß ich es als eine Ehre empfand, in der Nähe des alten Ungaretti zu sitzen, als er vor einigen Jahren auf dem europäischen Schriftstellerkongreß im Palazzo Vecchio in Florenz zugegen war – ein Vorkämpfer des Humanismus, wie er immer die Welt erneuert, wenn in einem Land die Inquisition ihr gerechtes Ende gefunden hat. Den Geist dieses Humanismus hatte Jules Romains 1936 in seiner Antrittsrede in Buenos Aires mit den beflügelten Worten beschworen:

Es gibt keine Literatur gegen die Freiheit, weil es keine Literatur gegen den Geist gibt.

Berühmtheiten

Manchmal wird mir der Vorwurf gemacht, ich hätte es bis heute versäumt, den Eindruck, den die persönliche Bekanntschaft mit berühmten Leuten auf mich gemacht hat, festzuhalten. Darauf kann ich nur erwidern, daß derjenige, der von Natur aus und durch ständige Übung ein Mann des Romans ist, die Begabung des Historikers verliert, Berühmtheiten von Nichtberühmtheiten zu unterscheiden. Ein echter Roman macht keinen Unterschied zwischen den Menschen. Kaum eine Lektüre ist in den Augen eines Romanciers so sinnlos und langweilig wie Geschichten über Nationalhelden und Stars. Sie fallen alle unter das gleiche Schema, und daher bringen Romanciers wenig Interesse für sie auf. Das Schema, an das solche Figuren gebunden sind, macht sie als Romanstoff starr und unbeweglich, es verbietet jegliche freie Personengestaltung innerhalb des Werks. Berühmte Menschen haben immer erst dann mein Interesse geweckt, wenn ich die Berühmtheit von ihnen gleichsam abgelöst hatte. Nach langer Erfahrung bin ich zu der Überzeugung gelangt, daß Berühmtheiten meistens weniger bedeutende Personen als gewöhnliche Sterbliche sind. Diejenigen, die eine wirkliche und unumstrittene Weltberühmtheit erlangen, so daß niemand umhin kann, von ihnen gehört zu haben, sind in der Regel die Inkarnation irgendwelcher Ideale des Pöbels; politische Lüge in Menschengestalt, Plakatträger von Reklamefirmen und Propagandaministerien, ab und an tüchtige Privat-Hochstapler.

Wenn ich über Berühmtheiten berichten sollte, müßte ich zum Beispiel über Emil Ludwig schreiben, der von den Meistern unter den Schriftstellern, die in meiner Jugend nur mit Spott erwähnt wurden, am weitesten bekannt war. Mit ihm hatte ich auf der Schiffsreise nach Buenos Aires sechs Wochen lang täglich die Gelegenheit, ein Hühnchen zu rupfen. Angenommen, ich müßte ihn einem Roman oder irgendeiner anderen literarischen Form, die mir liegt, einverleiben – wie würde ich da vorgehen? Ich fürchte, daß das Bild, das dann langsam auf meine Seelenleinwand geworfen würde, in den Augen der meisten Menschen nur schlecht vergleichbar wäre mit einer gewöhnlichen Photographie, oder sagen wir auch nur: mit dem Bild eines Menschen im historischen Licht, wie ein Biograph verpflichtet ist, ihn zu sehen.

Zunächst kam ich mit Emil Ludwig kaum zurecht, gewann ihm im Grunde gar nichts ab, bis er sich langsam ›enthäutete‹ und ich ihn in der Gestalt eines ursprünglichen Menschen sah. Von da an verwandelte er sich in eine Art Knopfgießer (siehe »Peer Gynt«), der am Marktplatz eines kleinen Städtchens einen Kramladen führt und vom städtischen Theaterverein einen Dreispitz, wie man ihn auf Gemälden Napoleon auf den Kopf setzt, stibitzt hat. Diesen Hut auf dem Kopf, steht er einmal in der Woche, gewöhnlich sonntags, vor seinem Laden, steckt die Hand unters Brustrevers, streckt den Kopf ein wenig vor, runzelt die Stirn und starrt blitzenden Auges über den gähnend leeren Marktplatz. Genauso treten auch die Bauersleute auf, die in »Unabhängige Menschen« mit Bjartur auf Sumarhús disputieren, weltberühmte Doktoren und Experten, nur sind sie in den Katalysatorenbereich eines Romanciers geraten.

Es ist nicht lange her, daß einer meiner guten Freunde und Kollegen sich in Zeitungen darüber beklagte, daß ich nun geistig so verarmt sei, daß ich bereits Bücher über Abortputzer und Mormonen verfasse. Auch hat mir ein Amerika-Isländer nach der Lektüre von »Das wiedergefundene Paradies« geschrieben: »Du darfst nicht glauben, daß alle Menschen so dumm sind wie die Personen in Deinen Büchern.« Und ich hatte die ganze Zeit gedacht, ich hätte über die Berühmtheiten geschrieben, über die Klügsten der Welt!

Selbstverständlich wußte Emil Ludwig, wie andere Knopfgießer auch, über alles besser Bescheid als andere Menschen. Ich hatte das Gefühl, daß er jedem und vor allem sich selbst beweisen wollte, daß er eine seltsame Mischung all seiner Opfer sei: Julius Cäsars, Napoleons, Abraham Lincolns, Bismarcks, Kaiser Wilhelms, Josef Stalins usw. Selbst in einem Nest wie Pernambuco, wo den zerlumpten Ärmsten auf dem staubigen Trottoir etwas Maisbrei auf einem Holzbrett ausgeteilt wurde, wußte mein Knopfgießer nichts Besseres zu tun, als die Weltpresse zu sich zu rufen, um mit

ihr eine lange Konferenz abzuhalten und ihr seinen Dreispitz zu zeigen.

Er war so ehrgeizig, daß es auf dem Schiff kein noch so
unbedeutendes Spiel gab, dem er zusehen konnte, ohne sich
nicht gleich einzumischen. Einige Jünglinge warfen Geschirr
und anderen Kram in den Swimming-Pool des Schiffs, tauch-
ten dann hinterher und brachten es zwischen den Zähnen
an die Oberfläche. Eine kleine Gruppe stand am Rand des
Bassins und schaute träge mit einem Auge diesem harm-
losen Vergnügen der Jugend zu. Emil Ludwig aber konnte
es nicht ertragen, einer solchen Artistik von Weltniveau
teilnahmslos zuzusehen. Man konnte den Übermenschen mit
jedem Sprung, den die Knaben machten, sich in die Sache
hineinsteigern sehen, bis er es nicht mehr aushielt, hastig
verschwand, seine Kleider auszog und in einer Badehose
zurückkam. Um diese Zeit ging er auf die Sechzig zu, war
bereits ein so berühmter Schriftsteller wie nur möglich, aber
das genügte ihm nicht, er mußte auch noch aller Welt beweisen, daß er auch zur Zeit das größte Genie darin wäre,
allerlei Krimskrams mit den Zähnen aus dem Wasser zu
fischen. Applaus von allen Seiten, als er hineinsprang. Aber
leider, er war zu fett und korpulent, so daß es ihm nicht
gelingen wollte, auf den Grund des Bassins zu stoßen, und
noch weniger, wieder die Oberfläche zu erreichen. Die Knaben mußten hineinspringen und ihn herausfischen.

Eines Morgens, als wir vom Hafen ablegten, zog mich Duhamel vor dem Bücherschrank der Schiffsbibliothek zu einem Gespräch beiseite. Er ähnelte der Sorte von isländischen Hinterwäldlern, die sich wenig um die Landschaft
kümmern, im Grunde gar keine Zuneigung für sie ver-
spüren und harter Arbeit ausweichen. Sie erforschen lieber
Ahnentafeln oder homöopathische Gräser. Selbst wenn einer von ihnen lange genug Vorsteher des Kirchspiels gewesen ist, meint er, von seinen Mitmenschen nie genügend re-
spektiert zu werden. Dabei wird über ihn mit mehr Respekt

gesprochen als über andere Menschen, und er ist die Zierde dieser gebildeten, friedlichen, abgelegenen Gemeinde.

Duhamel hatte sich im Bücherschrank der »Highland Brigade« umgeschaut, aber augenscheinlich keines seiner Bücher entdeckt. »Schauen Sie sich diese Titel an«, sagte er und zeigte auf die Regale. »Merkwürdig, daß ein Ozeandampfer, der gebildete Menschen von Kontinent zu Kontinent transportiert, nicht seine Ehre daran setzt, anerkannte moderne Literatur in seiner Sammlung zu haben.«

Durch irgendeinen erstaunlichen und lächerlichen Zufall fügte es sich, daß direkt vor uns »Salka Valka« in der Ausgabe von George Allen & Unwin in London im Regal steckte, sozusagen vor unserer Nase. Ich zog das Buch schweigend heraus und zeigte, vor Eitelkeit platzend, auf Titel und Autor – obwohl dies ja nur ein zusätzlicher Beweis dafür war, daß keine anerkannten Autoren in der Sammlung vertreten waren. Duhamel schaute mich schräg über den Brillenrand hinweg an, zog die Augenbrauen so weit wie nur möglich auf seiner Glatze zurück und sagte: »Mais c'est la gloire, Monsieur.« Wie oft habe ich später diesen feinnervigen französischen Sarkasmus bewundert.

Der Juwelenhändler Stefan Zweig sah wie die Unschuld selbst und ein wenig wie ein Osterlamm aus. Erstere Bezeichnung trug er zu Recht, denn er rührte keine andere Ware als Gold und Edelsteine an. Im Gespräch war er liebenswürdig und schlicht, aber immer ein wenig bekümmert, weil er seine kostbare Ware hüten mußte, während andere Händler mit Stückgut handelten, sich aber dafür früh am Abend zu Bett begeben konnten, ohne Angst davor haben zu müssen, von Räubern ermordet zu werden.

Das meisterhafte Feengeschmeide, das dieser Händler in seiner Seele trug, machte ihn demjenigen gegenüber zum unterwürfigen Diener, der edel genug war, ihn in seinem ganzen Wert schätzen zu können. Um andere kümmerte er sich sowieso nicht.

Ich vermag nichts darüber auszusagen, wie Stefan Zweig arbeitete. Wahrscheinlich liebte er sonst die Regelmäßigkeit, aber auf einer Reise wie der unsrigen war es kaum möglich, ihn vor den frühen Morgenstunden ins Bett zu bringen.

Er war zwar weit davon entfernt, ein Trinker zu sein, aber er liebte es, ausgepichte gesprächige Kosmopoliten bei einem Glas Wein um sich zu haben und von einem Amüsierlokal ins andere zu ziehen. Dort war er der Mittelpunkt jedes Vergnügens, wobei er nie direkt fröhlich war, sondern eher ein wenig niedergeschlagen, so daß man den Eindruck gewinnen konnte, die Vergnügungssucht sei nur die Oberfläche irgendeiner nagenden Angst der Seele vor der Finsternis. Es war, als wollte er (wie Hemingway, der Sensible) den Tag in die Nacht hineinziehen, bevor er ginge, um mit seiner Schlaflosigkeit zu kämpfen. Mir persönlich ist, da ich zum Abendschlaf neige, kaum etwas so zuwider wie die Gesellschaft von Nachtschwärmern. Ich glaube behaupten zu können, daß von allen langweiligen Vergnügungen Nightclubs die langweiligsten sind, abgesehen vielleicht davon, Vorträgen beiwohnen zu müssen. Dennoch hatte ich manche angenehme Unterhaltung mit diesem vorzüglichen Menschen, über dies und jenes, wie zwei Schriftsteller sich so unterhalten, der eine berühmt, der andere unbekannt. Einer seiner Sätze ist mir wegen der Tragödie, die er streift, unvergeßlich geblieben, einer Tragödie, die vielleicht keine geworden wäre – oder nicht diese –, wenn er oder ich den Worten ein Gewicht beigemessen hätten, die damals fielen. Wir hatten uns über den voraussehbaren Ruin Europas unterhalten, wenn ein Krieg ausbrechen sollte. Er behauptete, daß Island unversehrt daraus hervorgehen würde, und faßte den Inhalt des Gesprächs am Ende so zusammen: »Wenn der nächste Krieg ausbricht, verständige ich Sie mit einem Wort und bitte Sie, mir irgendwo in Reykjavik unterm Dach ein Kämmerchen zu besorgen.«

Wir alle wissen, daß Stefan Zweig, wie so viele vortreffliche Menschen, aus dem Großdeutschland Hitlers flüchtete
und dann einige Zeit in London lebte. Leider ließ er mir nie
jenes »Wort« zukommen, als es soweit war, sondern ging
nach Brasilien in die bodenlose Öde, wo er und seine junge
Frau sich umbrachten.

Ich hege den sinnlosen Gedanken, daß es, wenn Zweig
mir tatsächlich geschrieben und ich ihm in Reykjavik ein
Dachkämmerchen verschafft hätte, gewiß anders gekommen wäre.

London-Paris-Rom-Expreß

Aus dem Hochfrühling Südamerikas geriet ich mitten hinein in den Winter des Nordens. Weihnachten stand bevor.
Ich logierte wie üblich im Hotel »Russel« in London und
gab mir Mühe, dem Lichtviking Ólafur Kárason Leben einzuhauchen. Der erste Band war inzwischen sozusagen buch-
stäbliches Faktum. In London suchte mich nun derjenige
meiner Landsleute auf, der durch seinen legendären Ruhm
andere Berühmtheiten neben sich verblassen ließ: der Sänger Eggert Stefansson.

Oftmals habe ich behauptet, daß unsere Historiker reich-
lich einfallslos seien; Sklaven der Tradition, neigen sie dazu, Geschichtsforschung nur im Hinblick auf Nationalhelden zu betreiben. Könnte man die Garibaldis nicht mal eine
Weile ruhen lassen und statt dessen etwas von isländischen
Sängern mitteilen? Sind sie doch den Volkshelden nach
Grundschulart absolut vorzuziehen, bieten sie doch erlesene Beispiele für isländische Psyche und isländische Probleme und weisen sie doch Schicksale auf, die an die Sagas
gemahnen! Wann immer ich isländischen Historikern gegen-

über diesen großartigen unberührten Stoff erwähne, behaupten sie, nie etwas von einem berühmten isländischen Sänger gehört zu haben. Das mag stimmen – aber hat man je etwas von einem isländischen Garibaldi gehört?

Der Sänger Eggert Stefansson bleibt fortwährend als Inkarnation wahrer Berühmtheit in meinem Sinn, die nie verblaßt. Ihm war die Eigenschaft Mynheer Peeperkorns aus Thomas Manns »Zauberberg« zuteil geworden, die sein Schöpfer ihm zu einem Zwecke verliehen hatte, der nur seiner Allwissenheit bekannt war:

Ihm war ein Aussehen geschenkt, so eindrucksvoll, daß jeder ihn anstarren mußte, an dem er vorbeiging. Was er Mynheer Peeperkorn voraushatte, war der Habitus eines Aristokraten, samt majestätischem Gemüt und Benehmen, das zugleich mild und gnädig war zu jedermann. Ein Mann von hohem Wuchs, einhundertneunzig Zentimeter oder mehr. Im Menschengewühl oder wenn er auf den Boulevards der Weltstädte promenierte, überragte er alle anderen.

Wenn man mich fragt, wie er gesungen hat, ziehe ich es zunächst vor, seine wie in Marmor gemeißelten Ohren zu beschreiben, die fest am Kopf lagen, lang und wohlgeformt, oder die gebogene Adlernase – *un naso di Borgia* –, die ihm in ganz Italien als eine Art Passeport diente. Sie verlieh ihm einen Gesichtsschnitt, wie wir Skandinavier ihn von den Abbildungen Björnstjerne Björnsons her kennen. Nicht zuletzt würde ich auch seine zierlichen Hände beschreiben, die so fern jeglicher Aktivität waren, daß man dem Mann glauben durfte, wenn er behauptete, er könne nicht einmal einen Lichtschalter bedienen.

Sein Vater war Maurer, seine Mutter Hebamme gewesen. Im Jünglingsalter war er auf den Kontinent geschickt worden, um Gesang zu studieren. Seither kam er nie anders nach Island zurück als in der Rolle des Gastes.

Die Vermutung liegt nahe, daß ein mit derartigen Vorzügen begnadeter Mensch wenig Muße findet, Tonleitern oder dergleichen zu üben, zum Beispiel ein Lied hundertmal hintereinander zu singen, wochenlang, monatelang, bis es »sitzt«.

Wo immer er sich zeigte, standen ihm wie durch einen Zauber sämtliche Türen offen.

Vermögende und mächtige Persönlichkeiten erhoben sich nicht nur unwillkürlich, wenn sie ihm vorgestellt wurden, sondern waren auch begierig, einen solchen Menschen intensiv zu fördern und ihm Gagen und Steuern zahlen zu dürfen. Journalisten glaubten, ihn nicht mit weniger als einem ganzseitigen Interview verehren zu dürfen. Opernchefs und Konzertagenten rissen die Augen auf, wenn sie mit ihm bekanntgemacht wurden, zogen wortlos Scheckhefte und Vertragsformulare aus der Tasche und fragten: »Wieviel bitte?« Es war gewiß nicht ins Blaue hinein geredet, wenn er sich in Interviews beklagte, daß er keine Ruhe vor Opernhäusern fände, die ihn unbedingt unter festen Vertrag nehmen wollten. Sogar die Metropolitan Opera wollte ihn durch einen großzügigen Vertrag für mehrere Jahre an sich binden, ja, man bot ihm sogar einen Maestro an, der ihm Tag und Nacht beistehen würde. Töchter der Opernchefs wollten ihn zum Mann haben, und ihre Väter wollten sie ihm geben. Er aber lächelte sein in die Ferne gerichtetes Lächeln, das über all dies erhaben war, und sagte: »Nein, danke.«

Er hat sich nie von einer Musikinstitution an die Leine nehmen lassen.

Er bestieg seinen London-Paris-Rom-Expreß und ward nicht mehr gesehen.

Seine Konzerte veranstaltete er selbst. Und – unglaublich, aber wahr – es kam vor, daß sogar in anspruchsvollen Weltstädten wie Paris seine Kunst bedeutende Zeitungen zu Lobeshymnen veranlaßte. Die Regel war allerdings, daß er in Städten, in denen er sich wegen eines Konzerts aufhielt, *im voraus* eine lobende Presse hatte, also schon »ante portas« zur Berühmtheit erhoben wurde. Ein gewöhnlicher Zeitungsleser nahm diese Berühmtheit mit selbstverständlicher Bewunderung entgegen, wie wenn man davon liest, daß der Prince of Wales unterwegs sei. Nach dem Konzert stand dann entweder gar nichts in den Gazetten oder höchstens ein winziger Absatz voll Beckmesserei eines Musikexperten – irgendwo in der Zeitung hinten vergraben, da, wo kein Mensch mehr hinguckt.

Anfangs muß er wohl mit einem ausdrucksvollen Tenor begnadet gewesen sein..Wenn ich »ausdrucksvoll« sage, meine ich eine Stimme, die versucht, dem Zuhörer den Hauch eines fernen Landes zu vermitteln, das der Sänger liebt und kennt, eines Landes, in dem das Schicksal der Könige durch seine Großartigkeit fesselt, eines »fernen Landes«, wo der Schwanenritter wohnt. Seine heilige Demut diesem Schicksalsland gegenüber wurde überhöht durch einen männlichen Stolz, der ihm in den Sternstunden des Gesangs den mächtigen Flügelschlag der Bezauberung verlieh, den man manchmal in der Kunst »königlich« nennt, souverän. Begabung bedeutet, jeden dienen zu lassen, ohne selbst einen Befehl entgegenzunehmen.

Nicht jedem ist es gegeben, sich in den grauen Alltag zu versenken, am allerwenigsten einem Sänger, der auf Grund seines Äußeren als der Vollkommene aufgenommen wird, ohne daß er je den Mund aufmachen müßte, geliebt von jedem, der in seine Nähe gerät, ja geradezu aufgefressen von seiner Umgebung.

Seine Stimme gelangte nie in eine Verfassung, auf die man sich verlassen konnte. Mit der Zeit wurde sie immer mehr eingeengt, als würde sie in Fesseln gelegt, wenn ein Konzert bevorstand. Diese Fesseln lösten sich selten, es sei denn durch unerklärbare Wunder. Dann aber konnte es vorkommen, daß er ein ganzes Lied nationalfeiertagswürdig vortragen konnte mit dem angeborenen Ausdruck eines Künst-

lers, der die Macht hat. Man hatte in diesen Momenten das
Gefühl, daß die Sänger, die mehr konnten und vermochten,
sich langsam vor ihm in acht nehmen müßten. Diese Sternstunden wurden mit der Zeit jedoch immer seltener. Dabei
gibt es kaum eine Schallplatte von ihm, auf der nicht diese
Sternstunden und ihr Glanz die eine oder andere Phrase un-
widerstehlich aufhellten.

Seine Konzerte waren der göttlichen Gnade anvertraut,
wie auch sein ganzes Leben.

Ein Bekannter von ihm, der damals in Oslo lebte, gibt ein
Beispiel wieder, das für seine Konzerte vielleicht nicht ungewöhnlich war:

Eggert Stefansson zieht in die Stadt von Süden her ein.
Er mietet für einen bestimmten Tag einen Konzertsaal, läßt
Plakate anschlagen und sich von der Presse interviewen.

Darauf leiht er sich einen Kriminalroman und verbleibt
bei dieser kurzweiligen Lektüre bis zur Stunde des Kon-
zerts. Von Üben und Proben für das Konzert weiß niemand
etwas zu berichten.

Wenn sich die angekündigte Stunde nähert, zieht er seinen
Frack an, geht hin und singt vor einem Haus, in dem außer
einigen Vogelscheuchen von Kritikastern niemand anwe-
send ist, deren kläglicher Auftrag darin besteht, ein paar
Zeilen misanthropischer Betrachtungen über Musik von sich
zu geben. Oft erfüllt dieses Geschreibsel den Tatbestand
von Verbalinjurien und würde eine Beleidigungsklage recht-
fertigen, wenn es jemand je lesen würde. Wenn aber diese
Sudeleien erscheinen, ist Eggert Stefansson längst über alle
Berge.

Trotz seines Gesangs, der vielleicht der beste auf der Welt
hätte werden können, versagte nie sein Kunstverstand, der
von der Art war, wie ihn nur die Bewohner der Höhen des
Olymps besitzen.

Als er gefragt wurde, wie er Caruso finde, nachdem er ihn
zum erstenmal hatte singen hören, hinterließ er der Nach-

welt folgende Antwort: »Die singen halt alle so, diese Knaben aus Italien.« Ein kleiner Logenschließer fragte ihn einmal, als Island gerade einen großen Tag seiner Geschichte im Althing feierte, was er in der Botschafterloge zu suchen habe. E. S. konnte nur erwidern, er vertrete hier das »Land der Kultur und der Künste«, und setzte sich dorthin, wo es ihm zu sitzen beliebte.

Im Sommer 1939 sang er im Berliner Rundfunk. Die Deutschen sind unter allen Erdenmenschen die penibelsten und genauesten im Nachrechnen – besonders in bezug auf Geldausgeben. Stefansson wurden für seinen Gesang vierzig Mark ausgezahlt – abzüglich der Hitlerschen Steuer. Es gehörte wirklich Mut dazu, einem Mann wie Eggert Stefansson eine solche Summe auszuhändigen. Er wog diesen elenden Betrag vor dem deutschen Kassier staunend in seiner Hand und sprach: »Und das nennt sich Großdeutschland?«

Ein Augenzeuge hat mir davon berichtet, wie Eggert Stefansson seinen Zug in einer italienischen Großstadt verließ. Armselige Gepäckträger warteten begierig am Bahnsteig darauf, ein paar Lire verdienen zu können. Und nun steht da plötzlich ein mächtiger Herr neben seinem Gepäck und deutet kaum wahrnehmbar mit einem versilberten Stock auf seine Koffer. Die Träger beeilen sich, das Gepäck auf ein Skelett von einem Fahrrad zu verladen. Der Mächtige zeigt ihnen in der gleichen Weise wie vorhin die Richtung an und geht dann gezielten Schrittes, der nie ein Zögern erkennen läßt, des Weges. Sein Blick ist über Zeit und Ort hinweg zu den Sternen hinauf gerichtet. Wie der Transport sein Ziel erreicht, lächelt er anerkennend aus seinen Wolken herunter und setzt seinen Gang mit einer göttlichen Ruhe und Erhabenheit fort, die seither an Europas Bahnhöfen nie wieder beobachtet wurde.

Was taten nun diese feurigen italienischen Facchini, die wie andere Leute auch aufs Geld aus sind? Rannten sie vielleicht wutschnaubend hinter diesem ungeheuerlichen Menschen her? »Signore! Pagare! Pagare!« Weit gefehlt. Sie standen wie gelähmt neben dem Trottoir, starrten dem Phänomen nach und waren sich dessen bewußt, daß sie der Wiederkunft des Cäsar Augustus beigewohnt hatten! Mehr bekamen sie nicht für ihre Mühe.

Kaum war er das erste Mal in New York eingetroffen, da wollte es der Zufall, daß ihm in einer breiten verkehrsreichen Straße ein nettes Hotel auffiel. Es trug den Namen »Waldorf Astoria«. Er kehrt dort ein und betritt die Empfangshalle sowie die Treppe, ohne nach links oder nach rechts zu blicken. Die scharfäugigen Bewacher des Hauses erkennen sofort, daß dieser Mensch hier hergehört, und verbeugen sich aus angemessener Distanz. Sie sind dessen sicher, daß ihm seine Dienerschaft und seine Adjutanten gleich folgen werden.

Der Gast betrachtet die Räumlichkeiten, und die Frackschöße der Kellnerschaft stehen vor Eifer in die Luft.

Ihn jedoch befriedigt keiner der Säle ganz, bis er den Saal mit Skandinavien-Imitationen wie Drachenzierat und dergleichen entdeckt. Hier läßt er sich nieder.

Die Kellnerschar schwebt heran, um Hut und Mantel des majestätischen Gastes entgegenzunehmen, das unvermeidliche amerikanische Eiswasser wird aufgetragen, der Küchenchef breitet die Speisekarte auf dem Tisch aus. Diese ›Karte‹ ähnelt im Umfang den wichtigsten Großstadtzeitungen mit vielen großen Druckseiten verschachtelten Inhalts. In französischer Sprache werden in den vielen Spalten unzählige Gaumenfreuden aufgezählt. Der Gast läßt die Augen aus schwindelerregender Höhe über diese Ansammlung der größten Köstlichkeiten der Erde gleiten, und die Kellner stehen rund um den Tisch, Bleistifte und Notizblöcke in der Hand, begierig, die gewünschten Herrlichkeiten aufzuschreiben, ein Gericht, das nächste und immer den passenden Wein.

Eggert Stefansson jedoch legt die Speisekarte mit diskreten Anzeichen von Übelkeit beiseite und sagt mit einem gnädigen Lächeln: »Eine Tasse Kaffee, bitte sehr.«

Es war ein Vergnügen, sich in der Gesellschaft eines so berühmten Mannes in London aufzuhalten, vor dem jeder den Platz räumte und vor dem sich jeder tief verneigte. Doch war dies nebensächlich gegenüber der Tatsache, daß man sich keinen sympathischeren Kameraden als diesen liebenswürdigen Künstler wünschen konnte, auch keinen hochsinnigeren Gastgeber oder Gast. Es folgten ihm lichter Glanz, festliche Würde und geistige Vornehmheit. Er gereichte immer dem Mann zur Ehre, der seine Gesellschaft genoß.

Eggert Stefansson heiratete im jugendlichen Alter eine prachtvolle Frau, die aus einer italienischen Großindustriellenfamilie von weitreichendem Einfluß stammte. Nach der Hochzeit jedoch trennten sie sich für ein Vierteljahrhundert. Zum Tag der silbernen Hochzeit verabredeten sie sich in Reykjavik – sie kam aus Rom, er aus New York – und gaben für eine große Anzahl von Freunden und Gönnern ein Hochzeitsfest. Von diesem Tag an trennten sie sich für keinen einzigen Tag mehr in den zwanzig Jahren, die sie beide noch am Leben waren, und richteten sich ihr Heim in der norditalienischen Kleinstadt Schio unweit von Vicenza.

Im Grunde war Eggert Stefansson, wie die Kaiser in China, Japan und anderswo, ein Sohn der Sonne. Zur Weihnachtszeit 1936, als wir uns gemeinsam in London aufhielten, sprachen wir viel über die Sonne. Es stellte sich nämlich heraus, daß wir beide geborene Sonnenanbeter waren; von diesem Tag an feierten wir jedesmal, wenn der Zufall es wollte, daß wir uns irgendwo in der Welt um diese Zeit trafen, den Tag der Wintersonnenwende, konnten wir nicht zusammensein, schickten wir einander am 21. Dezember Glückwunschtelegramme.

Am Tag vor Heiligabend kam Lelia in ihrem schönen Pelz aus Italien, um mit Eggert Weihnachten zu feiern. Sie wohnten in einem Hotel mit dem Namen »Manhattan«. Die Treppe zu ihnen nach oben war schmal und endlos. Es war kalt bei ihnen. Aber wo auch immer sie sich aufhielten, wurde jeder Raum durch ihre Anwesenheit zu einem Renaissancepalast. Lelia schenkte mir einen mechanischen Flaschenstöpsel, der das Verschütten beim Eingießen verhindern sollte. Sie nahmen mich mit zu einer Christmas-Party, zu der sie am Heiligabend eingeladen waren. Die Gastgeberin war eine betagte Edeldame und hieß, wenn ich mich recht erinnere, Lady Wolseley. Es handelte sich um ein klassisches englisches Christmas-Dinner mit Truthahn und obligatem Plumpudding sowie Weinen von erlesener Qualität. Die Lady führte beim Gespräch ein solches Schandmaul, daß es ein Genuß war, ihr zuzuhören. Ganz gleich, was ihr zwischen die Zähne geriet, ob die königliche Familie, die Brigadiers, Parlamentarier, die französische Kultur oder die Straßenfeger in South Kensington – nichts entging ihren Flüchen und Lästerungen. Es war ersichtlich, daß die Lady beschlossen hatte, Weihnachten mit derben Verwünschungen zu verbringen, und eine große Abwechslung, einmal den Weihnachtsmann auf diese Weise gründlich zu verpassen. Wir waren alle im siebenten Himmel. Plötzlich fiel mir ein, die Iren zu erwähnen, denn dieses Volk ist *full of blarney*, wie die Briten sagen, und führt oft eine nicht allzu stubenreine Konversation. Damit traf ich den Nagel auf den Kopf; die Lady war sofort bereit, dieses Volk zu loben, und tat es so gründlich, daß ich bis zum heutigen Tag nicht ihre Worte vergessen habe: »I would rather have an Irishman cut my throat than anybody else.«

Bezeichnend für Eggert Stefanssons Generosität war, daß er einmal, als ich im Begriff war, Island zu verlassen, mir ein ganzes Abendkonzert eigens darbot, das er einige Tage später geben wollte. Ich war der einzige Zuhörer in einem Saal für über fünfhundert Menschen. Nein, eine alte Frau saß in den leeren Stuhlreihen – seine Mutter. Sein Gesang schwebte auf dem Gipfel der Verklärung. Nie mehr habe ich ein Konzert erlebt, das einen tieferen Eindruck auf mich gemacht hätte. Gerührten Herzens verabschiedete ich mich von Eggert Stefansson, und wir verabredeten uns wie immer im London–Paris–Rom–Expreß.

Viele Jahre später schrieb ich den Roman über einen isländischen Sänger, Gardar Holm, der nur ein einziges Mal sang, und zwar für seine Mutter, die taub und blind war. Von allen isländischen Sängern war Eggert Stefansson aber am wenigsten befähigt, eine solche Verschlüsselung zu begreifen; nach dem Erscheinen des Buches sagte er einmal nach langem Schweigen zu mir: »Ich machte nur einen Fehler, *ich* sang – Gardar Holm sang nie.«

»Progressiver« und »Gumanist«

In jenen Zeitläuften gehörte ich zu der Gruppe von Menschen, die sich nicht scheuten, öffentlich aufzutreten, um die Menschen aufzufordern, sich verstärkt gegen den Faschismus zusammenzuschließen, der sich damals in vielen Ländern in zügigem Vormarsch befand. Wer, wenn auch in bescheidenem Maße, auf der Bühne der Politik auftreten will, muß sich eine Rolle wählen. Ich hatte mir den Sozialismus zu eigen gemacht: sowohl aufgrund der Lektüre von Büchern, die von hervorragenden Autoren im sozialen Geiste geschrieben waren, wie auch eigener Beobachtungen an einer Gesellschaftsordnung, die ihre Mängel nicht verbergen konnte, die sich aber weigerte, die notwendigen Korrekturen vorzunehmen.

Kein gebildeter Mensch, dem seine Ehre teuer war, konnte an diesen Mängeln vorbeisehen. Meine Rolle als Fürsprecher einer Volksbewegung in meiner Heimat bestand, wie schon gesagt, darin, zu versuchen, alle die Leute, die in irgendeiner Weise ›links‹ waren (ob sie sich nun Kommunisten nannten, Sozialdemokraten oder Liberale), gegen die grausame und extremistische Rechtsbewegung zu mobilisieren, die damals Wind in die Segel sammelte und etliche der wichtigsten Kulturländer Europas bereits unter ihre Herrschaft gebracht hatte. Mit ihrer allgemeinen Mobilmachung gegen die Faschisten hatte diese Volksbewegung sich bis zu einem gewissen Grad auch mit jenen Parteien und Vereinigungen verbündet, denen eine linksgerichtete Diktatur, wie sie damals in der Sowjetunion herrschte, als Ideal vorschwebte. Und so waren alle, die nur den geringsten Anflug ›linker‹ Gesinnung besaßen, selbst ›Rechte‹, die sich aus moralischen Gründen gegen den Faschismus stellten, mit der Teilnahme an der Volksbewegung in gewissem Sinne Stalins Mithelfer geworden. Doch lag es vielen linksgerichteten Leuten durchaus fern, revolutionären Radikalismus oder diktatorischen Extremismus als logische Konsequenz ihres Wunsches nach gesellschaftlichen Reformen anzusehen. Viele erkannten der Revolution in Rußland gern die historische Notwendigkeit zu, hielten es aber nicht für notwendig, daß in einigermaßen demokratisch-liberalen Ländern ein politischer Kampf stattfände, der sich ausschließlich am russischen Beispiel orientierte. Dennoch waren sie gute Freunde der Russen, um so mehr jetzt, da sie fühlten, daß sie von dort starke Rückendeckung gegen den Faschismus erhielten. Solange auf Island eine kleine kommunistische Partei mit der Komintern verbunden war, erschien es mir indiskutabel, an dieser Verbindung als Parteimitglied zu partizipieren. Die römisch-katholischen Lehrsätze, die meiner Vernunft so entfernt standen, hatten sich verflüchtigt und still und lautlos in Luft aufgelöst, ohne daß ich es gemerkt hätte, so daß ich nun keinerlei Neigung verspürte, einer vergleichbaren Vereinigung beizutreten, die sich ein geheiligtes Dogmengebäude errichtet hatte samt Sanctum Officium, Papst und Zensur.

Ich bejahte die sozialistischen Lehren soweit, wie sie mit der kleinen persönlichen Vernunftweisheit vereinbar waren, über die ich verfügte, den Rest ließ ich auf sich beruhen. Viele von denen, die die Idee der Volksfront gegen den Faschismus unterstützten, waren in dieser Beziehung gleichen Sinnes mit mir; um die Bildung einer Volksfront in Island zu erleichtern, wurde die Kommunistische Partei Islands, wie schon früher gesagt, aufgelöst und die »Einheitspartei des Volkes« gegründet, eine sozialistische Partei. Ich war im Ausland, als dies geschah, ließ mich aber als einen der Gründer dieser neuen Partei einschreiben. Obwohl ich nie wirklich an der Parteiarbeit teilgenommen habe, bin ich immer den Grundsätzen treu geblieben, auf denen diese Partei basierte – auch wenn ich manchmal sehr unzufrieden über ihre Entwicklung war, besonders, als bei ihr gelegentlich Neigungen auftauchten, die aus der Kominternzeit herrührten.

Diejenigen Menschen im Ausland, die zwar nicht in dem Sinne Sozialisten waren, wie die Lehrmeister der Stalin-Ära das Wort verstanden, und auch keineswegs als Kommunisten gelten konnten, aber dennoch Verständnis für die Russische Revolution und das Bemühen der Sowjetmenschen bewiesen, den Sozialismus in ihrem Land zu stabilisieren, diese Menschen wissen die Russen gut zu schätzen und wollen ihre Freunde sein. Zwar können sie sie nach den Maximen ihrer Lehrbücher nicht Sozialisten nennen; auch darf man sie nicht als Sozialdemokraten bezeichnen, da dieses Wort aus historischen Gründen in Rußland ein Schimpfwort ist (dort traut man keinem Sozialdemokraten etwas Gutes zu, wo auch immer er auf der

Erdkugel anzutreffen ist). Wer von den oben Charakterisierten dagegen im Ausland den Sowjets seine Sympathie beweist, wird mit der Bezeichnung »Progressiver« bedacht. Wenn er auch noch in irgendeiner Form gebildet ist oder gar Schriftsteller oder Dichter, darf man ihn sogar einen »Gumanisten« nennen, gemäß einer speziellen, sehr spitzfindigen russischen Definition von Humanismus. Dagegen werden ausländische Kommunisten, die in ihrem Land irgendeine Rebellion gegen den Kapitalismus unternommen haben, in russischen Zeitungen häufig als Demokraten bezeichnet, damit der Leser glaubt, hier handle es sich um gewöhnliche Menschen aus dem Volk. Es soll in Rußland möglichst nicht bekannt werden, daß die Bruderparteien in manchen Ländern nur unbedeutende und einflußlose Sektierergruppen sind.

Ich habe lange die Ehre genossen, vom Osten als »Progressiver« und »Gumanist« bezeichnet zu werden. Im Spätsommer 1937, als ich gerade den zweiten Teil von »Weltlicht« begonnen hatte, erhielt ich entsprechend dieser Einschätzung vom sowjetischen Schriftstellerverband eine Einladung, in meinem Urlaub in die UdSSR zu reisen und dort eine Zeitlang zu bleiben, um die alte Bekanntschaft mit Land und Volk zu erneuern. Ich glaube, daß ich dennoch zwei Monate auf ein Visum warten mußte; während dieser Frist saß ich die meiste Zeit in Uppsala in dem schon mehrmals geschilderten Hotel am Fyresfluß, wo ich gewiß die dicksten Teppiche meines Lebens vorfand, Moospolstern ähnlich, die mich durch die Fußsohlen hindurch bestens dichterisch inspirierten.

Der sowjetische Schriftstellerverband hatte schon damals einen großen Einfluß und war im Grunde ein hochgestellter öffentlicher Partner der Sowjetregierung mit direkter Verbindung zu ihr und in jeder Hinsicht ihr Instrument. Diejenige Abteilung, die sich mit den ausländischen Gästen des Verbandes beschäftigte, leitete ein älterer Mann namens Apletin, ein im Auftreten wie in der Tat liebenswürdiger und hochherziger Mensch. Wir, die wir für längere Zeit zu Gast waren, waren nicht so zahlreich, als daß der Verband nicht jedem von uns einen Assistenten beigesellen konnte, eine Art dienstbaren Geist. Mein Assistent war eine Ärztin namens Burmeister. Nie erkühnte ich mich, die Dame zu fragen, aus welchem Grunde ihre medizinischen Kenntnisse für einen Mann wie mich verschwendet wurden, der durch Gottes Erbarmen nie die geringste Krankheit erdulden mußte.

Zu dieser Zeit waren meine einstigen Gastgeber von der Internationalen Arbeiterhilfe fort, verdunstet wie Tau in der Morgensonne. Niemand konnte sich mehr erinnern, je den Namen von Misiano, dem italienischen Leiter des Büros, gehört zu haben, der dort noch vor fünf Jahren Hausherr gewesen war. Etwas anderes war noch merkwürdiger, nämlich, daß selbst der Name Münzenberg, der früher doch einmal in der Sowjetunion eine Zauberformel gewesen war (sogar Fabriken waren auf seinen Namen getauft worden), jetzt, sobald er fiel, absolutes Schweigen hervorrief; manche fragten immerhin, wie man ihn buchstabieren würde, in der Hoffnung, es irgendwo herausbekommen zu können. (Ich sah Willi Münzenberg zuletzt im November 1938 in der Pariser Oper, wo man gerade »Carmen« brachte. Er trug einen Smoking und war in Begleitung einer Dame aus großbürgerlichen Kreisen. Wir trafen mehrere Male während der Pause aufeinander, aber er tat, als sähe er mich nicht. Nachdem Hitler und Stalin miteinander den Pakt geschlossen hatten und Frankreich unter deutsche Besetzung geraten war, wurde Münzenberg ermordet.)

Der Schriftstellerverband schien im Vergleich zur Internationalen Arbeiterhilfe auch bessere Voraussetzungen zu bieten und mehr Spielraum zu haben, Gäste zu empfangen. Diese wurden, ohne daß ein Wort darüber verloren wurde, in den besten Hotels untergebracht, so etwa im »National« in Moskau oder, wenn man in andere Städte kam, in alt-berühmten ›viktorianischen‹ Luxushotels aus der zaristi-schen Zeit.

Ein Gast des Schriftstellerverbandes durfte einigermaßen leben und tun, was und wie er wollte, doch wurde ein ge-wisses Gewicht darauf gelegt, daß er Interesse für gemein-sames Tun zeigte und ständig begrüßenswerte Wünsche äußerte. Die Russen gingen wie selbstverständlich davon aus, daß alle progressiven Männer und »Gumanisten« Fabriken besichtigen wollten. Bei ihnen herrschte damals eine romantische Begeisterung für Fabriken; abgesehen davon, konnte man nicht bezweifeln, daß es den Russen wichtig sein mußte, daß solche Stätten sich so schnell wie möglich vermehrten. Gefühlsduselei und Sentimentalität in Verbindung mit Fabriken machten auf mich jedoch nie einen Eindruck. Ich persönlich verbitte mir, daß fremde Menschen in mein Arbeitszimmer eindringen; sie können die Bücher kaufen, wenn sie fertig sind. Daher bat ich darum, in den Geschäften die Waren zu begutachten, denn ihnen gegenüber verfügte ich über die natürliche Reaktion eines durchschnittlichen Konsumenten. Doch leider gab es in der Sowjetunion um diese Zeit so gut wie keine Kon-sumware im modernen Sinn. Das wenige, was zu kaufen war, erschien häßlich und plump, einfacher Kram für die notwendigsten Bedürfnisse. Man konnte auch nicht fest-stellen, daß Arbeiter besonderen Ehrgeiz in ihr Handwerk investierten. Mir wurde gesagt, daß noch nicht allgemeine Konsumware auf dem Programm des Fünfjahresplans stünde, sondern ausschließlich Erzeugnisse der Schwer-industrie, Grundstoffe, die den Schlüssel zu allen Indu-striezweigen bedeuteten: Eisen, Stahlgewinnung, Kohle, Öl und dergleichen. Doch konnte dem Gast, der nach fünf Jahren in die Sowjetunion zurückgekehrt war, nicht ver-borgen bleiben, daß seitdem im Lande viel geschehen war.

Dem Glauben ans Auto gemäß, dem Götzen der Neuzeit, deuteten sie stolz auf Wagen, die sie selbst zu produzieren begonnen hatten. Doch waren es nicht diese wenigen Autos, sondern der Strom von Fußgängern, der den Gast am meisten verwunderte. Obwohl die Zahl mittelalterlicher Vaganten in Sackfetzen und Bastschuhen inzwischen zurückgegangen war und viele bereits statt dessen Valenki trugen, wie in Moskau die formlosen, kniehohen russischen Filzstiefel hießen, hatte das Straßenbild in den Großstädten Rußlands doch, was die Menschen betrifft, immer noch wenig oder keine Ähnlichkeit mit dem einer europäischen Großstadt. Nirgendwo waren andere Menschen zu sehen als bäuerliche Typen von der Art, wie sie kaum noch in den abgelegensten Gebirgstälern Europas vorzufinden waren; daher schauten wohl die meisten Ausländer überaus erstaunt auf die Aufmachung der Moskauer, unter denen der Mangel an Geschmack noch härter zugeschlagen zu haben schien als die Armut. Die Armut war übrigens das, was zuerst und zuletzt in die Augen fiel, *die* Besonderheit des Volkslebens, über die man am meisten vor Überraschung den Atem anhielt, wo immer man auch hinkam in der Sowjetunion dieser glorreichen Epoche unter Stalin. Und obwohl Moskau und Leningrad nach europäischen Begriffen zum Großteil reine Elendsnester waren, Slums, waren die Zustände in diesen Großstädten noch Gold gegenüber dem, was einem in kleineren Städten und Dörfern begegnete. Das Bestreben der Regierenden, das menschliche Leben im Lande zu verbessern, war an die unterschiedliche Voraussetzung gebunden, daß die Reformen nach den Dogmen abliefen, die sie zu ihrem Glaubensbekenntnis gemacht hatten – mit solcher Konsequenz, daß die Anerkennung von Tatsachen, praktische Klugheit und gesunder Menschenverstand nirgends Zugang fanden. Den Dogmen als Machtfaktor gleich kamen die Geheimpolizei und die Armee. Offiziere waren in dem Volkssturm diejenigen Individuen, die am ehesten irgendeine menschenwürdige Gestalt annahmen, und es war deutlich, daß sie in der Gesellschaft Vorrang hatten; ihnen war wohl nicht zum wenigsten zu verdanken, daß das System trotz Gegenwind und Fehlern fest im Sattel zu sitzen schien. Die »glorreiche Oktoberrevolution« war das ständige Motto – es wurde in die Menschen hineingehämmert auf jede denkbare Weise, außer mit den Mitteln der Vernunft und der Überzeugung durch greifbare Tatsachen; und daß die Inkarnation dieser unsichtbaren Glorie Stalin sei. Leider war die Revolution schon zu Historie geworden und löste keines der aktuellen Probleme mehr. Dennoch glaube ich, daß die meisten damals immerhin das Notwendigste zum Leben hatten – außer vielleicht Leute wie Dr. Schiwago; in dieser Tatsache war wohl der Hauptfortschritt zu sehen, seit ich das letzte Mal hiergewesen war. Aber dazu hatte es sicherlich großer Überlegungen bedurft, einschließlich harter Rationierung, bis wirklich jeder seinen Hunger stillen konnte und hatte, was er brauchte. Obwohl es eine Versündigung wider die Ideologie war, sprachen alle davon, wie sich die Landwirtschaft die ganze Stalin-Ära hindurch in einem einzigen chaotischen Notstand befand, zum Beispiel was die Lebensmittelproduktion betraf, die weit unter dem Niveau des letzten Friedensjahres im Kaiserreich (1913) lag. Dergleichen Stümperei wie die stalinistische Landwirtschaft dürfte früher auf unserer Erde unbekannt gewesen sein. Dem Kerl war es vollkommen gleichgültig, was mit den Bauern geschah, nachdem er sein Ziel erreicht hatte: die Kollektivierung, die, wie alle seine Hirngespinste, auf den Marxismus-Leninismus getauft wurde und daher ex officio ›gut‹ und ›richtig‹ war; jeder hatte um sein Leben zu fürchten, der daran zweifelte. Die Kolchosbauern, die entgegen dem Genossenschaftssystem die Schufterei als Einzelbauern fortsetzten, hatten größeren Anteil an den Leistungen der Landwirtschaft als die Genossenschaften selbst, so unwahrscheinlich das klingen mag, und so ist es außer beim Getreideanbau bis in die jüngste Zeit geblieben.

Auf den ersten Blick schien das System einfach und genial zu sein. In einem Buch, einem Zeitungsartikel oder sogar auf einer Rechentafel war es leicht, ein solches System wie das größte Meisterwerk und Vorbild erscheinen zu lassen, das je erfunden worden war. Aber gemessen an den wirklichen Resultaten schien es, als sei es nicht gelungen, aus ihm das herauszuholen, was an Gutem darin steckte. Oberflächlich betrachtet möchte es manchmal so aussehen, als ob es den Verantwortlichen wie auch dem gemeinen Volk selbst an Fleiß, Vernunft und Willen gemangelt hätte, die einfachsten Probleme zu lösen. Man begnügte sich damit, die Armut Sozialismus zu taufen, ein Sozialismus, der Deklarationen, Glaubensbekenntnissen und geheiligten Doktrinen entsprach, aber nicht dem realen Zustand der Dinge. Manchmal schien es, als könnte unter Stalin einzig und allein nur der Wirbelwind der Lehrsätze gedeihen. Dennoch wurde Rußland durch den entwicklungslosen und unfruchtbaren Willen dieses ehernen Mannes zur Großmacht, die die ganze Welt erzittern ließ. Keine Macht konnte dieses Land im Krieg besiegen, dessen Frieden sogar noch härter war als der Krieg. Oder war die geographische Lage des Landes entscheidend dafür? 1937/38 schien alles darauf hinzuweisen, daß Stalin von seiner Ebenbürtigkeit mit Hitler-Deutschland überzeugt sei und nur auf die Gelegenheit warte, einen Pakt mit dem deutschen Faschismus zu schließen; so geschah es auch, man brauchte nicht lange darauf zu warten. Und es war nicht Stalins Schuld, daß diese Allianz scheiterte. Stalin-Rußland war ein echtes Land der Paradoxe. Manchmal schien es, als würde das Gras anfangen zu wachsen, aber im gleichen Augenblick kam ein Schneesturm mit eisigem Frost. Der Dogmatismus war mitunter so stark, daß er sogar das Gras im Wachstum zu hemmen schien. Dennoch gab es keinen Weg zurück. Es war ein Volk, das auf dem Nullpunkt angefangen hatte, so daß es nichts gab, zu dem man hätte zurückkehren können. Hoffnung und Zuversicht vieler ehrenhafter Russen auf das Gedeihen des Sowjetsystems nahmen mir jegliche Lust zur Kritik, obwohl Stalins Sozialismus von nicht geringer antisozialistischer Werbewirkung war. Es gab für sie keinen anderen Weg. Auch wenn irgendein theoretisches Denkmodell für eine Konterrevolution existiert hätte (was nicht der Fall war), hätte jede derartige Gegenbewegung nichts anderes bedeutet, als den Teufel mit dem Beelzebub auszutreiben, und der eventuelle Irrtum wäre vielleicht noch ärger gewesen als der existierende.

Literaturprominenz

Am Heiligabend nachmittags, kurz bevor es heilig wurde, kamen bei 20–30 Grad Kälte Apletin und Frau Dr. Burmeister, um mich samt zwei anderen Schriftstellern (einem Bulgaren und einem Spanier) abzuholen. Sie hatten vor, uns ostwärts in Richtung Kaukasus zu begleiten, wo wir als Vertreter der Welt auf einem sowjetischen Schriftstellerkongreß auftreten sollten. Zum Weihnachtstag hatte uns der Zug in schneefreies Land gebracht. Der Schriftstellerkongreß fand in Tiflis statt. Es war hell und warm tagsüber, auch Weihnachten, aber kühl in der Nacht. Das Land, dessen Hauptstadt Tiflis ist, heißt auf Russisch Grusien, aber national gesonnene Einheimische erklären, daß einzig die russischen Imperialisten das Land so bezeichnen, und bitten Ausländer, es lieber Georgien zu nennen.
Der Kongreß wurde anläßlich der Siebenhundertjahrfeier zu Ehren des Dichters Rustaveli abgehalten, eines Mannes

des 13. Jahrhunderts, der das Heldenpoem Georgiens gedichtet hat: »Der Recke im Tigerfell«. In alten Geographie-
büchern (so auch in dem, das der Isländer Benedikt Gröndal
verfaßt hat) ist zu lesen, daß jede Nationalität des russischen Reichs mindestens ein solches Heldengedicht besäße,
selbst die armseligen Samojeden, die »die Mattesten« sind,
wie Gröndal schreibt. Die Georgier empfingen, abgesehen
davon, was sie selbst beitrugen, in Urzeiten ihre Bildung
von den Griechen und den Persern und gehören zu der kleinen Zahl der Völker in der Sowjetunion, die – etwa ab
1000 – eine Zeit hoher Kultur in ihrer Geschichte hatten.
Sie sind lebhafte, ansprechende und wohlproportionierte
Menschen, die einen ästhetischen Sinn besitzen, obwohl es
nur wenig Gelegenheit gab, ihn zu beweisen. Dennoch fiel
es auf, wie gepflegt und gut angezogen die Frauen auf der
Straße wirkten im Vergleich zu den russischen Frauen jener
Zeit, die ausnahmslos jegliche ›Figur‹ mit unförmigen Klei-
dern verhüllten, so daß sie wie Rollschinken oder Mumien
aussahen. In Tiflis sah man plötzlich quicklebendige, süd-
ländisch aussehende Frauen, deren Gesichter auf irgendeine
rätselhafte Weise mit Kosmetik in Berührung gekommen
waren. Aber eine Maid macht noch keinen Tanz, wie ein
isländisches Sprichwort sagt, und trotz des ansehnlichen
Wuchses und der Lebhaftigkeit dieser Menschen, und obwohl dieses Land schön und fruchtbar war, schien doch die
allgemeine Armut hart an Not zu grenzen; besonders die
Zustände auf dem Lande ließen an gewisse fernöstliche
Elendsquartiere denken.
Rustavelis Heldengedicht scheint (nach den Übersetzungen
zu urteilen) eine ansprechende mittelalterliche Dichtung zu
sein und auf einer wesentlich höheren Stufe freien Denkens
zu stehen, als in der westeuropäischen Literatur dieser Epoche erlaubt war, in der die Inquisition herrschte. Auf Ge-
denkfesten ist das Gedenken meistens Nebensache, und die
Menschen kommen nur zusammen, um zu sehen und gesehen

zu werden. In Tiflis waren daher solche Schriftsteller versammelt, die in ihrem Staat oder ihrer Gemeinde innerhalb der Sowjetunion am wohlgelittensten waren. Andererseits war es auch kein Prachtaufgebot, das den Rest der Weltliteratur vertreten sollte: ein invalider Fabrikpoet aus Spanien, von dem keiner der Anwesenden wußte, ob je etwas Gedrucktes von ihm erschienen war, ein Bulgare, der von so faustisch-ideologiebesessener Geschwätzigkeit war, daß man ihn weder als sprech- noch schreibfähig bezeichnen konnte, und schließlich eine bedeutungslose Person aus einem Land, von dem niemand recht wußte, ob es auf diesem Planeten oder auf einem anderen läge.

Mit den inländischen Kongreßteilnehmern, also meinen sowjetischen Kollegen, bin ich nicht wesentlich in Berührung gekommen, wohl auch keiner sonst von uns dreien; sie blieben zu sehr innerhalb der von ihnen selbst und ihrem mächtigen Staat aufgerichteten Schranken, um sich mit ausländischen Autoren zu beschäftigen, von denen im führenden Land des Sozialismus noch nicht einmal Bücher erschienen waren. Es wird entweder Gedankenlosigkeit oder ein Bestandteil der ihnen vorgeschriebenen Isolation gewesen sein, daß völlig bedeutungslose Leute wie wir dazu auserkoren worden waren, als Vertreter der Weltliteratur auf einem solchen Kongreß aufzutreten. Für einen, der so wenig versammlungstauglich ist wie ich, war ein derartiger Schriftstellerkongreß weiß Gott kein Honigschlekken. Zunächst ließ ich Frau Dr. Burmeister alles, was gesagt wurde, mir ins Ohr übersetzen, aber nach und nach stellte ich fest, daß es sich immer um dasselbe Geschwätz handelte, so daß ich das Interesse verlor. Die russische Rhetorik unter Stalin war höchst merkwürdig – eine Art Heilsarmeestil: Jeder Redner fühlte sich verpflichtet, atemlosen Eifer zu bekunden und seine Rede abzuhaspeln in einem Tempo, als stünde hinter ihm jemand mit einem Maschinengewehr, bereit, ihn zu erschießen, wenn er nicht eine festgelegte Wortmenge pro Minute erreichte. Es war gang und gäbe, daß die Redner Schaum vor dem Mund hatten und Tränen vergossen. Auf diejenigen, die es nicht gewohnt waren, russischen Rednern zu lauschen, und die daher nur ab und zu ein Wort verstanden, machte diese Oratorik einen ähnlichen Eindruck wie die Rede Luckys in Becketts »Warten auf Godot«, wo niemand eine Ahnung hat, wovon gesprochen wird. In der Übersetzung wiederum wirkten diese Reden zu stark wie Parteichinesisch, als daß sie Interesse wecken könnten. Die Gedanken drehten sich gleich einer Spirale immer um die Partei als Nabel der Welt und um den Diktator als Lebensnerv des Nabels. Dieses unter Parteianhängern wohlbekannte Phänomen (beinahe die Regel bei linientreuen Kommunisten) hat man Parteiegozentrismus genannt. Aus dieser trotzigen Selbstbezogenheit heraus blühte der Hymnus auf die ungeheuerlichen Fortschritte im Lande, auf den alles überragenden Heldenmut, die Genialität und Großartigkeit des »Narod«, ein Hymnus, der auf die Zuhörer wie Speichelleckerei wirkte. Oft stellte sich mir die Frage, welcher Art psychischer Mechanismen diese endlose, verkappt selbstrühmende Geschwätzigkeit zuzurechnen war, die damit anfing, daß die Redner hoch und heilig schworen, daß jeder Federstrich von Stalins Anordnungen gleichsam aus ihrem eigenen innersten Herzen hervorgedrungen wäre, und damit endete, daß stundenlange Hallelujarufe auf dieses andere, höhere Ich ertönten. War dieser nimmer endende ekstatische Rausch, den sie aus dem Namen Stalins sogen, nur die äußerliche Reaktion auf eine drückende Ohnmacht? Es ist auf jeden Fall erfreulich, diesen Selbstlob-Wahn des Stalinismus in gleichem Maße im Rückgang zu sehen, wie der wirkliche Aufschwung des allgemeinen Lebens in der Sowjetunion zunimmt. Eines ist sicher: In dieser Zeit atemlosen Stalin-Lobpreises war ein Mann da, der nie Atembeschwerden bekam, weder Tränen vergoß noch Schaum vor dem Mund hatte, wenn er ans Rednerpult ging, sondern leise und langsam sprach und mit der Zunge ein wenig an die Backenhöhle drückte, als glaube er nicht allzu sehr an das, was er gerade sagte – das war Genosse Stalin selbst, die wenigen Male, wo er aufstand und eine Rede hielt.

Am Gästetisch im Hotel und bei ungezwungenen Geselligkeiten mit den Grusiern legten unsere sowjetischen Kollegen das Joch der Kongreßförmlichkeit und der unerträglichen Papageienrhetorik ab und man fühlte, über welch aufmunternde Menschlichkeit sie verfügten. Zweierlei hat mich vor allem zu den Russen hingezogen, seit ich sie kennengelernt habe: sympathische Bärenwärme, die diese Menschen in dem Moment verströmen, wo sie aufhören, bloße Apparatschiks zu sein, die angeboren ist und ihre Gesellschaft angenehm und unbeschwert macht, und dann ihre Gastfreundschaft und Großzügigkeit im persönlichen Umgang, ihre Verachtung für alle Kleinlichkeit, Schwafelei und Mauseloch-Perspektiven, die eben da anhebt, wo der amtliche Bürokratismus endet. Ihr Kommentar »Nitschewo« in den unterschiedlichsten Situationen sagt mehr über russische Toleranz und Lebenszuversicht aus als die öffentlichen Verlautbarungen. »Nitschewo« glättet Unebenheiten, macht scharfe Kanten rund und besänftigt jeden wütenden Ausländer. Das öffentliche Auftreten der Russen ist immer unsympathisch, weil sie dann nicht sie selbst sind. Dagegen kennt ihre Gutmütigkeit fast keine Grenzen, wenn man die Menschen in ihnen anspricht und nicht über Glaubenssätze zu streiten anfängt. Die Empfindlichkeit der Russen gegenüber Dogmen rührt daher, daß ihnen ihre ›Weltanschauung‹ ein Gut ist, das ihnen von der hohen Obrigkeit anvertraut wurde; es ist ihnen nicht erlaubt, nur einen Deut daran zu rütteln. Die Russen besitzen eine uralte Gewohnheit und Tradition darin, an heilige Weisheiten zu glauben, an die ›Hagia Sofia‹, die ein klassischer griechisch-orthodoxer Begriff ist, ähnlich wie das Gott gehörende Lamm, das für den Pfarrer zu füttern dem Isländer Pflicht war. Seine eigenen Ansichten kann man immer ändern, je nachdem, wie sich die Welt verändert, aber nicht die Autorität des Staates antasten, von dem alles menschliche Leben im Lande abhängt; jeder ehrliche Mensch muß die Ansicht des Staates unterstützen ohne Rücksicht darauf, ob sie richtig ist oder falsch, gut oder böse. Es wäre ungefähr ebenso lächerlich, mit den Leuten in Moskau über Marx' Weisheit zu streiten oder über die von Engels, Stalin und anderen Deutschen und Georgiern, die die Propheten der neuen ›Hagia Sofia‹ sind, wie wenn jemand mit Mitgliedern der Kirche Jesu Christi der Heiligen der letzten Tage debattierte, die in Salt Lake City die Geschicke einer der sympathischsten menschlichen Gemeinschaften Amerikas lenken, oder den Vatikan betreten würde, um sich gegenüber den Kardinälen über den Katholizismus zu mokieren.

Wahr hingegen ist, daß man, wenn man mit den Russen zu streiten beginnt, bei ihnen nichts anderes als unüberwindlichen Trotz erreicht. Sie geben nie gegenüber Anmaßung und Unverschämtheit nach, weil sie die Bedeutung ihres Landes, des geographisch und strategisch wichtigsten der Erde, genau kennen; allein schon deshalb können sie recht behalten vor wem auch immer. Alles, was bei ihnen im Umgang mit den Völkern Positives erreicht wurde, resultierte als Antwort auf das Verständnis und Wohlwollen anderer. Wenn sich ihnen jemand mit Arroganz und Böswilligkeit nähert, um sie zu demütigen oder ihnen das Rückgrat zu brechen (was in der Stalin-Ära häufig der Fall war und durchaus nicht immer zu Unrecht, denn Stalin war ein eher streitsüchtiger Mann), dann verleugnen sie schamlos die Tatsachen. Wenn aber nach ihrer Meinung die Zeit dafür gekommen ist, lassen sie unaufgefordert und bedenkenlos alle Prinzipien sausen (wie zum Beispiel Chruschtschow, als er 1956 seine Rede zum Abschluß des Parteitages hielt und sie dann wie selbstverständlich Harrison E. Salisbury überreichen ließ, einem der Starreporter der »New York Times«, sowie der Deutschen Presseagentur in Bonn!).

Eines Abends kehrten wir drei Ausländer zusammen mit Frau Dr. Burmeister von einem Fest heim; wenn ich mich recht erinnere, war es eine Art Lustbarkeit gewesen, wie sie Staatsoberhäuptern bereitet wird. Georgiens Parteisekretär und höchster Machthaber Berija hatte sie für uns Schriftsteller ausgerichtet, Stalins Landsmann und intimer Freund (1953 erschossen). Wir begrüßten es ohne Zweifel, Zeugen davon zu sein, daß die Herrlichkeit der Welt, wie sie zu des »Recken im Tigerfell« Lebzeiten vorzufinden gewesen sein mochte, im Kaukasus noch nicht abgeschafft worden war.

Wir gingen also in jener Nacht zurück zu unserem Hotel. Nicht weit von unserem Quartier entfernt lagen auf der Türschwelle eines großen Hauses drei Landstreicherkinder von der Sorte, wie sie in der ganzen Welt etwa ein Jahrzehnt zuvor berüchtigt gewesen waren, sogenannte *besprizorni*. Die Sowjetregierung hatte erklärt, daß solche Kinder inzwischen von den Straßen entfernt, in Erziehungsheimen untergebracht und zu vorbildlichen Mitbürgern erzogen worden seien. Ich hatte schon zuvor immer wieder kleine Gruppen dieser schaudererweckenden Jammergestalten an verlassenen Orten in den Außenvierteln von Großstädten und in der Nähe von Eisenbahnlinien zu erspähen geglaubt; doch um die Wahrheit zu sagen, hielt ich es nicht für eine überraschende Neuigkeit, daß menschliches Leiden in Rußland noch nicht vollkommen beseitigt sein sollte, so daß einzelne gesellschaftliche Krankheitssymptome in Randgruppen mich nicht mehr aus der Fassung brachten; es war vielmehr das Gesamtbild selbst, das bedrückend wirkte. Wie auch immer, da schliefen unbestreitbar *besprizorni* in der Nachtkälte auf einer Türschwelle, das Gesicht verschmutzt, in unbeschreibliche Fetzen gehüllt, barfuß mit schwarzen Zehen, fast schon Ratten in Menschengestalt. Ich sah sie ganz deutlich, während wir vorbeigingen, äußerte aber nichts, denn wen sollte man dafür zur Verantwortung ziehen? Das Schicksal des russischen Volkes war ohnedies das ungeheuerlichste der Welt; einige *besprizorni* mehr oder weniger nächtlicherweile schlafend auf einer Türschwelle in Tiflis spielten keine so große Rolle; sie waren höchstens der Anlaß, eine Sekunde lang stehenzubleiben, um sich anzusehen, wie sie schliefen, und dann wie ein Mohammedaner zu sich selbst zu sagen: Allah ist groß.

Etwas an diesem Anblick hatte wohl den logischen Nerv in dem Bulgaren gereizt, der sonst die Gewohnheit hatte, alles zu glauben, was ihm in der Sowjetunion erzählt wurde, denn als wir uns etwa eine Hauslänge weit entfernt hatten, kam er wieder zu Sinnen und sprach Frau Dr. Burmeister an: »Dort schliefen *besprizorni* auf der Straße.« Frau Dr. Burmeister war eine brave Frau und sogar so gebildet, daß sie Ahnung von Psychologie besaß. Sie war nicht nur Arzt aus Berufung und Erziehung, sondern auch ein Mensch, der wirklich niemanden leiden sehen konnte, und entsprach somit genau der geläufigen Wendung, die man vergleichsweise über mehr Menschen in Rußland als irgendwo anders gebrauchen möchte: »Es gibt nichts Böses in ihr.« Aber sie war wirklich Stalinistin, Apparatschik, ›Hallelujasängerin‹, und daher war es undenkbar, daß sie eine andere Antwort bereithielt als die, die einer solchen Einstellung entsprach: »Es gibt keine *besprizorni* mehr in der Sowjetunion.«

»Ja schon, aber dort schlafen drei«, sagte der Bulgare.

»Ich kann es beschwören: Von der Partei und von der Sowjetregierung ist verkündet worden (sie nannte Datum, Jahr und Parteitag), daß es in der Sowjetunion keine *besprizorni* mehr gibt.«

»Wir sahen sie aber doch hier auf der Straße schlafen«, entgegnete der Bulgare, wenngleich er selbst eine ganze Hauslänge dazu gebraucht hatte, um diese Erkenntnis den ideologischen Nerv entlang bis zum Gehirn emporwachsen zu lassen. Er insistierte: »Wollen wir umkehren und zu ihnen hingehen?«

»Bei Ihnen liegt irgendein Mißverständnis vor«, sagte Frau Dr. Burmeister. »In der Sowjetunion gibt es keine *besprizorni.*«

»Wir haben sie aber gesehen«, beharrte der Bulgare, »Sie doch auch!«

»Nein«, entgegnete Frau Dr. Burmeister. »Ich sah keine *besprizorni,* aus dem einfachen Grund, weil es gar keine *besprizorni* in der Sowjetunion gibt« – erneut nannte sie Tag, Jahr und Nummer des Parteitags, auf dem verkündet worden war, daß solche Kinder nicht mehr existierten.

Um jene Zeit (1937–1938) war die Sowjetunion so weit in der Industrialisierung fortgeschritten – was als Wunder bezeichnet werden konnte –, daß man damit begonnen hatte, allerlei Lichtmessungs- und Präzisionsgeräte zu produzieren; unter anderem war auch die Produktion von Fotoapparaten aufgenommen worden. Der Bulgare hatte ebenso wie ich irgendwelche unverdienten Autorenhonorare erhalten und sie für einen russischen Fotoapparat ausgegeben. Damals – und selbst heute noch – waren die Russen gegenüber Fotoapparaten in den Händen von Ausländern ungeheuer mißtrauisch; nicht selten wurden Fremde beschimpft, wenn sie dabei beobachtet wurden, daß sie diese verdächtigen Apparate vors Auge hielten, sie wurden sogar von den Menschen umzingelt, und man brachte sie als potentielle Spione auf die Polizeistation.

Jeder abgeknipste Film mußte ausnahmslos vor Verlassen des Landes der Polizei zur Untersuchung ausgehändigt werden. Viele häufig wiederkehrende Gäste und Freunde der Russen gewöhnten sich schließlich das Fotografieren ab, als sie merkten, wie sehr es den Russen ein Dorn im Auge war. Ich dagegen habe selten einen so fanatischen Fotografen wie diesen bulgarischen Schriftsteller erlebt. Tagaus, tagein mußten Frau Dr. Burmeister und Apletin sich wegen seines

Knipswahns in Auseinandersetzungen mit den Bürgern und der Polizei abmühen und den Leuten verständlich zu machen versuchen, daß er kein kapitalistischer Spion, sondern ein ungeheuer progressiver Mann, ja sogar ein linientreuer Kommunist sei. Noch dazu mußten unsere Reisebegleiter manchen zusätzlichen Weg auf sich nehmen, um für ihn Filme heranzuschaffen, die man noch nicht wie in den westlichen Ländern an jedem Kiosk kaufen konnte. Er schoß bestimmt einige hundert, wenn nicht einige tausend Fotos. Dennoch ist er, alles in allem genommen, kein verdammter Spion gewesen! Allerdings hätte es mich nicht verwundert, wenn die Stalinisten ihn im Rahmen jener großen Säuberungswelle, die schon damals begann, trotzdem verdächtigt hätten. Als ich ihn einige Zeit später in Moskau wiedertraf, fragte ich ihn, ob er nicht eines der Bilder entbehren könne, um es mir zur Erinnerung an unsere Kaukasus-Reise zu schenken.

»Da ist einiges schiefgegangen«, entgegnete der Bulgare. »Von all den Aufnahmen, die ich auf der Reise gemacht habe, ist nicht eine einzige etwas geworden. Es scheint irgend ein Defekt am Apparat zu sein, ich muß ihn wohl reparieren lassen.«

Dshambul, Stalins Lieblingsdichter

In Rußland gibt es noch starke Überreste jenes Glaubens, der in all den Völkern tief verwurzelt ist, bei denen die Allgemeinheit früher wenig Ahnung von Literatur besaß, daß nämlich der Dichter eine Art Schamane sei. Stalin, der diesem Glauben (ebenso wie die meisten Analphabeten) anhing, hat den Schriftsteller einmal als Seelenschmied bezeichnet. Er stammte aus einem typischen griechisch-orthodoxen mittelalterlichen Nest im Kaukasus und beschäftigte sich in seiner Jugend ausschließlich mit theologischen Studien; letztlich hat ihm vorgeschwebt, den Marxismus zu einem ähnlichen abgeschlossenen Glaubenssystem zu machen wie die traditionelle zaristische Orthodoxie. Sein Traum war es, Schriftsteller, nachdem man sie dem Apparat einverleibt hätte, in Popen zu verwandeln, doch jegliche Dichtung zu verbieten, die nicht das Reglement der Regierenden und die Ideen des Diktators erläuterte. Stalin war in seiner Denkweise dennoch in mancher Hinsicht Zentralafrika näher als dem Mittelalter. Die Vorstellung der Wilden ist, daß der Medizinmann eines Stammes, der die Schriftzeichen beherrscht, mehr wisse, als Ohr und Auge zugänglich ist; er könne noch nicht Geschehenes voraussehen, Kühe heilen, Unwetter verhindern, die Wahrheit verkünden, Glas kauen, Gewehrkugeln verschlingen, einen Fall vor dem Richter zum Sieg führen, und er sei in seiner Lebensweise so heilig, daß die Allgemeinheit ihn sich zum Vorbild nehmen müßte. Derselben Art waren die ›marxistischen‹ Vorstellungen von Schriftstellern, die Stalin den Russen einprägen wollte, und man stößt heute noch weit und breit in Ländern, die unter dem Einfluß des Stalinismus stehen, auf die gleichen Ansichten.

Zu dieser Gruppe vielbeschäftigter Seelenschmiede, die unter dem Bilde des bärtigen deutsch-jüdischen Propheten aus Trier versammelt waren, gehörte ein Mann, der meine ganze Aufmerksamkeit auf sich zog, der Dichterveteran Dshambul aus den Salzsteppen Kasachstans.

Man nahm von ihm an, daß er im Februar 1846 unweit von Alma Ata in einem Jurtu geboren worden sei, wie dort die Zeltlager der Häuptlinge in der Wüste heißen. Es fehlte ihm nur ein Monat zum 92. Lebensjahr, als ich ihn in Tiflis kennenlernte: ein lederhäutiger Alter von niedrigem Wuchs, breitgesichtig, mit hohen Backenknochen, rotäugig vor Bejahrtheit, sonst gut beisammen. Alltags trug er einen rotbraunen Kaftan, hohe Stiefel und einen großen Fez aus Pelz, den er auch in geschlossenen Räumen nie abnahm. Wenn er sich aber selbst einen Festtag bereitete und zu dichten anfing, wobei er gleichzeitig seine ›Dombra‹ schlug, die mit zwei Saiten bespannte Laute der Salzsteppe, warf er sich einen prachtvollen violetten Seidenkaftan über. Er hatte eine Gruppe unbedeutender Dichter aus seiner Heimat um sich geschart, die ihn verehrten, ihm aber auch als Dolmetscher dienten, denn er war des Russischen nicht mächtig. Am liebsten dichtete er spontan vor großen Menschenmengen, wobei seine Jünger mitschreiben mußten, damit die Gedichte für alle Ewigkeit festgehalten würden. In meiner Anwesenheit schuf er eine Meisterballade zum Lobe Rustavelis des Grusiniers, dessen Gedenken dieser Kongreß gewidmet war. Selten waren die kulturellen Beziehungen zwischen Kasachstan und Island so gut wie an jenem Tag: Das Gedicht wurde ins Isländische übertragen, während es noch verfaßt wurde, oder auf jeden Fall am selben Tag. Alles geschah vor vollbesetztem Haus. Zum Dichten stieg er nicht aufs Rednerpodium, sondern saß mitten unter seinen Gefolgsleuten im Saal. Die Dombra hatte, wie gesagt, nur zwei Saiten, allerdings die Saiten, die ein Instrument ausmachen, auch wenn die anderen fehlen: die Saite der Freude und die der Trauer, entsprechend einem deutschen Vers, den wir in Island in unserer Jugend lernten: »Unser Herz ist eine Harfe, eine Harfe mit zwei Saiten«.

Das Gedicht aus Tiflis ist in dem Band mit Dshambuls Gedichten jenes Winters, der in Moskau im folgenden Frühjahr erschien, nicht enthalten. Obwohl er mit einem Gebet und Lobgesang auf Stalin schließt, kann es sein, daß die Zensur in manchem, was in dem Band verschlüsselt angesprochen wird, zuviel Nationalismus der östlichen Trabantenvölker aufzuspüren glaubte. Noch im zehnten Jahrzehnt fährt ein Gedicht fort, Blüten zu tragen; die Volksweise kennt kein Altern, nie vergißt das Volk seinen Volksschatz, ein wohlgereimtes Gedicht stirbt nie, Gedicht und Herz wohnen glücklich beisammen als Freunde.

Wenn ich meine Übersetzung des Gedichts noch einmal lese, wirkt sie wie Prosa. Das rührt daher, daß es mir unmöglich war, herauszufinden, welche Rhythmen und Versmaße der Alte verwendete. Das Gedicht wurde für mich in aller Eile von zwei Dolmetschern übertragen, einmal ins Russische und zum anderen ins Deutsche. Die russische Fassung wurde mündlich in Simultanübersetzung aus dem Kasachstanischen erstellt, von dem es heißt, es sei türkischen Ursprungs; die deutsche Version entstand ihrerseits ebenfalls mündlich aus dem Russischen, und so existieren meines Wissens keine Niederschriften des Gedichts außer auf Kasachstanisch und Isländisch. Im Grunde gehört Dichtung wie diese zur Volkskunde, wie beispielsweise auch die isländische Saga von der Teufelsflöte in mündlicher Überlieferung aus dem Orient nach Island gelangt sein soll.

In dem russischen Gedichtband von Dshambul, den ich vor mir liegen habe, sind seine Gedichte in bläßlichen europäischen Formen übersetzt worden, oft in Zwei- oder Vierzeilern, und nur ganz selten in Balladenform, von der ich mir vorstellen könnte, daß sie dem Stil des Alten am nächsten käme, indem er seine Gedichte an Ort und Stelle verfaßte und vortrug; er war des Schreibens so wenig mächtig wie der Verfasser der altisländischen »Völupá«. Die russischen Fassungen seiner Gedichte besitzen einen Endreim, aber ich weiß nicht mehr, ob das im Original auch so war; die Übersetzer legen im Vorwort weniger Wert darauf, ausführlich über solche ›Nebensachen‹ zu sprechen, als vielmehr zu schildern, wann der Dichter die erste Audienz bei Stalin bekam und dergleichen.

Dshambul war wie viele einfache Menschen: Man brauchte nur auf einen Knopf zu drücken, dann kamen Gedichte. Wenn man ihm den Seidenkaftan überstülpte, ihm die Dombra in die Hände legte und irgend etwas sagte, was ihn in gute Laune versetzte, so entschlüpfte ihm ein Gedicht, erst zögernd und unzusammenhängend, aber ehe man sich's versah, war er in Schwung geraten und fuhr solange fort, bis ihm nichts mehr einfiel. Dann schloß er alles mit Lobgesang und Gebet für Stalin ab. Dshambuls Dichtung ist ihrem Wesen nach künstlerisch rein und vollendet, kristallklar wie Wasser, das vom Felsen tropft, nie nebulos oder geschwätzig. Die meisten Dichter scheinen mit einem Privatfundus von poetischen Bildern auf die Welt gekommen zu sein, die sich bei ihnen ständig und nur mit unwesentlichen Abwandlungen wiederholen. So verhält es sich auch mit Dshambul: »Die Hufschläge eines Jahrhunderts sind schnell vorbeigeklungen; die Gedichte der Salzsteppe suchen mich immer noch auf. – Hundert Jahre zu Pferde sind schnell vorbeigeritten, die Hanfwurzel brennt in der Mittagshitze, und ich, der Dichter Dshambul, darf nicht singen. (Hier gedenkt er früherer Zeiten unter dem Zaren. H. L.). – Die Jahrhunderte reiten auf ihren Vollblütern vorbei; weglos kriecht die Karawane vorwärts im gelben Sand der Wüste. Das Gewitter ist vorüber; der Sand schart sich in Mulden, und das Gedicht des Sängers bleibt draußen im wirbelnden Sand.«

Sie ließen diesen wunderbaren ›Wilden‹ in den Jahren 1936–38 einen ganzen Psalter über Stalin verfassen, einen quasi Panegyrikus auf die großen Säuberungen. Dieser Gedichtband ist eines der schönsten Exemplare eines russischen Buches, die ich besitze, eine wahre Prachtausgabe. Ich habe nichts an ihm auszusetzen, außer daß der Rücken aus Eisen ist, eine Art Symbol für Stalin; doch Eisen rostet. Keinem Dichter, der Stalin bedichtet hat, ist es so gut gegangen wie Dshambul, und keiner nahm ein besseres Ende. Nach Lektüre dieser Psalmen auf 160 eng bedruckten Buchseiten kann man Stalin lieben lernen wie einen vermenschlichten Gott. »Stalin – Du Sonne unserer Tage«, singt er in seinen Dankversen für den Stalin-Orden, dem ersten Gedicht im Buch. Und wenn auch nur diese eine Eigenart an Stalin gewesen wäre, daß er befahl, solche Psalmen über sich selbst drukken zu lassen, so genügt dies vollkommen, ihn als Unikum unter anderen Menschen erscheinen zu lassen und ihn diesen unverständlich zu machen. Dshambuls Verse sind Lobgesänge auf den Stifter aller guten Dinge, auf Stalin, den Atemspender des Lebens, auf die Sonne Stalin: »Ich stand vor ihm, meiner Sonne... Stalin, die Frühjahrssonne selbst, das bist Du... Stalin, Du läßt Deine Augen wandern, und wie unter einem warmen Sonnenstrahl erhebt sich die Kornähre auf dem Acker, die Blume entfaltet sich.«

Viele dieser Hymnen sind so vorzügliche Dichtung, daß ich die Behauptung wagen möchte, daß kein anderer Dichter in der Sowjetunion wie auch anderswo zu jener Zeit diesem ›Wilden‹ das Wasser reichen konnte.

Manchmal ließen sie den Alten über die intimsten Satrapen Stalins dichten. Es machte ihm keine Mühe, eine Eloge von 156 Versen auf Jeschow aus dem Ärmel zu schütteln, den Leiter der Geheimpolizei, den Stalin kurz darauf erschießen ließ, wie er das mit allen seinen Polizeichefs zu tun pflegte; er ließ es sich nicht nehmen, auf General Woroschilow eine Lobeshymne von zwanzig Seiten Länge zu verfassen, mit 26 Verszeilen pro Seite; er besang jedes der Gesetze, die Stalin schuf, und selbst ein so trockenes Motiv, wie es die »Prawda« ist, war Anlaß für tiefempfundene Verse.

Selbst in der Übersetzung in eine vom Kasachstanischen so weit entfernte Sprache, wie es Russisch sein muß, bleibt die Ursprünglichkeit aus des Dichters ›Dombra‹ spürbar; nie ein Gähnen, Leben in jedem Ton; in den Augen des Dichters wacht ein Glanz vom fernen Osten, der nie von Unechtem überschattet ist. Ich bin im Russischen gerade versiert genug, um die kargen russischen Übersetzungen verstehen zu können, Worte wie »Sonne« und »Ähre« und ihre Verknüpfungen. Solche einfachen Bilder kann man nicht umbringen, wie schlecht sie auch übersetzt sein mögen.

Es gab eine Zeit, da dies für Moskau genau die ›richtige‹

Dichtkunst war. Heute lachen mich meine russischen Bekannten aus und sagen, es sei beinahe Formalismus, Dshambul, den Lieblingsdichter Stalins, so zu loben, wie ich es täte. Ich antwortete ohne Scham: Dshambul war ein wundersamer, unvergleichlicher Poet.

In den letzten Jahren ist es mir nicht gelungen, auch nur einen Buchstaben von Dshambul im Osten zu beschaffen. Besonders gelüstet es mich, die Gedichte zu lesen, die der Poet in den ersten neunzig Jahren seines Lebens verfaßte, ehe er die ›Große Sonne‹ entdeckte. Möglicherweise ist ihnen außerhalb der Salzwüsten noch nicht die gebührende Aufmerksamkeit geschenkt worden.

Theaterleben in Moskau

Nachdem ich in der zweiten Januarhälfte des Jahres 1938 in Moskau angekommen war, hatte ich das Gefühl, daß es an der Zeit sei, meinen Urlaub allmählich zu beenden und meine Sachen zu packen. Aber davon wollten meine Gastgeber nichts hören. Apletin meinte, ich müsse unbedingt noch eine ›Vergnügungsreise‹ nach der Krim machen. Meine Abreise verzögerte sich also, und ich genoß noch einige Wochen Moskaus Gastfreundschaft. Wenn sich die geringste Gelegenheit dazu fand, versuchte ich, am zweiten Teil von »Weltlicht« zu arbeiten, an dem ich seit dem Frühherbst 37 bastelte. Die Abende verbrachte ich beinahe ausnahmslos in Musiktheatern und Konzertsälen und verliebte mich in einige russische Opern des vorigen Jahrhunderts, wobei »Eugen Onegin« von Tschaikowski mein besonderer Favorit wurde. Mit Puschkins epischem Gedicht habe ich mich immer wieder befaßt; es offenbart so vieles über das russische Menschenleben, Leidenschaft, Verbrechen und Trauer.

Meiner Meinung nach verhält es sich mit Puschkin wie mit unserem Dichter Jónas Hallgrimsson: Er braucht bloß zu atmen, zu flüstern, ein paar einfache Worte hinzuzusetzen, und im selben Augenblick ist es schon, als beginne eine Saite in der Brust des Lauschenden zu zittern.

Der Naturalismus des russischen Bühnenbilds war von der Art, die die Schweden »Busktheater« nennen; all die Schreinerarbeit, die damit verbunden war und die die Phantasie des Zuschauers ignorierte, beeindruckte mich in keiner Weise. Die Russen nennen das Realismus und sind ihm so verfallen, daß sie zum Beispiel in manchen ihrer Kinderopern reitende Jäger auf galoppierenden Pferden auftreten lassen. Bei uns würde man eher meinen, daß Pferde aus Holz oder Pappmaché theatergerechter seien oder gar einfache Besenstiele – letzteres ist mir von einer ausgezeichnet inszenierten Shakespeare-Komödie in Erinnerung geblieben, die ich in Skandinavien gesehen habe, ich glaube, es war »Der Widerspenstigen Zähmung«. Jedenfalls hätte eine Ausstattung, die etwas mehr der kindlichen Einbildungskraft vertraute, der Opernform einer aus der Epoche der Leibeigenschaft stammenden Kindergeschichte wie zum Beispiel »Dornröschen« besser gedient. An all den Grimmschen Märchen in Oper und Ballett der Moskauer Theater hatte ich mich bald sattgesehen: Bühnen als ins Gigantische gewachsene Seiten aus Bilderbüchern für Kinder. Seltsam, daß die Russen von halb orientalischen Schlössern, Schloßgärten und dicken Mauern, die Königspaläste umschließen, nie genug bekommen können. Das Bühnenbild dieser Kindergeschichten ist erfüllt von Kostümpracht und Flitterglanz in allerlei schreienden Farben. Die Russen scheinen auch besonders eine pathetische Heraldik zu lieben, die sie mit allem Pomp eines Nationalfestes zelebrieren. Chöre und Solisten dieser Darbietungen wollten einem oft das Trommelfell zerreißen. Ich kam manchmal mit einem solchen Ohrensausen aus »Boris Godunow« oder »Fürst Igor« heim, wie man es von Wagneropern, Jam Sessions oder der Besichtigung einer Schiffswerft davonträgt.

Die Tanzkunst stand zumeist auf sehr hohem Niveau. Die Russen sind wohl nie so arm gewesen, daß sie nicht dennoch das beste Ballett der Welt gehabt hätten. Waschechte russische Ballerinen sind wahrhaftige Tempelgöttinnen, die Anbetung und Andacht des Zuschauers wachrufen. Wenn aber ihre Seele über diese sakrale Kraft Rußlands nicht verfügt – die Weltkönigin des Tanzes, die Ulanowa, ist die Inkarnation dieser Kraft –, dann können sie schon manchmal auf uns Westler, die gewohnt sind, daß sich alles auf »Sex« reimt, ein wenig geschlechtslos wirken. Die gute alte Einstellung der Russen wie so vieler anderer Bauernvölker ist, daß »Sex« nur zum Kinderzeugen diene. Desto größer ist das Wunder, daß jene Dichtung über Eugen Onegin, den Frauenverführer mit Zylinder, zur Lieblingslektüre der Russen wurde – bei den Anhängern Lenins nicht weniger beliebt als bei den Untertanen des Zaren. Instinktiv spürten sie wohl, daß der Poet, der über diesen jungen Mann schrieb, keinem anderen gleicht.

Meine Bewunderung für das Talent und die präzise Arbeitsweise der russischen Schauspieler ist immer gleich hoch geblieben, obwohl ihre Dramaturgie, benannt nach dem Meister Stanislawski, einen starken Beigeschmack von neunzehntem Jahrhundert hat und sich kaum mit den dramatischen Formen und szenischen Ideen der Gegenwart verträgt. Der Avantgardist der Gegenwart im Drama, Brecht, ist, unverdünnt und unverfälscht, im Rahmen einer russischen Regie nicht vorstellbar. Die Russen haben ja alles, was nur möglich war, getan, diesen Hauptdramatiker des Weltkommunismus umgehen zu können, Stalin und seiner Kreatur Schdanow gelang es vollends, jegliches freie Kunstschaffen in Rußland abzuwürgen, in manchen Kunstgattungen kamen ihre Anweisungen einem absoluten Kunst*verbot* gleich, wie zum Beispiel in der Malerei. Diese beiden Herren bevorzugten Bilder von Generälen und Staatsoberhäuptern in der Farbe blühender Obstgärten oder von Arbeitern in steifen, festgefrorenen Heldenposen. Sie machten aus dem Begriff »Formalismus« ein Schimpfwort, das auf alles, was sie in der Kunst nicht mochten (und das war nicht wenig), angewandt wurde. Weder der eine noch der andere hatte einen künstlerischen Nerv im Leibe. Diese beiden Obskurantisten, Freunde der Finsternis, Dunkel- oder Nebelmänner, wie wir Isländer solche Leute nennen, wollten das Kunstschaffen eines der begabtesten Völker der Welt demselben provinziellen Dogma unterwerfen, in das sie den Kommunismus verwandelt hatten. Daher hat es in den vielen Jahren seit der Revolution in Rußland nicht ein einziges Theaterstück gegeben, das die Aufmerksamkeit der Welt geweckt hätte. Im Vergleich mit allen anderen Kunstgattungen ist das dramatische Schaffen am armseligsten und wehrlosesten, wo künstlerische Freiheit abgeschafft worden ist.

Wenn die Russen Tschechow spielten, der von allen russischen Dramatikern unserer Zeit am nächsten steht, erweist sich, welch unwiderstehliches Theatertalent diese begabte Nation besitzt; es würde sich schnell entfalten, wenn ein modernes Drama und entsprechende Theater existieren dürften, und selbstverständlich und vor allem, wenn der Kunst die Fesseln genommen würden. Immer wieder taucht die Hoffnung auf, daß ein Tauwetter käme, das diese Talente aus ihrer Einengung befreit, die Reste der Inquisition zertrümmert und die Zensur hinwegfegt. Die Zensur war das wertvollste Kronjuwel, das Stalin vom Zaren erbte und das er über alle anderen Erbschaften stellte. An dem Tag, an dem in Rußland der Kunst die Schaffensfreiheit wiedergegeben wird, werden einige hier im Westen, die ihre Freiheit nur zur Wortklauberei mißbrauchen, feststellen müssen, daß es für sie an der Zeit ist, ihre Pfeifen in den Sack zu stecken.

Von den Theatereindrücken jenes Winters in Moskau blieb

mir der des Jiddischen Theaters in nachhaltigster Erinnerung, denn dort sah ich Salomon Michoëls als König Lear. Ich bin auch heute noch der Meinung, daß Michoëls zu den größten Schauspielern unserer Zeit gehört, seine Darstellung des König Lear gilt als die Krönung seiner Kunst.

Meine Kenntnisse von Professor Michoëls Lebenslauf sind nicht bedeutend, es dürfte auch wenig über ihn in russischen Nachschlagewerken stehen. Das eine weiß ich mit Gewißheit, daß er ein großer Jude war, ein großer Kommunist und ein großer Künstler. Als Schauspieler hatte er ein ungeheures Einfühlungsvermögen für klassische Texte, was sich am deutlichsten zeigte, als er diese doch bereits so oft interpretierte Shakespearerolle derart einfach, menschlich und überzeugend neu gestaltete. Die majestätische Unseligkeit der Leiden Lears erhielt einen Anschein von Passion, der so selten ist und den Zuschauer dermaßen erschütterte, daß er danach nicht mehr derselbe Mensch sein konnte. Seine Darstellung des König Lear verfolgt mich in ähnlicher Weise wie ein Bild von El Greco, das in Budapest hängt; es zeigt, wie ein Engel dem Erlöser den Kelch entgegenreicht.

Eines darf ich nicht unerwähnt lassen, was stark dazu beitrug, daß ich im Jiddischen Theater in Moskau über König Lears Leiden so erschüttert war: das jüdische Deutsch, eben das Jiddische, das sich mir jetzt erst erschloß. Aus dem Munde jener Juden 1938 in Moskau konnte man immer noch ein Deutsch vernehmen, das die heilige Glut des Ursprungs besaß: einen Klang aus der Frühzeit der deutschen Sprache und zugleich den Hauch einer einfachen natürlichen Volkssprache, die jedoch, in solcher Verhüllung, schwer zu lokalisieren war, da sie ja keinen Bauerndialekt darstellte, sondern die Ausgereiftheit einer vollgültigen Literatursprache in sich trug, eine Eigenschaft, die meines Wissens keine deutsche Mundart besitzt. Wer könnte sich »König Lear« auf sächsisch, schwyzerdütsch oder gar auf wienerisch vorstellen? Von den dem Deutschen verwandten Sprachen hat allein Neudänisch eine relative Vervollkommnung als Bildungssprache erreicht. Dem Dänischen ist es gelungen, die plattdeutsche Alltäglichkeit und die hochdeutsche Umständlichkeit abzuschütteln. Schlagartig wurde mir bewußt, daß es kein Zufall ist, daß der Jude Heine alle überragt, die auf deutsch Gedichte geschrieben haben. Übrigens ist Jiddisch ein unvermengtes Mittelhochdeutsch, das sich zusätzlich mit blumigen Girlanden aus den slawischen Sprachen und aus dem Hebräischen geschmückt hat.

Es war allerdings kaum zu erwarten, daß Stalin, geschweige seine Schleppenträger, ein Gespür für Kostbarkeiten solcher Art gehabt hätten, und dementsprechend war auch sein Verhalten gegenüber jiddisch sprechenden Intellektuellen. Es ist hier weder der Ort noch die Zeit, dies weiter zu erörtern, ich habe es nur deswegen berührt, weil ein Künstler dieser Sprache mich mehr zu begeistern vermochte als die meisten anderen. Deshalb konnte ich es auch nicht unterlassen, mich später nach seinem Schicksal zu erkundigen. Obwohl in der westlichen Welt die Liquidierung des Jiddischen Theaters in Moskau und die Ausrottung unzähliger jüdischer Schriftsteller in den letzten Herrschaftstagen der »Großen Sonne« Stalin bis in alle Einzelheiten bekannt geworden sind, gehören diese Aktionen zu den vielen Untaten Stalins, von denen niemand in der Sowjetunion etwas gehört haben wollte, bis die Rede Chruschtschows auf dem Zwanzigsten Parteitag 1956 Aufklärung darüber brachte. Bis zu diesem Zeitpunkt wurde jeder als Arbeiterverräter oder Faschist gebrandmarkt, der solchen Gerüchten Glauben schenkte.

In den Jahren 1948 bis 1952 eskalierte die Verfolgung der Sowjetjuden und näherte sich um die Zeit, als Stalin starb, mit der »Ärzteaffäre« ihrem Höhepunkt. Es ist den Freunden des russischen Volkes eine unsagbare Erleichterung, zu erfahren, daß man heute eine Änderung in die Wege zu leiten oder wenigstens weitere Katastrophen zu verhindern versucht. Doch die fünfundzwanzig jüdischen Schriftsteller, zum großen Teil aus Konzentrationslagern geholt, die man 1952 von einem Femegericht zum Tode verurteilen und hinrichten ließ – sie sind nicht mehr zum Leben zu erwecken. Auch nicht Salomon Michoëls, den man im Januar 1948 unter fadenscheinigen Täuschungsmanövern nach Minsk lockte und den man dann dort tot unter freiem Himmel fand (»Ein tragischer Unglücksfall«). Süßmann, sein Hofnarr in »König Lear«, gleichfalls ein unvergeßlicher Künstler, wurde um dieselbe Zeit erschossen wie die fünfundzwanzig Schriftsteller. Berichte von Augenzeugen dieser Hinrichtung sind erhalten. Die Namen von so berühmten Schriftstellern wie Bergelson, Markisch, Fefer und Kusnerow hat man gar nicht aus den sowjetischen Nachschlagewerken auszuradieren versucht, obwohl man darin bis zum heutigen Tage nichts über ihre Todesursache erfahren kann. Es ist zu hoffen, daß all diese Männer offiziell die Wiederherstellung ihrer Ehre erlangen werden, wie es Tuchatschewskij und teilweise auch Bucharin geschah, als sie lange genug im Grabe gelegen hatten.

Es wird wohl nie erschöpfend zu beschreiben sein, was für ein seltsamer Mensch Stalin gewesen ist, von welcher bizarren Skurrilität, wenn man jegliche moralische Entrüstung ausklammern könnte – er muß eine Art Zyklop gewesen sein. Vielsagend genug dafür, wie wenig ihn die Weltgeschehnisse berührten, erscheint die Tatsache, daß nach dem Krieg, nach dem schändlichen Werk, das Hitler in den Gasöfen vollbracht hatte, in denen er allen Juden der Welt ihre Ruhestätte zugedacht hatte, daß just da auf einmal auch der alte Stalin meinte, es sei jetzt der Augenblick für ihn gekommen, gleichfalls in dieser Sache die Ärmel hochzukrempeln, und das nicht zu zimperlich. Er ließ sich wie immer Zeit; es sah beinahe so aus, als würde er eine neue Erfindung ausprobieren, die die Welt bis jetzt noch nicht gekannt hätte. Stalin gab Befehl, alle jüdischen Persönlichkeiten von Rang und Namen zu jagen und aufzutreiben, wo man sie auch fände, und in Lager zu stecken. Professor Michoëls ging bei einem Fest im Kreml 1948 zu dem Diktator, der bei fröhlichster Laune war, und bat ihn, seine Stammesgenossen, Akademiker und Künstler, die bereits in Gefangenenlagern steckten, zu verschonen; Stalin erwiderte, solche Fürbitten seien leeres Gefasel, und fügte hinzu: »Diese Tendenz (nämlich die Ausrottung der Juden) liegt heutzutage in der Luft.« Nicht allzulange nach diesem Fest fand man Michoëls, wie schon erwähnt, samt seinem Begleiter tot außerhalb von Minsk, wohin er wegen einer nichtigen Angelegenheit gelockt worden war. Man sagt, es sei ein unabänderliches Prinzip Stalins gewesen, wenn A mit einer Fürbitte wegen B zu ihm kam, unweigerlich A zuerst umbringen zu lassen.

Michoëls war ein gläubiger, loyaler und linientreuer Kommunist gewesen. Nach dem Krieg hatte man ihn in Amerika gefragt, ob in der Sowjetunion bekannt wäre, daß es dort Judenverfolgungen gäbe. Er antwortete ohne Umschweife: »Gemäß unserer Verfassung sind Judenverfolgungen verboten.«

Übrigens muß es für Kommunistenhasser in der ganzen Welt eine große Genugtuung gewesen sein und sie eigentlich für Stalin ungemein eingenommen haben, daß er in seiner ganzen Laufbahn ausnahmslos Kommunisten liquidieren ließ. Folgerichtig hat er wahrscheinlich mehr Kommunisten oder wenigstens Kommunistenführer ›erledigt‹ als irgend jemand anders. Chruschtschows Schilderungen zufolge hat er die gesamte Führung der KPDSU, sofern sie etwas taugte, ausradiert. Er ließ die Blüte der Heerführer der Roten Armee niedermähen, einmal nach einem gerichtlichen Vorspiel, ein andermal jenseits von Gesetz und Ordnung. Der Welt ist bekannt geworden, wie er die kommunistischen Führer Polens nach dem Krieg zu großen Feierlichkeiten einlud und sie dann ohne Umstände bei der Ankunft verhaften und schnellstens erschießen ließ. Stalin war von Natur aus ein mißtrauischer Mensch und gegenüber seinen Freunden noch mißtrauischer als gegenüber seinen Feinden. Kommunisten traute er nie. In seinem Lebenslauf dürfte kaum jemand zu finden sein, dem er Vertrauen schenkte. Nur einen gab es, und zu dem hatte er gleich blindes Vertrauen: Adolf Hitler. Stalin wies es als lächerliche Absurdität, der man keinerlei Beachtung zu schenken habe, von sich, als ihm der Geheimdienst der Sowjetunion von einer geplanten deutschen Invasion berichtete, die von seinem Verbündeten im Frühjahr 1941 vorbereitet wurde. Die Spione der Westmächte hatten Papiere des deutschen Generalstabs in die Hände bekommen, aus denen die genauen Pläne für den Einmarsch in Rußland schwarz auf weiß zu ersehen waren. Wohlgemerkt: ein autorisiertes Dokument mit Ort- und Zeitangaben! Stalin betrachtete diese Berichte als Hirngespinste und rührte keinen Finger zu Gegenmaßnahmen. Infolgedessen stand Rußland nackt und ungeschützt der deutschen Heeresmacht gegenüber. Alle, die meines Wissens über diese Angelegenheit geschrieben haben, sehen in diesem maßlosen Vertrauen Stalins zu Hitler eines der großen Rätsel der Welt. Mir jedoch scheint dieses Vertrauen nicht weniger marxistisch oder griechisch-orthodox als alles andere in Stalins Charakterbild. Stalin wurde geboren und erzogen in der heiligen Weisheit der Ostkirche, die er dann gegen die deutsche Philosophie eintauschte. Und deutsche Philosophie ist ja bekanntlich unfehlbar, oder sie ist gar keine. Es fällt nicht leicht, eine Lehre zu nennen, die in Ursprung, Denkweise, Bildung und Stil deutscher wäre als die marxistische Gesellschaftsphilosophie. Der Nationalsozialismus ist, wie auch der Stalinismus, undenkbar ohne Marx. Es war kein Zufall, daß diese zwei sich verbündeten, aber es war Hitler, der in diesem Pakt versagte. Es ist von nicht geringer Komik für mich, wenn heute das fernöstliche China verkündet, daß keiner die deutsche Philosophie besser ergründen könne als die Chinesen!

Stalin war der Ansicht, daß die Juden ihm nicht hundertprozentig treu sein könnten, da sie an einen wahren Gott glaubten und eine tausendjährige Tradition besaßen, die sich unter anderem darin äußert, daß sie zu Ostern klebriges Brot verzehren. Um an sie heranzukommen, ohne sie Juden nennen zu müssen, ließ er die Bezeichnungen ›Internationalisten‹ und ›Kosmopoliten‹ erfinden, die so ausgeklügelt waren, daß die Juden ihnen wie von selbst entsprachen. Sogar intelligente und wohlwollende Sowjetbürger unter meinen Bekannten kauten alles über ›die Gefahr, die von den Internationalisten droht‹ nach, ohne eine Ahnung zu haben, was für eine Fliege ihnen da in den Kopf gesetzt worden war – eine Lehre zur Rechtfertigung von neuen Judenverfolgungen. Es braucht nicht betont zu werden, daß gemäß diesen Formulierungen außer Juden keine anderen ›Internationalisten‹ in der Sowjetunion auffindbar waren. Das Jiddische Theater, die jiddische Sprache, mein Lieblingsschauspieler Michoëls sowie die fünfundzwanzig sowjetischen Schriftsteller jüdischer Herkunft – alles fiel unter diese vorzügliche Definition. Ilja Ehrenburg, der jüdischer Abstammung war, hat geschrieben, daß es nur einem glücklichen Zufall zu verdanken sei, daß er überlebte. Dieses ganze Volksreinigungswerk stand damals aber erst am Anfang, und wenn der Schöpfer der »Großen Sonne« Stalin noch länger zu scheinen erlaubt hätte, so hätten sich gewisse Leute später wohl nicht mehr über Ehrenburg ärgern müssen. Die berüchtigte »Ärzteaffäre« hatte ihren Höhepunkt erreicht und man kann ohne Übertreibung sagen, daß die Hinrichtungskommandos in den Gefängnishöfen schon warteten, bereit, die Ärzte zu erschießen, als die »Große Sonne« am Himmelszelt durch Gottes Milde im März 1953 erlosch.

Spanferkelessen in Gori

»Das russische Wunder« ist spürbar parteiisch, eingenommen vom russischen Sozialismus. Mein Buch dieses Titels hatte sich mit dem Paradoxon herumzuschlagen, daß in keinem Land, das der Autor bis dahin kennengelernt hatte, die Armut so allgemein war und daher entsprechend schreiend, wie in dem Staat, der doch begründet war auf einer deutschen Theorie gegen das Elend und auf der Grundlage einer Revolution armer Leute gegen die Macht reicher.

Obwohl Europa zu dieser Zeit mit schweren politischen Krisen und grausamen sozialen Übeln wie der Arbeitslosigkeit zu kämpfen hatte, war der Unterschied der allgemeinen Verhältnisse im Osten und im Westen doch derart, daß der Verfasser von »Das russische Wunder« an bestimmten Orten in diesem gelobten Land des Sozialismus – wie zum Beispiel in jenem Kaukasien, das so, wie es aus des Schöpfers Hand kam, eines der wundersamsten Paradiese dieser Erde ist – doch nicht anders konnte als einzuräumen: »Hier ist die Hölle des Lumpenproletariats«. Mitten in dieser schreienden Armut und Entbehrung, die Stalin und seine Gefolgsleute wie besessen als Sozialismus ausgaben, sieht sich der Verfasser bei aller Sympathie für die Grundprinzipien des Systems genötigt, eine Bemerkung wie diese zu machen: »Die wirkungsvollste Methode, den Sozialismus in der Welt zu verbreiten, wird es ohne Zweifel sein, wenn es der Sowjetregierung gelingt, binnen weniger Jahre vollständig ihre Leichtindustriepläne durchzuführen, das gesamte Land mit täglichem Überfluß zu versorgen und so viele Sowjetarbeiter wie nur möglich zu amerikanischen Lebensbedingungen leben zu lassen, alle Geschäfte mit nützlicher und auch unnützer Ware zu überfüllen, bei lächerlich niedrigen Preisen, wie in den westlichen Ländern, in denen Handel und Industrie als einigermaßen intakt angesehen werden können.

Alle Bücher über die Vorzüge des Sozialismus sind nichts, verglichen mit der Verwirklichung der geplanten Leistungen der Sowjetregierung in der Leichtindustrie.«

Diese totale Ausbreitung der Armut, die die Gesellschaft peinigte und zu Boden drückte, hielt die ganze Regierungszeit Stalins hindurch an. Wie reagierten wir ausländischen Sozialisten auf solchen Lebenszustand eines Volkes? Schien es sich doch um eine vollkommene Nichterfüllung dessen zu handeln, was Sozialisten immer erträumt hatten, um einen radikalen Gegensatz zu der Idee selbst, die sie zu Sozialisten gemacht hatte: der Idee der Sozialisierung des Wohlstandes. Wie fanden wir es, daß hier einige Leute Sozialisten waren, nur um sich bei der Obrigkeit einzuschmeicheln und der Maßregelung zu entgehen, statt aus dem einzig vertretbaren Grund der Überzeugung, daß in einem sozialistischen Staat das Menschenleben besser und freier sei als anderswo? War es nicht eine schwache Argumentation für Stalins System gegenüber den Sozialdemokraten, die einen siegreichen Kampf für das allgemeine Wohlergehen in verschiedenen Ländern gekämpft hatten, darunter in Skandinavien, daß Menschen in Rußland gerade noch dem Hungertod entgehen konnten? Es wäre den meisten schwergefallen, stärkere Argumente gegen den Sozialismus vorzubringen als das Sowjetsystem selbst, wie es unter Stalin war. War es denkbar, daß Sozialismus und Diktatur jemals identisch sein könnten; konnte man im Ernst behaupten, daß die Proletarier den Staat besäßen, weil – oder obgleich – Stalin die Führung innehatte? Und wie konnte man der Meinung sein, daß diese fanatische Tyrannei Stalins die folgerichtige Fortsetzung von Lenins Regierungspolitik sei, jenes Mannes, der in seinem Denken so weit und flexibel gewesen war, daß er nicht zögerte, einen Schritt zurück zu tun, wenn der Schritt vorwärts Lebensgefahr bedeutete, was sich am deutlichsten zeigte, als er den gezügelten Kapitalismus der NEP einführte, um den Sozialismus zu retten? Keine von diesen

Fragen konnten wir ausländischen Sozialisten zufriedenstellend beantworten, oft begnügten wir uns damit, uns Formulierungshilfen aus dem praktischen Vokabular inhaltsloser Übertreibungen zu holen, das seinen Ursprung in irgendeiner Zentrale in der Nähe der Komintern zu haben schien.

Es ist lehrreich zu beobachten, wie Stalin mit jedem Jahr mehr ein Schulbeispiel dafür wurde, wie die Macht die moralische Kraft aus den Menschen saugt, so daß ein Mann, der vollkommene Allmacht innerhalb seiner Umgebung erlangt hat, gleichzeitig gänzlich unmoralisch geworden ist. Diese Weisheit war den Sozialisten allerdings noch nicht deutlich geworden, die um jene Zeit Rußland besuchten, und sie wurde den meisten Menschen nicht deutlich – bis zum 24. August 1939, als die Welt erfuhr, daß Stalin einen Pakt mit dem Erzfeind Hitler geschlossen hatte und daß der Stalinsozialismus von nun an vereint stünde mit dem deutschen Nationalsozialismus. Es fällt mir nicht ein zu glauben, daß die Öffentlichkeit in der Sowjetunion eine Ahnung davon gehabt hätte, welcher Tumor sich in dem Hirn ihrer Gesellschaft eingenistet hatte. Es ist nun einmal so, daß der Glaube, wenn es gelingt, ihn umfassend zu machen und voll zu mobilisieren, sich stärker erweist als alle Sinne zusammen, die Vernunft eingeschlossen. Alles, was die Russen wußten, war, daß sie arm waren und daß dies eine harte Welt sei; aber die Hoffnung war groß, ihr Glaube fest, daß alles besser werden würde; es war die Überzeugung und Hoffnung desjenigen, der in Lebensgefahr ist. Der Glanz der Ideale in den Augen ist immer Gemeingut aller edlen Menschen in Rußland gewesen, seit der Revolution, und wenn er auch ein wenig ermattete, als die Zeit verstrich, so erlosch er doch nie ganz bei allen.

Es fällt mir auch nicht ein zu behaupten, daß die Leute aus dem Schriftstellerverband, mit denen ich die meiste Zeit verbrachte, wie etwa der noble Apletin, irgendein deutliches

Bild von dem gehabt hätten, was sich hinter den hymnischen, weißroten Propagandaspruchbändern abspielte, die an den Häusern befestigt wurden. Ich vergesse nicht, wie wir am Silvestertag 1937 von Tiflis wegfuhren in Richtung Gori, wo Stalin einst als Sohn eines Schusterehepaares geboren worden war. Der Geburtsort war zu Stalins Lebzeiten eine Pilgerstätte. Über der Hütte des seligen Schusters hatte man ein Prunkgebäude errichtet, das einzige menschenwürdige Bauwerk, das in diesem Elendsnest vorzeigbar war. Wir reisten zu fünft eine Stunde lang in einem überfüllten Pendelzug, in dem den Menschen die Knöpfe vom Mantel gerissen wurden, so stark war das Gedränge. Im selben Zug war auch der alte Dshambul mit seinen Jüngern, Mitpilger zu dem Ort, wo die »Große Sonne« aufgegangen war. Der Verfall und die Zerstörung aller menschlichen Behausungen war das, was vor allem ins Auge sprang; dennoch konnte man den Gedanken nicht verscheuchen, daß diese Häuser irgendwann einmal neu gewesen waren, und das mußte noch zur Zeit der Zarenherrschaft gewesen sein. Aber, wie so oft in diesen Tagen in der Sowjetunion, plötzlich gab es mitten in der Kargheit dieses Elendsnestes ein unbeschreibliches Fest, jäh, unvermittelt, so daß man nicht wußte, wie einem geschah. In dem schludrigen kleinen Hotel in Gori, wo wir mit irgendwelchen zufälligen Parteidelegierten und mit klassischen russischen ›Revisoren‹ die Silvesternacht zubringen sollten, wurde nämlich für uns ein Fest veranstaltet, wie ich es seit der ›Hungersnot‹ in der Ukraine, fünf Jahre früher, nicht erlebt hatte. Apletin war der Mann, der mir bewiesen hat, daß Heldentum in einzelnen Fällen den Fiebergrad (40°) überschreiten kann; trotz der schlimmsten Erkältung, die ich je bei einem nicht bettlägerigen Menschen erlebt habe, hatte er dieses Prachtfest aus der Ferne im Zusammenwirken mit dem Chefkoch des Hotels organisiert. Ich kapituliere vor der Unmöglichkeit, nach einem halben Menschenalter all die Köstlichkeiten und Weinsorten aufzuzählen, die ich mir in Gori einverleibt habe, aber ich kann mir nicht versagen, die Erinnerung an den Wendepunkt in meinem Leben auszugraben, der darin bestand, einem ganz jungen Spanferkel, das vor mir auf einem Tablett lag, ins Auge zu schauen! Ich begann das Mahl damit, mein Glas auf dieses außerordentlich sympathische Schweinskind zu heben. Jeder, der sich ein sehr junges Tier zu Gemüte führt, fühlt sich auf irgendeine nicht leicht erklärbare Weise den Papuas verwandt. Es ist unnötig zu betonen, daß wir es nicht dabei bewenden ließen, unsere Gläser nur auf das Ferkel zu heben; wir tranken natürlich auch auf das Wohl der »Großen Sonne«, des Bauern Stalin, des Oberschamanen, der die Zeche bezahlte, und schlossen damit, ihm ein Dankestelegramm für das Ferkel zu schicken.

Bei einem zufälligen Amüsement wie diesem in Gori mit Apletin, der Burmeister und anderen russischen Freunden schien es, sogar in jenen Tagen, als der Stalinkult seinen Gipfelpunkt erreicht hatte, als wenn alles, was dem Reisenden im alltäglichen Leben des Volkes und in der Politik dieses großen sowjetischen Völkerverbandes widersprüchlich erschienen war, am Horizont verschwände und unbedeutend würde.

Möglich, daß ein Gefühl wie dieses etwas mit religiöser Erfahrung und Erleuchtung zu tun hat, wovon manchmal mit viel Respekt in der Literatur geredet wird; viele betrachten so etwas als einen recht widerwärtigen Seelenzustand. Die Sache war die, daß ich, je näher ich die Russen kennenlernte, um so mehr von ihren menschlichen Qualitäten und von dem unbeschreiblichen Zauber angezogen wurde, über den dieses Volk verfügt. Ursprünglich war ich ohne Interesse an den Russen selbst nach Rußland gekommen, vielmehr erfüllt von im vorhinein vorhandenem Enthusiasmus und verklärenden Vorstellungen über ihr gesellschaftliches System; nachdem ich die Russen jedoch besser kennengelernt hatte, zog mich ihre Politik weniger an, doch immer mehr die

Menschen an sich. Von allen Völkern, die mir in Sprache und Kultur in vergleichbarer Weise so fern sind, haben mich die Russen am meisten bezaubert, und ich hege den Verdacht, daß sie über mehr unentwickelte Begabungen und unausgegorene Kräfte verfügen – auf den meisten Gebieten nur halb geweckt aus einem Dornröschenschlaf – als vielleicht irgendein anderes Volk heute auf der Welt.

Aus dieser warmherzigen persönlichen Verbindung heraus, die ich mit den Menschen in der Sowjetunion hatte, ist es zu erklären, daß ich es als meine liebste Pflicht ansah, alles zu tun, was in meiner geringen Macht stand, die Beziehungen zwischen dem russischen Volk und meinem zu verbessern, das Wissen von den Leistungen russischer und sowjetischer Kultur zu erweitern, von denen ich meinte, es könnte uns von Gewinn sein und Freude bereiten, sie kennenzulernen, und auf der anderen Seite das wenige zu vermitteln, das ein kleines Volk wie das meinige fähig war, an ein so riesiges Volk weiterzugeben.

Ich bin ein entschiedener Parteigänger für kulturellen Austausch zwischen diesen beiden Völkern gewesen, was im Grunde ein Votum für den Sympathiebund zwischen zwei ungleichen Kulturen bedeutet und für die Suche nach Balance zwischen zwei entgegengesetzten Standpunkten, die man manchmal Ost und West nennt, manchmal ›rechts‹ und ›links‹ usw. Aus dem Gerangel um Glaubenssätze kann nichts anderes erwachsen als Krieg, doch lösen sie sich zwischen zwei Gegnern, die sich im Namen der Menschlichkeit begegnen, in ein Nichts auf.

Menschen aus Luft

Es ist nun mehr als ein Vierteljahrhundert her, daß ich abfahrbereit zur Heimreise aus Rußland war und daß meine
Freunde mich baten, meine Abreise gewisser Entwicklungen
wegen, die damals im Gange waren, noch ein wenig hinauszuzögern. Man kündigte Ereignisse an, die ihrer Natur und
ihren Konsequenzen nach von welthistorischer Bedeutung
wären. Es handelte sich um die Prozesse gegen Bucharin
und zwanzig andere prominente Persönlichkeiten, die entweder als marxistische Theoretiker berühmt geworden waren und hohe verantwortliche Positionen im innersten Kreis
der Führung der Sowjetunion innehatten. Wenn auch offenkundig war, daß hier keineswegs zusammengehörige Individuen in den gleichen Stall getrieben wurden, so bekam
diese Gruppe von Angeklagten dennoch einen Namen aufgepfropft, der den Eindruck irgendwelcher gemeinsamer
Machenschaften erweckte; man nannte sie den ›antisowjetischen Block der Rechtsabweichler und Trotzkisten‹. Die
Prozesse begannen am 2. März 1938. Im Verlauf der folgenden zwei Wochen wurden diese Menschen verhört, verurteilt, wurden achtzehn von ihnen erschossen. Ich bekam
eine Eintrittskarte, die für die ganze Dauer der makabren
Unterhaltung galt; nur die Hinrichtungen habe ich bewußt
verschlafen.

Diese ehemaligen Potentaten des Sowjetstaats, die einen
halben Monat lang jeden Tag wie Vieh zur Schlachtbank
geführt und endlos vom Oberstaatsanwalt Wyschinski
durch den Verhörwolf gedreht wurden – angeklagt, welthistorisch schwerwiegende, aber seltsam nebulose, jedenfalls
kaum definierbare Verbrechen begangen zu haben. Die meisten von ihnen sind in der Zwischenzeit rehabilitiert worden, mit Ausnahme vielleicht des armen Jagoda, des früheren Chefs der Geheimpolizei, den Stalin zu seiner Ver

fügung hatte, um den Mord an Gorki vorzubereiten. Als der Erzteufel Bucharin von seinen Sünden reingewaschen wurde, nachdem er 25 Jahre im Grab gelegen hatte, stand in dem farblos formulierten Rehabilitationsdokument, er habe sich keines Verbrechens schuldig gemacht, sondern nur eine etwas andersartige Meinung über Politik besessen als andere Leute. Dem Dokument nach zu urteilen, scheint er ein äußerst harmloser Mensch gewesen zu sein. Dieses Papier zur Wiederherstellung der Ehre Bucharins erinnert mich an ein Inserat, das einmal in einer isländischen Zeitung stand: »Es ist nicht wahr, daß meine Frau Jóhanna Bjarnadóttir mir Gift einflößte, aber sie ließ es sich nicht nehmen, meinem kranken Magen faulen Fisch und verfaulten Lebertran zu verabreichen.« General Tuchatschewskij wie andere hohe Heerführer der Roten Armee, die Stalin ein Jahr vor Bucharin nach dem Urteilsspruch eines seiner Femegerichte hatte erschießen lassen, wurden exakt ein Jahr vor jenem mit der Versicherung in der Präambel rehabilitiert, daß es Prachtmenschen gewesen seien, Helden und der Stolz der Sowjetunion, nie sei ein Fleckchen auf ihrer reinen Weste gewesen. In einem Exemplar der vorzüglichen Illustrierten »Oggonjokk« vom 24. März 1963 las ich, daß Stalin auch befohlen hatte, die vergreiste Mutter von Tuchatschewskij, seine Schwester und seine beiden Brüder zu erschießen. Ob nun die Ehre dieser alten Frau und die ihrer Kinder ebenfalls wiederhergestellt worden ist? »Oggonjokk« behauptet, daß die Rote Armee infolge der Stalinschen Erschießungen ihrer fähigsten Heerführer beraubt war, als die Invasion der Deutschen einsetzte. Tuchatschewskij wurde auf Grund von gefälschten Dokumenten liquidiert, die Hitler hatte anfertigen lassen. In der bewußten Ausgabe von »Oggenjokk« wird ferner davon berichtet, daß es die unabänderliche Gewohnheit Stalins war, auch diejenigen Richter und Polizeichefs liquidieren zu lassen, bei denen er Todesurteile und Hinrichtungen bedeutender Männer der Partei und der Armee bestellt hatte, um zu verhindern, daß sie je ›reden‹ könnten. Sechs der Richter zum Beispiel, die an dem Prozeß gegen Tuchatschewskij teilgenommen hatten, ließ er ein Jahr nach dessen Hinrichtung ihrerseits umbringen.

Der Bucharin-Prozeß war eines der seltsamsten Schauspiele, denen ich je beigewohnt habe.

Über der Szene lag eine gespenstische Irrealität, als ob die Teilnehmer nur Luftgebilde seien. In allem, was geredet wurde, war ein hohler Ton. Die marxistischen Floskeln und Wendungen, von Richtern und Angeklagten ähnlich dem religiös-dogmatischen Geschwätz bei der Inquisition des Mittelalters gehandhabt, ließen das Ganze als maschinellen Automatismus erscheinen – bar jeder Menschlichkeit, so daß ich beinahe das Gefühl hatte, unter Menschen aus Luft zu sein.

Anfänglich war mir als Dolmetscherin ein gewandtes und intelligentes Mädchen zugeteilt, das irgendwie in Aussehen und Benehmen unrussisch war. Flüsternd dolmetschte sie für eine Vierergruppe, der ich angehörte. Ihre Übersetzung war so wortgetreu, als ob der Ruf Sowjetrußlands davon abhinge, daß nicht ein Komma wegfiele. Oft war das, was die Angeklagten vorzubringen hatten, ein langweiliger Vortrag. Was die ganze Sache belebte, waren die Einwürfe und Verdrehungen von seiten des Gerichts. Dennoch schien in den Voruntersuchungen zwischen denen, die urteilen, und denen, die sterben sollten, nicht nur darüber eine Absprache getroffen worden zu sein, daß es am vorteilhaftesten sei, Streitgespräche in Grenzen zu halten, sondern auch jeglichen Wortwechsel innerhalb eines bestimmten Bannkreises zu belassen. Die Haltung beider Seiten war von unentwegtem Lobpreis Stalins gekennzeichnet. Nie wurde irgend etwas erwähnt, was auf die »Große Sonne« einen Schatten hätte werfen können.

Das vielleicht Erschütterndste, was in meinem Gedächtnis

geblieben ist, ist das Bild der Genossin Jakowlewa, die vor Urzeiten irgendeiner Gruppe angehört hatte, die man »Linkskommunisten« nannte. Es war ihr schlecht ergangen, wie allen, die mit der Gruppe zu tun gehabt hatten, sofern sie nicht bereits tot waren. Diese bedauernswerte Frau hatte man aus irgendeinem Zuchthaus herbeigeschafft (manche sagten: aus Sibirien), wo sie bei lebendigem Leibe verweste, viele Jahre hindurch vergessen von Gott und den Menschen, damit sie hier aussagte, daß Bucharin irgendwann in grauer Vorzeit – ich glaube, 1918 – vorgehabt habe, Lenin zu erschießen. Wahrscheinlich hatte man der Frau die Freilassung versprochen, wenn sie das ›richtige‹ Zeugnis ablege. Man hatte sie einigermaßen ordentlich gekleidet und in Rock und Bluse gesteckt, wohl um zu zeigen, daß es in den Gefangenenlagern nicht nur Lumpen und Fetzen gäbe. Aber diese Ausstaffierung genügte nicht, einer so lange eingekerkerten und gepeinigten Person Leben einzuhauchen. Sie war verkümmert wie eine Pflanze, die die Sonne nicht mehr erblickt hat, seit sie keimte, und die dennoch nicht einging. Man kann sich leicht vorstellen, was mit einem solchen Menschenwrack geschah, nachdem das Schauspiel beendet war, besonders wenn man bedenkt, daß es Stalins Prinzip war, alle falschen Zeugen erschießen zu lassen, die seine Mittelsmänner gekauft hatten, und das meistens, sobald sie ihren Zweck erfüllt hatten.

In der Sowjetunion heißt es heute, daß Bucharin dazu gebracht wurde, sich selbst anzuklagen, indem man ihm versprach, daß er am Leben bliebe, wenn seine Geständnisse nicht einen vorgeschriebenen Rahmen überschreiten würden; er hatte zwei junge Kinder und wollte nicht sterben. Ich hätte über Bucharin nicht geschrieben, wie ich es damals tat, wenn ich nicht geglaubt hätte, was mir gesagt wurde, aber leider – niemand wird dadurch entschuldigt, daß er alles glaubt, was ihm gesagt wird; jede Lüge ist eine Selbstlüge. Ich glaubte meinen Freunden, den sowjetischen Schriftstellern, die ihrerseits der Gerichtsbarkeit und dem Regime, das ihre Basis war, vertrauten. Später behauptete jeder, er habe nichts von Stalins Verbrechen gewußt, sogar Ehrenburg, und auch Chruschtschow wollte nichts von diesen Ungeheuerlichkeiten gehört haben, während sie geschahen. Es wäre nicht nur in den Wind gesprochen, sondern auch unmenschlich, jemandem vorzuwerfen, daß er vor Jahrzehnten kein moralischer Held war – oder daß er vielleicht einen Stalinpreis entgegengenommen hat. Es ist nur allzu menschlich, daß jemand in der Hoffnung, selbst am Leben zu bleiben, bereit ist, einen Diktator zu decken. Auch Juden halfen dabei, für Hitler Hinrichtungslisten von Juden zu erstellen. Der größte Fehler von uns Linkssozialisten war die Gutgläubigkeit. Es ist in den meisten Fällen ein größeres Verbrechen, leichtgläubig zu sein als ein Lügner. Wir hatten uns an der Revolution begeistert und verbanden mit dem Sozialismus unsere Hoffnungen, daß der Erlöser auferstanden sei, auch wenn er die Nagelwunden betastet. Selbst als wir es unmittelbar vor Augen hatten, wollten wir nicht erkennen, welcher Gesellschaftszustand unter Stalin herrschte – dies nicht deshalb, weil andere uns vorschwärmten, wie gut er sei, sondern weil wir uns selbst belogen. Die Verleugnung von Tatsachen begleitet oft die kostbarsten Hoffnungen und Ideale der Menschen. Nur die Feinde des Sozialismus nahmen Tatsachen über Stalin und sein Regime ernst. Chruschtschow hat selber beschrieben, wie gute Kommunisten sich vor den Hinrichtungskommandos aufstellten, laut protestierten, dies müsse irgendeine Kabale von feindlichen Spionen sein, und mit den Worten »Es lebe Stalin!« auf den Lippen erschossen wurden. Der Todesschrei Kusnerows, eines der jüdischen Dichter, die Stalin 1952 erschießen ließ, hat sich für alle künftigen Zeiten bewahrt: »Kameraden«, rief dieser jüdische Kommunist den Schützen zu, nachdem sie ihre Gewehre auf ihn gerichtet hatten, »Kameraden, dies ist irgendein Mißverständnis, irgendein fürchterliches Mißverständnis, es lebe . . .« Der Satz mit Glückwünschen an die »Große Sonne« wurde vom Kugelhagel erstickt.

War dies vielleicht keine Zeit zum Schreiben, keine Zeit für Poeten? O doch – sie war so »poetisch«, daß man nichts anderes tun konnte, als den Mohammedaner zu bestätigen, der sagt: Allah ist groß.

Ich hatte von morgens bis abends, eine Woche lang, dem intelligenten und sympathischen Mädchen zugehört, das mir seine Übersetzungen ins Ohr flüsterte; dennoch empfand ich es als unmöglich, dies alles zu begreifen. Alles um mich herum war blindlings linientreu und gegen jeden Zweifel erweckende Argumentation gefeit, so daß es keinen Sinn hatte, jemandem Fragen zu stellen; Antworten waren nicht zu bekommen, abgesehen von parteifrommem Geseire und naiv-gläubiger Empörung über diese fürchterlichen Menschen, die vorgehabt hätten, die Sowjetunion zu verraten. Mir kam die Idee, das Mädchen zu einem Abendessen einzuladen in der Hoffnung, irgend etwas menschlich Handfestes zu erlangen in dieser Bodenlosigkeit abstrakt-ungreifbarer angeblicher Kriminalität.

»Wo soll diese Litanei enden?« fragte ich. »Sie haben mir eine Woche lang ins Ohr gesprochen, und trotzdem habe ich das Gefühl, in der Luft zu hängen.«

»Nitschewo«, antwortete das Mädchen. »Sind Sie in der Partei?« »Das ist einerlei«, meinte ich. »Reden wir nicht von mir. Aber was meinen Sie selbst?«

»Ich meine gar nichts«, sagte das Mädchen.

»Mit Verlaub, wer sind Sie?« fragte ich.

»Wenn ich das wüßte«, entgegnete das Mädchen. »Manche sagen, daß ich eine Jüdin aus Kiew sei, aber dafür habe ich keine Beweise. Andere glauben, daß ich ich selbst bin, aber dritte wiederum sagen, ich sei meine ältere Schwester.«

»Verzeihung, spreche ich vielleicht mit Ihrer Schwester?« fragte ich.

»Nitschewo«, antwortete das Mädchen. »Ich heiße so oder
so, aber vielleicht heiße ich auch irgendwie anders. Wir
waren neun Geschwister, alle im Abstand von einem Jahr
geboren. Meine Eltern lebten damals mit uns unter den
Deutschen in Emigrantenlagern in der Ukraine und versuchten, nach Amerika zu gelangen. Da brach die Pest in
den Lagern aus. Meine Eltern starben, ebenso die meisten
meiner Geschwister, darunter meine Zwillingsschwester, die
zwei Stunden älter war als ich. Aber alles Unglück war
nichts dagegen, daß man bereits unsere Namen verwechselt
hatte und auch die Nummern, als man uns auseinander-
zuhalten versuchte. Am Ende konnte niemand mehr sagen,
wer wer war, ob ich oder ob meine ältere Schwester überlebt
hätte. Wenn ich es war, die starb, dann heiße ich Anna.
Wenn es meine ältere Schwester war, dann heiße ich Tanja.
Indessen behaupteten einige aus der Lagerleitung, daß ich
gar nicht zu dieser Geschwistergruppe gehört hätte, sondern zu irgendeiner anderen Familie, die aber auch fast
gänzlich umgekommen sei.«
Ich sah das Mädchen, das doch ein leibhaftiges Mädchen und
noch dazu augenscheinlich quicklebendig war, sprachlos an.
Nitschewo. Wie sie hieß und wer sie auch war, die Sowjetregierung hatte sie großgezogen und auf eine Universität
geschickt, um Fremdsprachen zu lernen. Wenn ich die Unterhaltung auf den Prozeß brachte, sprach sie mit mir, als
wäre sie nie dort gewesen. Mir schien sie am Prozeß nicht
mehr Interesse zu haben als an irgendeiner Lappalie, die zu
ihrer täglichen Büroarbeit gehörte. Leider sah ich dieses hüb-
sche und begabte Mädchen nie wieder. Tags darauf saß in
unserem Dolmetscherstuhl ein häßlicher Kerl und wich nicht
von dort, bis die Prozesse zu Ende waren.

Vera Hertsch

Ein skandinavischer Bekannter von mir war gerade aus
Moskau zurückgekehrt und hatte mich gebeten, ein kleines
Geschenk mit Grüßen an eine deutsche Frau in Moskau
mitzunehmen, die ihm dort irgendwie behilflich gewesen
war. Ich ließ der Frau eine Nachricht zukommen, als ich
in Moskau eintraf, und sie holte ihr Geschenk ab. Diese
Frau hieß Vera Hertsch und war Journalistin bei der in
deutscher Sprache erscheinenden Zeitung DZZ, die schon
seit längerer Zeit in Moskau herauskam und hauptsächlich
für die Wolgadeutschen bestimmt war. Die Zeitung war
auch deutschsprachigen Gästen, die russische Zeitungen nicht
lesen konnten, hochwillkommen. Eben jetzt aber stellte sie
ihr Erscheinen ein, und als ich fragte und immer wieder
nachfragte, weswegen es die Zeitung nicht mehr gäbe, erfuhr
ich, daß der Chefredakteur verhaftet worden sei. Er war
auf irgendeine Weise in die Prozesse verwickelt, die gerade
liefen.
Nun verging eine längere Zeit, und ich hatte die Frau inzwischen vergessen. Im Januar jedoch, als ich vom Kaukasus
zurückgekehrt war und noch einige Wochen in Moskau
blieb, bevor ich auf die Krim fahren sollte, traf ich auf dem
Roten Platz mit Frau Hertsch zusammen. »Darf ich Ihnen
etwas Obst anbieten«, sagte ich, »ich habe gerade ganze
Kisten mit Apfelsinen und Mandarinen auf meinem Hotelzimmer. Die Kolchosbauern in Abchasien schenkten sie mir
zur Erinnerung. Ich fürchte, daß alles verfault, bevor ich
es konsumieren kann.« Vera Hertsch nahm das Angebot
dankend an; Apfelsinen seien um diese Zeit in Moskau eine
Seltenheit, und ihrer kleinen Tochter würden sie sicher
Freude bereiten. Sie habe viele Skandinavier gekannt, sagte
sie, darunter einen Studenten, mit dem sie hier dieselbe
Hochschule besucht habe. Sie hätten aneinander Gefallen

gefunden. Als sie dann vor einem Jahr auseinandergingen, weil er nach Hause mußte, sei sie schwanger gewesen. Da sie aber ihre Stellung und die Annehmlichkeiten, die diese mit sich brachte, nicht hatte verlieren wollen, sollte das Kind in Moskau zur Welt kommen. Nach der Geburt des Kindes wollten sie die Verbindung wieder aufnehmen. Nun hatte sie aber ihre Stellung doch verloren und bekam Arbeitslosenunterstützung, bis sie eine neue Arbeit gefunden haben würde. Sie meinte, Arbeitslosigkeit in der Sowjetunion bedeute bloß eine Pause zwischen zwei Anstellungen, jeder bekomme in dieser Pause sein volles Gehalt gezahlt. Hierin werde nicht gespart. Als ich fragte, warum die DZZ nicht mehr erscheine, meinte sie: »Wir wissen es nicht.« Die leitenden Redakteure der Zeitung seien verschwunden. Mit wohltemperierter Nonchalance fügte sie hinzu: »Wir, die anderen, erwarten jeden Moment, ebenfalls abgeholt zu werden, aber das macht nichts; Hauptsache ist, daß die Partei besteht.« Dann begann sie das übliche Lob der Partei zu singen und empörte sich über Andersdenkende. Relativ harmlose Bemerkungen von mir kommentierte sie mit dem Satz: »Diese Ansicht ist nicht erlaubt.«

Auf einmal aber, mitten in ihren Moralpredigten über Linientreue und unbedingten Glauben an alles, was in Stalins Büchern steht, hielt sie in ihrem Redestrom inne, seufzte und murmelte unbewußt etwas Unlogisches vor sich hin, wobei sie fast stotterte: »Es ist hier schwer gewesen. Alles kam anders, als man es – erwartet hatte.«

Vera Hertsch war eine große und kräftige Frau. Sie trug jene unvorstellbaren Fetzen, die unter Stalin in der Sowjetunion Pflichtkleidung zu sein schienen, war von blasser Hautfarbe, ihre Stirn war hoch und zeugte von Intelligenz, sie hatte dunkles Haar. In ihrer Heimat Deutschland hatte sie eine vorbildliche Bildung genossen. Hinzu kam noch ein unerschöpfliches Wissen über die marxistische Lehre. Einige Male nahm sie mich in exklusive, außergewöhnliche Theatervorstellungen mit, zu denen sie als Journalistin leichten Zugang hatte. Wenn ich mich recht erinnere, war sie es wohl auch, die mich ins Jiddische Theater begleitete, um Michoëls in »König Lear« zu sehen; aber auch in das Theater der Zigeuner führte sie mich, von dem ich in letzter Zeit nichts mehr gehört habe, von dem ich aber hoffe, daß es noch besteht.

Immer wieder war die Rede davon, daß ich bei ihr ein Abendessen einnehmen sollte, doch wollte es nie recht klappen, einmal, weil mein Aufenthalt in Moskau kurz war, und zum anderen, weil ich die wenigen Tage über sehr beschäftigt war, denn ich arbeitete zu dieser Zeit gleichzeitig an zwei Büchern.

Wie geschickt war diese intelligente und gebildete Frau darin, mir zu beweisen, daß Stalin die Sonne der Weisheit wäre! Ihre Argumentation und ihre komplizierte Dialektik waren derart, daß sie den Gesprächspartner in einen Esel zu verwandeln vermochte, der nur noch mit den Ohren wackeln konnte. Und immer wieder die Partei: »Für die Partei ist man jederzeit bereit zu sterben.« Dann kam gelegentlich wieder ein großes Schweigen auf, bis ihre Seele erneut zu monologisieren anfing: »Nichts hätte schlimmer kommen können, als es kam.« Und jedesmal, wenn die Frau sich von mir verabschiedete: »Bitte grüßen Sie die Freunde in Skandinavien. Es ist nicht sicher, daß ich sie wiedersehen werde!«

Mittlerweile waren die Prozesse zu Ende gegangen, und man hatte die Unglücklichen hingerichtet. Es ging auf den Frühling zu. Ich packte meine Sachen und war reisefertig. Endlich, zwei Abende vor meiner Abreise, ergab sich die Möglichkeit, die Einladung von Vera Hertsch wahrzunehmen.

Sie wohnte in einer Seitenstraße im Arbatskijviertel. Die Behausung, die sie mit ihrem Kind und einem Kindermädchen vom Land teilte, war ein Zimmer mit einer Kochnische, die durch einen Vorhang abgetrennt war. Der Winter ging zu Ende, das Eis trieb auf dem Fluß, es fiel feuchter, schwerer Schnee. Im Hause Vera Hertschs herrschte eine Armut, die bei Frauen ihrer Stellung in Ländern, die ich kannte, undenkbar gewesen wäre – dieselbe abgewirtschaftete Besitzlosigkeit, wie ich sie überall in diesem Land vorgefunden hatte.

Die Zeit verging wie im Fluge, denn Vera Hertsch war nicht nur eine vorzügliche Hausfrau, sondern auch blitzgescheit und unterhaltsam im Gespräch, wenn sie nicht gerade die kommunistische Litanei herunterbetete. Sie war auch wohltuend frei davon, sich selbst in den Mittelpunkt des Gesprächs zu stellen, und so wußte ich nach diesem Abend von ihr genausoviel wie zuvor. Als der Abend sich in die Nacht ausdehnte, wollte man mir ein Auto für den Heimweg beschaffen, doch war es zu beschwerlich, ein Telefon zu erreichen – endlich beschlossen wir, daß ich mit der Elektrischen nach Hause führe, Vera Hertsch wollte mich zur Haltestelle begleiten. Es ging auf Mitternacht zu, und das Gespräch zog sich über der letzten Tasse Kaffee hin. Plötzlich wurde an die Tür geklopft. Die Pförtnerin des Hauses führte einen fremden, blaß aussehenden Mann ins Zimmer, der den obligatorischen schwarzen Funktionärsledermantel trug. Nachdem er Frau Hertsch seinen Ausweis gezeigt hatte, setzte er sich seelenruhig auf einen Stuhl, als wäre er bei sich zu Hause; er wirkte sogar ein wenig verschlafen und zündete sich eine Zigarette an, wozu er viel Zeit benötigte. Dann schickte er die Hausmeisterin wieder hinaus und bat Frau Hertsch, sich auszuweisen. Er studierte ihre Dokumente lange und bat ab und zu in müdem Tonfall um eine Erklärung für einige Kleinigkeiten, die offenbar nebensächlich waren. Schließlich sagte er: Sie sollten das Nötigste zusammenpacken, ich muß Sie bitten, mir zu folgen.«

»Und mein Kind?« fragte Vera Hertsch vollkommen ruhig, als ob auch dies eine Nebensache wäre.

»Das Kind . . .«, sagte der Besucher und lächelte. »Um Kinder braucht man sich in der Sowjetunion wahrhaftig keine Sorgen zu machen! Natürlich kommt Ihre Tochter in ein vorzügliches Heim. Sie muß selbstverständlich ihre Geburtsurkunde bei sich haben.« Dann deutete er auf mich und fragte: »Wer ist dieser Mann? Kann ich seine Dokumente sehen?« Ich zog meinen Paß hervor, und er blätterte lange darin. »Gospodin, ich fürchte, daß ich Ihren Paß in die Dienststelle mitnehmen muß, um ihn überprüfen zu lassen. Wollen Sie so gut sein und hier warten, bis ich zurückkomme?« Dann stand er auf und meinte freundlich beim Hinausgehen: »Wir sehen uns gleich wieder.«

Der Kaffee war kalt geworden, mein Besuch im Grunde zu Ende. Vera Hertsch suchte frische Wäsche heraus, und das Kindermädchen half ihr, sie in einem Koffer zu verstauen. Das Kind schlief weiterhin ruhig. Heute muß es wohl eine große, stattliche Sowjetfrau geworden sein, die der besseren Zukunft entgegensieht. Vera Hertsch fand die Geburtsurkunde des Kindes. Dann holte sie einige staatliche Wertpapiere hervor, die sie erworben hatte, und vertraute sie dem Kindermädchen an. Sie schenkte ihm irgendwelche Kleidungsstücke und bescheidene Schmuckstücke und bat das Mädchen, mich an ihrer Statt zur Haltestelle zu bringen.

»Sind Sie sicher, daß ich nicht auch den Ledermantel begleiten muß?« fragte ich. »Ich wüßte nicht, warum meine Papiere besser sein sollten als die Ihrigen.«

»Nitschewo, Sie sind kein Kommunist, sondern ein ausländischer bürgerlicher Intellektueller«, meinte sie. »Ich möchte Sie bitten, den Vater meines Mädchens zu grüßen, wenn Sie ihn in Stockholm treffen; sagen Sie ihm, daß er sich keine Sorgen zu machen braucht. Die Sowjetunion ist kinderlieb.«

Es verging eine Stunde, ehe der Schwarze vom Büro der Geheimpolizei zurückkehrte. Er gab mir meinen Paß wieder, in dem übrigens seit zwei Tagen die Ausreisestempel der russischen Regierung waren. »Hier haben Sie Ihren Paß wieder, Gospodin. Sie können gehen.« Ich stand auf und nahm Abschied von Vera Hertsch und ihrer Tochter, die so schön schlief. Der Wagen des Geheimpolizisten stand mit laufendem Motor ein paar Häuser entfernt in der Straße. Das Kindermädchen begleitete mich zur Haltestelle und wartete, bis ich in die richtige Bahn gestiegen war. Ich befand mich fast allein im Wagen, denn es war bereits nach Mitternacht – vielleicht war es die letzte Bahn. Ich schaute aus dem Fenster und beobachtete das feuchte Schneetreiben, das in langen, weißen, schrägen Strichen heranstob und sich zu Wasser auflöste.

Frühlingstage am Fyresfluß

Es war angenehm, nach Schweden zurückgekehrt zu sein: in ein Land, wo die Allgemeinheit alles hat, was eine Revolution sich nur erträumen kann, außer vielleicht einer öffentlich dekretierten Doktrin und außer Hinrichtungskommandos – statt dessen nur ein jämmerliches Luthertum, das sicherlich die kraftloseste Anschauung der Welt darstellt. Im Hotel »Gilden« in Uppsala war dieser seltsame Mann, der von Beruf Pächter war, wieder aufgetaucht, denn »Förpaktare« (Pächter) ist der Titel, den die höflichen Schweden in der menschlichen Rangliste einen Grad höher stellen als »Författa« (Autor), und so wurde ich in diesem Hotel selbstverständlich immer »Förpaktare« tituliert. Ich stand wieder auf dem weichen Teppich, der durch die Fußsohlen Inspirationen in mich gelangen ließ.
Dieser Winter in Rußland war für mich eine gute »Zeit zu schreiben« gewesen. Ich hatte »Weltlicht« zur Hälfte fertiggestellt und den größten Teil von »Das Schloß im Sommer-

land« sozusagen unterwegs vollendet. In diesem Werk hatte ich mich schon im vergangenen Herbst vorangetastet, aber ich glaube, daß das Buch noch einige Wandlungen durchgemacht hat, als ich es in jenem Frühjahr nach Uppsala zurückbrachte, wo ich die Schlußkapitel schrieb. »Det ljusa Uppsala« – nie hatte ich den Inhalt dieser Umschreibung so innig nachempfunden wie jetzt; es war, als wäre man in einer Stadt der alten Griechen gelandet.

Ein weiteres Buch, »Das russische Wunder«, lag bereits in Entwürfen und Notizen vor, die ich nur noch zusammenfügen und ausfeilen mußte. Beide Bücher erschienen dann im Sommer 1938 in Reykjavik. Sie widerspiegeln jedes auf seine Weise die Zeit von damals: das eine in der Form des Gespinstes, das sich Roman nennt, das andere im Reisepostillen-Stil; beide tragen Zeichen einer selbstauferlegten Zensur, besonders der Roman. »Sommerländer« gab es sicherlich mehr als genug in jener Zeit, tausendjährige Reiche, wo man auch hinschaute, sieben Sonnen überall am Himmel. Andererseits: Wenn diese Bücher auch viel über mein Denken in jenem Winter aussagen, so verschweigen sie doch gottlob vieles andere.

Nachwort

Von Rolf Hädrich

ZEIT ZU SCHREIBEN wird Unwillen erregen, gerade bei denen, die sich für Freunde von Halldór Laxness halten und die jeder Kritik, sei sie auch freundschaftlich gemeint, mit Feindschaft begegnen. Aber immer schon zeichnete es diesen Schriftsteller aus, die Dinge beim Namen zu nennen, ohne auf ideologische Fronten Rücksicht zu nehmen und ohne um die Gunst von Lesern und Kritikern zu buhlen. Es ist das seltene Buch eines seltenen Mannes, der seine Irrtümer einsieht, zugibt und auch bereit ist, neue zu machen.

Wer auch immer über die Verleihung des Nobelpreises an Heinrich Böll beglückt war mit dem Hintergedanken, daß nach langen Jahren der Nichtachtung, ja Verachtung endlich das »gute Deutschland« (was auch immer in diesen Zeitläuften und bei diesem Schriftsteller »Deutschland« sein mag) bedacht wurde, der wird die Bedeutung des Jahres 1955 für die kleine isländische Nation ermessen können, als der Nobelpreis für Literatur an einen der ihren ging, an einen Autor, der seine Werke in der Muttersprache von damals nur 150 000 Menschen (in Worten: einhundertfünfzigtausend) schreibt, auf einer Insel mitten im Atlantik, nahe am Polarkreis, die ›Eisland‹ heißt.

Es gab folgerichtig Pressestimmen, die der Schwedischen Akademie vorwarfen, sie habe sich von politischen Rücksichten leiten lassen und den Nobelpreis benützt, um eine Literatur von ausschließlich lokaler Bedeutung zu fördern, deren große Vergangenheit im Grunde genauso wenig bekannt sei wie der Preisträger selbst. Dabei hatte sich die Schwedische Akademie mit der Auswahl gerade dieses Mannes sehr schwer getan, war es doch das erstemal, daß ein Schriftsteller den Nobelpreis erhalten sollte, der auch Träger des Stalinpreises ist. Und die kommunistische Presse allerorten jubelte darüber, »daß eine bürgerliche Jury für Literatur sich gezwungen gesehen hat, Laxness trotz seiner radikalen sozialistischen Überzeugungen den Nobelpreis zuzuerkennen« – obwohl Laxness in seinen Interviews die stalinistische Verkommenheit des Sozialismus immer wieder entschieden ablehnte. Aber selbst die Pariser Zeitschrift L'EXPRESS, deren Mitarbeiter sich ebenso links wie intellektuell dünken, schrieb: Die Schwedische Akademie habe durch eine vorwiegend politische Geste zugunsten einer nicht allzu bedeutenden lokalen literarischen Erscheinung die Zukunft des literarischen Nobelpreises in ernste Gefahr gebracht. Sicherlich kann man niemandem vorwerfen, daß er nicht Isländisch lesen kann, aber ein besseres Zeugnis kann man König Gustav VI. von Schweden und seiner ›bürgerlichen‹ Jury gar nicht ausstellen, als daß trotz der Umstrittenheit des Autors, trotz der Dummheit gewisser Intellektueller ein großer Autor eines kleinen Volkes durch den Nobelpreis den Rang bestätigt bekam, den er in der Weltliteratur längst eingenommen hatte.

Ein eigensinniges Volk, diese Isländer, und ein eigensinniger Schriftsteller! Mögen andere Völker ihre siegreich heimkehrenden Truppen oder eine Fußballmannschaft, die sich zum Weltmeister aufgespielt hat, mit Pauken und Trompeten empfangen – nichts gleicht der Heimkehr von Halldór Kiljan Laxness aus Stockholm nach der Verleihung des Nobelpreises. Ein Amateurfilmer hat die Szene festgehalten: eine riesige Menschenmenge, aus allen Teilen der Insel zusammengeströmt, im Hafen von Reykjavik, oben auf der Kommandobrücke der GULFOSS der Dichter: strahlend und glücklich. Unten am Kai die jubelnden, dankbaren Leser: strahlend und glücklich.

Am 21. April 1971 standen sie wieder am Hafen, als ein

dänisches Kriegsschiff zwei Pergamentbände von Kopenhagen nach Reykjavik zurückbrachte. Jeder Isländer kennt diese alten Handschriften: Codes Regius und Flateyjarbok, zwei nur von den vielen, die in der Bibliothek der Universität von Reykjavik in der Arnagardur aufbewahrt werden. Und Schätzungen besagen, daß nur ein Zehntel des ursprünglichen Handschriftenbestandes aus dem 13. Jahrhundert erhalten ist. Viele kostbare Felle brauchte es in grauer Vorzeit für das Pergament dieser Bücher. Man muß sich fragen, wie ein armes Bauernvolk in einem kargen Land sich diesen Luxus leisten konnte. Halldór Laxness sagt dazu: »Nachdem in Island die Schrift eingeführt worden war, bemächtigte sie sich der Menschen, komme, was da wolle. Mehr als die meisten Völker begaben wir uns in die Gefangenschaft des geschriebenen Wortes.« (Nebenbei: drei der kostbaren Handschriften liegen in der Herzog-August-Bibliothek zu Wolfenbüttel in Deutschland.)

Aber auch bevor auf der Insel mit der Einführung des Christentums die Niederschriften begannen, existierte die isländische Dichtung in mündlicher Überlieferung. Sagas, Geschichten, Lieder und sogar die Gesetze des Althings wurden auswendig gelernt und wortgetreu vorgetragen. Und bis auf den heutigen Tag sind die Isländer großartige Gesprächspartner, wenn man sich darein fügt, den Mund zu halten.

Halldór Laxness berichtet von seiner Großmutter: »Ich bin stolz, zu ihren Füßen gesessen zu haben, die sich um keine Moden kümmerte und in ihren Gewohnheiten die unabhängigste Frau war, die ich je gekannt habe. Sie sang mir die ururalten Lieder, noch ehe ich selbst ein Wort reden konnte. Sie erzählte mir Sagen aus der heidnischen Zeit und hat mich mit kirchlichen Weisen gewiegt ... Mit sechs Jahren noch kauerte ich vor ihrem Stuhl und öffnete meine Seele den Dingen der Vergangenheit.« Diese feste Verwur-

zelung im Volke, in seinen Traditionen, ist auch der Grund
dafür, daß der Schriftsteller Halldór Laxness in seinem
Lande eine so starke Position einnimmt – eben nicht nur
als Schriftsteller.

In Island gab es eine Zeit, in der einige Autoren eine der
skandinavischen Sprachen als Ausdrucksmittel wählten,
nicht allein um ein größeres Publikum anzusprechen, sondern auch, weil sie Zweifel hatten an der Eignung der isländischen Sprache für den künstlerischen Ausdruck. Etwa
Gunnar Gunnarsson, der seine Bücher in Dänisch schrieb,
die erst später von Halldór Laxness ins Isländische rück-
übersetzt wurden. Es sind fast unüberwindliche Hindernisse, die einem gewissenhaften Übersetzer in den Weg
gelegt werden, besonders wenn die isländische Sprache
von einem großen Meister wie Laxness gehandhabt wird.
In Island fehlte es an Gegensätzen zwischen Kirche und
Volk, zwischen einfachen Leuten und Gebildeten, wie sie
bei anderen Völkern die Geschichte des Mittelalters kenn-
zeichnen. Hier waren die Bücher nicht das Privileg einiger
Priester, die sich auf Latein verstanden. Auf der entlegenen
Insel entstand eine Literatur von Weltrang, mit der andere
Nationen jahrhundertelang nicht wetteifern konnten. Die
isländischen Sagas sind größtenteils anonym, sie sind Ausdruck der schöpferischen Kraft eines ganzen Volkes. Eine
der Figuren von Halldór Laxness sagt: »Ein Gedicht ist
gut, wenn es dem Volk ans Herz geht. Es gibt kein anderes
Kriterium.« Und: »Es sind nicht wenige unter den leben-
den Autoren aus den kleineren Ländern, die darüber Klage
führen, nicht eine der großen Weltsprachen zur Verfügung
zu haben, um für alle Nationen schreiben zu können« – so
Laxness ein Jahr vor der Verleihung des Nobelpreises.
»Ich für meinen Teil kann sagen, ich schreibe für das zah-
lenmäßig kleinste Volk der Welt und bin froh, nur für
einen kleinen Kreis zu schreiben, weil ich dieses Volk
kenne, mir sogar schmeichle, es in hohem Maße zu ken-

nen – und weil ich es liebe. Es braucht im Grunde nicht mehr als einen Menschen außer dir . . ., denn wenn du an diesem einen Menschen Anteil hast, wenn du ihn kennst, wenn du ihn zu verstehen glaubst, wenn du ihn liebst, dann hast du im gleichen Atemzug ja zum Leben gesagt . . . und du hast die Hauptschlagader gerade der Zeit getroffen, in welcher der Puls schlägt, der eine Seele zum Kunstwerk begeistert.«

Die Begeisterung der Isländer gilt in hohem Maße den Büchern. »Ein Mensch ohne Bücher ist blind«, sagen sie. Aus Büchern schöpften sie in den Jahrhunderten des Elends Trost und Kraft und in den Zeiten der Fremdherrschaft ihre Selbstbehauptung. Noch heute ist Island unter den Nationen des Nordens die führende literarische Macht, wenn man die Zahl der Bevölkerung bedenkt. Ein Volk von Lesern und Schriftstellern, ein Volk ohne Soldaten. Man muß sich einmal vorstellen, was es bedeutet, daß sich etwa das Repertoire der beiden Theater in der Hunderttausend-Seelen-Stadt Reykjavik ständig zur Hälfte aus Werken isländischer Schriftsteller erneuert, wobei Laxness auch als Dramatiker einen hervorragenden Platz einnimmt. Und diese Theater spielen Abend für Abend, trotz Kino und Fernsehen, vor vollen Häusern.

Ein eigensinniges Volk, ein eigensinniger Schriftsteller: Halldór Guðjonsson, wie Laxness nach seinem Vater Guðjon Helgason heißt – denn noch immer halten sich die Isländer an die germanische Sitte, ein Kind nach dem Vornamen des Vaters zu benennen. Jedoch Halldór nahm den Namen des Landgutes an, auf dem er seine Kindheit verbrachte: Laxness. Und während fast alle seine Landsleute Lutheraner sind, trat Halldór Laxness mit zwanzig Jahren zum katholischen Glauben über und legte sich den Namen des irischen Heiligen Kiljan zu.

Halldór Kiljan Laxness – sein Vater war Arbeiter, Werk-

führer, dann Landwirt. Eben auf dem Hof Laxness, den
die Familie von Guðjon Helgason bezog, als Halldór
drei Jahre alt war. Dieser Hof liegt in einem Tal, dessen
Straße nach Thingvellir führt, jener historischen Stätte,
wo alljährlich die Volksversammlung der Isländer stattfindet.

Wo Halldór Laxness in seinem Leben auch gewesen sein
mag (und er war sehr oft auf Reisen, hat fast alle Länder
besucht und kennt viele Sprachen) – er hat dieses Tal nie
verlassen. Nicht weit vom alten Hof hat er sich später
selbst ein Haus gebaut, an einem Flußlauf, mit einem
Schwimmbad, das aus den heißen Quellen der Insel der
Geysire gespeist wird. Dort wohnt er auch heute noch mit
seiner Familie. Nebenan hat inzwischen eine der Töchter
ein Haus bezogen mit ihrem Mann und der Enkeltochter,
die nach der Frau von Halldór Laxness den Namen Auður
trägt.

Als ich ihn dort 1972 besuchte, war er beim gewohnten
Spaziergang mit seinem Hund Lübbi (der Abkürzung eines
Wortspiels: le petit garçon – Tikarsson – Sohn einer Hün-
din –, womit er ein menschliches Schimpfwort wieder auf
den Hund gebracht hat). Er habe gerade begonnen, erzählte er, einen Roman über dieses Tal zu schreiben. Ich
sah mich um und staunte: Was mochte wohl an diesem Tal
so besonders sein und gar anders als in den Tälern rings-
um – die gleiche weite grüne Fläche, die wenigen Häuschen, Schafe, Ponies, ein Fluß, der übliche Schotterweg als
Straße und ein wundersamer Himmel. Und doch war hier
jemand, der behauptete, es habe sich Wichtiges ereignet
gerade in diesem Tal, genug jedenfalls, um einen Roman
darüber zu schreiben, einer, der offenbar, um zu schreiben,
nicht erst Ungeheuerlichkeiten, Kriege und Unterdrückung
brauchte. Brecht fiel mir ein und seine bitteren Verse: Was
sind das für Zeiten, wo ein Gespräch über Bäume fast ein
Verbrechen ist, weil es ein Schweigen über so viele Untaten

einschließt! – Wieviele Kunstwerke, Romane, Filme verdanken ihr Entstehen der Gewalt ... Hitler, Stalin – ohne sie wären Hunderte Bücher ohne Thema. Zorn, Auflehnung, Empörung sind wahrhaftige Mäzene unserer Künstler.

Und hier ist ein Mann und schreibt über ein Tal, sein Tal, das von anderen Tälern nicht zu unterscheiden ist, bis es den Roman über dieses Tal gibt: HEIMA I TUNINU (Zu Hause im Thun). Und er spricht auch über Bäume und verschweigt keine Untat.

Wenn ich im vorliegenden Buche lese, wie Halldór Laxness mit seinen Eindrücken in Amerika, in Deutschland, in Sowjetrußland fertig wird, dann sehe ich ihn vor mir mit seinem Hund Lübbi: im Tal, das sein Zuhause ist, sein immer WIEDERGEFUNDENES PARADIES (wie einer seiner schönsten Romane heißt) – keine Verlockung der großen weiten Welt kann ihn abhalten, zurückzukehren auf eine Insel mit langen Nächten, mit kurzen Sommern: in sein Tal, das Tal seiner Kindheit, seines Alters, seines Lebens.

»Dieses einsame Tal barg alle Aspekte des menschlichen Daseins in sich.« Die Beschränkung auf die unmittelbare Umgebung, das bescheidene Wahrnehmen von dem, was ist, das geduldige Hinhören, was der Nächste zu sagen hat, verbunden mit einer unerschöpflichen Phantasie – darin besteht die Stärke von Halldór Laxness. Er verblüfft seine Leser immer wieder aufs neue durch die Wandlung seines Stils, seiner Gedanken, seiner Ideen. Und immer wandelt sich die reale Welt bei ihm zur Dichtung, nichts ist in seinen Romanen, was nicht dem realen Leben abgelauscht wäre, und doch sind es zumeist Fabeln der reinen Phantasie. Er erweist sich als Meister, jeden Stoff mit der jeweils adäquaten Technik zum Ausdruck zu bringen, wobei es oft den Anschein hat, als suche er sich einen Stoff unter dem Aspekt, in einer neuen Art des Schreibens zu bestehen.

»Die meisten Dichter«, schreibt er, »scheinen mit einer Sammlung von Bildern im Kopf auf die Welt zu kommen, die aussehen, als wären sie für sie gemacht, denn diese Bilder kehren mit wenig Variationen ständig bei ihnen wieder.« Zu diesen Dichtern gehört Laxness weiß Gott nicht.

In WELTLICHT gibt es einen Dialog zwischen dem Schriftsteller Olafur und dem Revolutionär Örn Ulfar. Man geht wohl nicht fehl mit der Vermutung, daß hier Laxness mit sich selber streitet.

»Warum schreibst du?«

»Ich liebe . . .«

»Was?«

»Ich weiß nicht. Wahrscheinlich die Schönheit.«

»Und was sagst du zu Svidinsvik?« fragt Örn Ulfar.

Und Olafur antwortet: »Die Aussicht auf die Berge hier in Svidinsvik ist ganz unvergleichlich.«

»Weißt du, daß es die Berge, die du betrachtest, in Wirklichkeit nicht gibt? Oder siehst du nicht, daß sie mehr dem Himmel verwandt sind als der Erde? All das zauberhafte Himmelsblau, das dich verzückt, ist Sinnestrug.«

»Was ist dann nicht Sinnestrug? Was ist am Ende wirklich?«

»Das Menschenleben. Dieses Leben.«

»Nichts also natürlicher, als daß das Schöne und das Leben sich vereinen . . .«

»Die Schönheit und das Leben sind zwei Liebende, die einander nie begegnen dürfen . . .«

»Immer, wenn es mir schlecht ging, habe ich versucht, den Blick auf das Schöne zu richten, auf das Gute – und das Böse zu vergessen.«

»Für mich gibt es keine Schönheit, solange das Dasein des Menschen ein unaufhörliches Verbrechen ist«, sagt Örn Ulfar, der Revolutionär.

»Klagst du Gott an?« fragt ihn da der Dichter.

»Falls du mir beweisen kannst, Gott hätte daran Schuld, daß mein Vater und meine Mutter es sich nie haben leisten können, für uns Milch zu kaufen, wenn es Gott war, der verhindert hat, daß wir nicht ein einziges Mal eine ordentliche Mahlzeit bekommen haben, wenn es Gott nicht zugelassen hat, daß wir Holz kaufen konnten, um unsere windschiefe Hütte in der Kälte zu heizen – ja, dann klage ich Gott an. Aber, wenn ich ehrlich sein soll, so glaube ich nicht, daß du mir beweisen kannst, Gott regiere hier am Ort.«

Vor Ort regieren die Menschen, und Halldór Laxness richtet sein Interesse nicht so sehr auf die göttlichen Gesetze, sondern auf die Gesetze, die der Mensch gemacht hat. Hier muß man lernen, hier kann man verändern, vielleicht sogar verbessern. Das übrige ist zu ertragen. Die Natur der Dinge ist gegeben. Jedoch: Was ist am Ende wirklich? Jemand hat behauptet, die Wirklichkeit sei die größte Illusion der Menschen. »Sind Sie Realist, Halldór?« – »Nein«, antwortete er, fast erschrocken. »Dazu ist das Leben zu phantastisch.« Diese zwei Zeilen dienten als Motto bei der Verfilmung von FISCHKONZERT – seitdem liest man in mancher Buchbesprechung, Halldór Laxness sei ein phantastischer Realist. Phantastisch!
Der Reykjaviker Professor S. J. Thorsteinsson schreibt dazu: »In Island machte man in gewissen Kreisen den Romanen von Laxness den Vorwurf, sie stellten nur Häßliches dar, zeigten die Dinge in einem falschen Licht und setzten so das Land in den Augen der Fremden herab. Ich möchte auf so unliterarische Gesichtspunkte nicht eingehen, aber die Einwände zeigen immerhin, wie stark seine Landsleute der Tendenz erliegen, Laxness als Realisten anzusehen. Bei ausländischen Lesern ließ sich oft genug genau der umgekehrte Blickwinkel feststellen: Ihnen erscheinen die Romane von Laxness fast nur als Früchte der Phantasie, des

reinen Fabulierens. Nach meiner Ansicht haben weder die einen noch die anderen recht. Wenn behauptet wird, seine Romane gäben ein falsches, von der Wirklichkeit abweichendes Bild, dann nur, weil diese Beurteiler ein gut Teil des eigenen Geschmacks, des eigenen Lebens und der eigenen Umgebung darin verwandelt wiederfinden.«

Vieles, was wir heute über die Insel aus Eis und Feuer wissen, hat uns Halldór Laxness in seinen Büchern erzählt. Gleichermaßen hat er durch die Verknüpfung der alten Traditionen der isländischen Literatur mit dem modernen Sprachbewußtsein auch innerhalb des Landes weitreichende Impulse gegeben und die jüngeren Schriftsteller durch sein Beispiel ermutigt, sich ihrer Muttersprache zu bedienen. Ungefähr 1130 hatte der Priester Ari sein ISLENDINGABOK geschrieben, das mit den Worten beginnt: »Island wurde zuerst von Norwegen aus besiedelt zur Zeit des Königs Harald Schönhaar.« Er beschreibt die Geschichte der Insel von den ersten Landgängen im neunten Jahrhundert bis zu seiner Zeit, die Errichtung des Althings als Volksparlament, die Annahme eines Gesetzbuches und die Ausbreitung des Christentums auf der Insel. Und obwohl damals für die Gelehrten Latein als internationale Sprache galt, wählte Ari für sein Buch die Muttersprache – er war der erste, der Altes und Neues in der eigenen nordischen Sprache beschrieb. Es konnte nicht ausbleiben, daß auch Laxness nach heftigen Auseinandersetzungen mit der Fixiertheit der Isländer auf ihre alten Heldensagen selbst zu deren Erneuerung beitrug, etwa in seinem Roman GERPLA, dessen Thema er aus den Sagas entlehnte und ironisch abwandelte, oder aber auch direkt durch die Neuherausgabe alter isländischer Bücher aus dem dreizehnten Jahrhundert in moderner Umschreibung.
Ein eigensinniges Volk, ein Volk mit alten Traditionen, mit dem ältesten Parlament Europas – aber ein junger Staat.

Bereits im Jahre 930 nach Christi trat in Thingvellir das Althing zusammen, eine wahrhaftige Vollversammlung unabhängiger Menschen. Doch nach zwei Jahrhunderten Unabhängigkeit kamen die norwegischen und später die dänischen Könige und machten Ansprüche auf die Insel geltend. Bis in unser Jahrhundert hinein lebten die Isländer in mittelalterlichen Verhältnissen. Laxness verdanken wir eine ironische Beschreibung dieser Zeit: die Tausendjahrfeier der Besiedlung der Insel. »Obwohl sie ärmer als die meisten Bewohner der nördlichen Halbkugel waren, führten die Isländer ganz allgemein ihre Geschlechter auf Könige zurück. Auch haben sie viele Könige in Büchern am Leben erhalten, um deren Andenken sich andere Völker wenig gekümmert haben und die sonst im Diesseits und im Jenseits in Vergessenheit geraten wären . . . Ein Bauer, der sein Geschlecht nicht zu Harald Schönhaar zurückführen konnte, galt in seiner Gemeinde nicht viel. Alle Stammbäume der Isländer kann man bis zu den Ynglingen und Skjöldungen zurückverfolgen, falls es auf der Welt jemanden gibt, dem diese Leute bekannt sind . . . und wer über noch umfassendere Gelehrsamkeit verfügte, konstruierte eine Verwandtschaft mit Karl dem Großen und Friedrich Barbarossa oder kämpfte sich durch bis zu Agamemnon, welcher der größte unter den Griechen war und Troja eroberte. Bei gelehrten Ausländern galten die Isländer als die besten Genealogen Westeuropas, nachdem die Adelsregister nach der Französischen Revolution zu blauem Dunst erklärt worden waren.«

Nach dem Ersten Weltkrieg wurde Island wieder eine unabhängige Nation, obwohl immer noch in Personalunion mit Dänemark verbunden. Erst allmählich vollzog sich der Übergang eines armen Bauernvolkes zu einem der bedeutendsten Fischervölker der Welt, nur zögernd erfolgte eine bescheidene Industrialisierung. »Der Zweite Weltkrieg führte Island aus seiner Isolation heraus«, liest man in einer offiziellen Broschüre. Nach der Besetzung von Norwegen und Dänemark durch die Deutschen landeten die Engländer auf der Insel. Sie mußten im folgenden Jahr wieder abziehen, und die Vereinigten Staaten von Amerika übernahmen auf Grund einer Abmachung mit der isländischen Regierung die Verteidigung der Insel bis zum Ende des Krieges. Und so wurde am 17. Juni 1944 Island wieder eine unabhängige Republik. Doch die Amerikaner blieben auch nach dem Krieg. Das Parlament billigte einen Vertrag, der die US-Air-Force ermächtigte, in Keflavik, dem heutigen internationalen Flughafen der Isländer, eine Basis aufrechtzuerhalten. So wurde Island, das kleine Volk ohne Waffen, Mitglied der NATO. Aber es erhoben sich Stimmen, die den Abzug der US-Streitkräfte forderten, doch stets kam die Gegenfrage: Wer kommt, wenn die Amerikaner gehen? Ein wesentlicher Teil des innenpolitischen Streites geht immer wieder um dieses Problem.

Es ist auch der Hintergrund für Laxness' Roman ATOMSTATION, das einzige Werk von ihm, das man ›tendenziös‹ nennen kann. Zu groß war sein Ekel über die isländische Politik. Aber weit über den polemischen Anlaß hinaus zeichnet Laxness ein kraftvolles Bild des Nachkriegs-Island, den Gegensatz zwischen bäuerlichem Denken und städtischer Verfeinerung, das Heraufkommen der modernen Zeit, verschwistert mit Degenerierung, Korruption und Anpassung. Und es wäre kein Buch von Halldór Laxness, wäre nicht gerade aus der grimmigen Schilderung veränderbarer Zustände eine der bleibenden Frauengestalten moderner Weltliteratur entstanden: Ugla, das Mädchen vom Nordland.

Als ich ihn bat, mir die Verfilmungsrechte für ATOMSTATION zu geben, verweigerte er dem ausländischen Regisseur den Zugang zu diesem Buch. Er sagte: »Ich möchte nicht, daß meine damaligen Sorgen benutzt werden von denen, die ihre heutigen Probleme damit umschreiben wollen. Übrigens«, fügte er kauzig hinzu, »wie ich aus den beiden Teilen Deutschlands höre, sind alle mit ihren jeweiligen Besatzungstruppen zufrieden.« Auch als Ostberlin anfragte wegen der Fernsehrechte für ATOMSTATION, blieb er hartnäckig: »Ich verstehe Sie wohl richtig: die DDR ist ein kleines Land, und ein kleines Land ist auch Island. Beide Länder haben ihre Probleme mit der Okkupation. Ich habe für mein Land geschrieben und ich bin der Meinung, ein Schriftsteller Ihres Landes sollte etwas schreiben, was zur Klärung Ihrer Probleme dienen könnte. Mein Buch kann Ihnen dabei nicht helfen.«

Als Schriftsteller ist Halldór Laxness unbestechlich, weder durch Preisungen noch durch Mißerfolg. Er fragt immer nach dem Gegenwert, wie der Großvater aus BREKKUKOT, dem man eine Bibel schenken will und der darauf besteht, daß der Gottesmann eine Kuh dafür nehmen muß. Denn in der uralten Bibel der Reykjaviker Domkirche steht geschrieben, das Buch der Bücher habe den Wert einer Kuh. Nun kann, wer eine Kuh hat, sie verschenken und in aller Seelenruhe eine Bibel dafür in Kauf nehmen. Aber was macht einer, der zu Schiff nach Europa und seine Bibeln loswerden will, mit einer Kuh?

Immer wieder taucht in den Büchern von Laxness die Frage nach der Echtheit des Goldes, des Geldes auf. Und stets wird geantwortet: »Echtes Gold gibt es nicht, liebe Kinder. Gold ist seiner Natur nach unecht.« Als der Bauer Steinar ein Kästchen bastelt, das man nur mit Hilfe eines auswendig gelernten Gedichtes aufschließen kann, sorgt er auch für Geheimfächer. »Dort kommt hinein, was kostbarer ist als Gold und Edelsteine.« »Und was ist das?« fragt seine Tochter. »Ich dachte, das gibt es nicht.« – »Das sind die Geheimnisse, die andere Leute nie erfahren sollen, solange die Welt besteht.« – Der Sohn fragt: »Aber was für Geheimnisse haben wir, Papa?« – »Warum schuf Gott die Welt mit Fächern für Silber und Gold und Edelsteine, meine Kinder –

und noch viele Geheimfächer dazu? War es, weil er so viel Bargeld besaß, daß er nicht wußte, wo er es lassen sollte? Oder weil er selber etwas auf dem Gewissen hatte, das er in Felslöchern verstecken mußte.«

Fünf Stunden am Tag und mehr steht Laxness, 74 Jahre alt, an seinem Pult (»Sitzen beim Schreiben macht mich müde«) und beschreibt Blatt für Blatt geduldig mit einem Bleistift – ein Handwerker durch und durch, auch hierin den alten Meistern verbunden. Die Schreibmaschine ist etwas für einen Geschäftsbetrieb, für einen Schriftsteller taugt sie nicht.

Kein Buch wird von ihm in Island gedruckt, das nicht vorher von einem Sprachwissenschaftler auf Fehler gegengelesen wird, denn die Phantasie ist das eine und das andere ist der klare Wille, nichts falsch zu machen durch eine unkontrollierte Wortwahl. Das Echte, Unverfälschte ist immer wieder Arbeit, Disziplin – Eroberung von Neuem, Bewahrung von Vorhandenem und Freude am Gelungenen. Wie Ehrwürden Johann im FISCHKONZERT sagt: »Ich selber singe leider nicht mehr gut. Aber wenn ich vielleicht auch niemals gut singen konnte, so weiß ich doch, daß es einen Ton gibt, der rein ist.«

Vor falschem Glanz schließt dieser Schriftsteller unwillkürlich die Augen; man kann sicher sein, daß vor falschen Tönen auch sein Herz verschlossen ist. Auf ihn vor allem trifft zu, was er in dem Kapitel »Der Morgen der Ewigkeit – alles hat ein Ende« schreibt: »Ich wußte niemals, woran Großvater dachte, denn er hatte immer die gleiche Ausdrucksweise, mochte er vom Wetter oder vom Fischen sprechen. Aber stets hatte ich das Gefühl, daß in der Nähe dieses Mannes nichts Falsches geschehen konnte.«

Hört man in Island jemanden von Halldór Laxness sprechen, nimmt er sogleich auch dessen eigenartige Sprechweise an, jene Suche nach dem präzisen Wort, die sich wie Hilflosigkeit anhört, ein unnachahmlicher Tonfall (da haben wir es schon), der glauben macht, dieser große Schriftsteller erschöpfe sich im Gespräch, ein Nachfahre der Saga-Erzähler, der sich ins Unendliche verspricht und doch immer wieder zurückfindet zum Sinn, zur Aktion seiner Sätze und dem seine Schwierigkeiten beim Schreiben der Wahrheit nicht die gute Laune verderben – kein Wortemacher, ein Schreiber.

Die Wahrheit ist vielleicht unerreichbar. Aber das Richtige richtig wiederzugeben, die Wirklichkeit nicht zu entstellen, ist für Halldór Laxness der mindeste Grund zum Schreiben. Er sagt nicht alles, was er weiß, einem verschmitzten Bauern gleich, aber was er sagt, weiß er. Und er weiß mehr zu erzählen, als er zu schreiben vermag. »Dazu ist das Leben zu kurz«, sagt er. »Und Schreiben braucht lange.« Halldór Laxness ist ein Schriftsteller, der keine falschen Hoffnungen macht, sich nicht und erst recht nicht den anderen. Seine Hoffnung ist die Schwester der Erfahrung. Und er spricht aus Erfahrung hoffnungsvoll – deshalb sind seine Bücher so notwendig für diese Welt. Seine Heiterkeit kennt die Tränen. Sein Lachen weiß um die Verletzlichkeit der Dinge. Güte, Gewißheit und Glück sind für ihn und mit ihm seit alters her die Grundlage des menschlichen Lebens. Er mißtraut der modischen Erwartung, erst die Welt von morgen sei die bessere, das Heil käme von der Zukunft. Er weiß, daß die Welt sich erhalten hat aus ihrer Substanz, also auch in Güte, in Gewißheit, in Glück.

Obwohl ich mit Fug bezweifle, daß dieser Mann zu Haß fähig ist, gibt es auch für Laxness Hassenswertes. Wenn er also überhaupt etwas haßt, sind es die falschen Töne. Sie bereiten ihm körperliche Schmerzen. Aber sein Zorn kommt aus heiterem Himmel.

Er ist der Gegentyp zum Parasiten, eine Verneinung aller, die das Schreiben zum tariffähigen Beruf machen wollen. Er ist kein Arbeitnehmer, kein Angestellter, kein Mitglied –

SEIN EIGENER HERR, wie eins seiner Bücher heißt, das den Kampf ums Leben eines Bauern in der Einsamkeit der isländischen Berge zum Gegenstand hat. Und obwohl Laxness die Bewohnbarkeit der Steinwüsten verneint, zieht sein zugrundegerichteter Bauer nicht in die Stadt oder schließt sich einer Gewerkschaft an. Im Gegenteil, er vergräbt sich noch tiefer in seine Einöde – seine Natur ist stärker als die Ansichten des Autors. »In der ausländischen Literatur findet sich die heiliggepriesene Geschichte eines Mannes, der sich zur Vollkommenheit durchringt, indem er eine Nacht lang das Feld seines Todfeindes einsät. Die Geschichte von dem Helden meines Romanes ist die eines Mannes, der sein ganzes Leben lang für den Feind sät. Das ist die Geschichte des unabhängigsten Mannes der Erde.« Halldór Laxness ist Anarchist in dem Sinne, daß er mit der Veränderung der Welt erst einmal bei sich selber anfängt, bei seiner unmittelbaren Umgebung, als Einzelgänger. Und er übt die Solidarität der Einzelgänger. Allen, die sich noch immer einem Zeitalter des Komparatives verschrieben haben, hält er entgegen: Es gibt keine Möglichkeit, besser zu sein als gut.

Zugegeben: Island ist ein Märchen.
Und wie alle guten Märchen beginnt es mit dem Satz: Es war einmal . . . Es erzählt von der Sehnsucht nach den verlorenen Zeiten, von der Suche nach den guten alten Zeiten, bis am Ende die Gewißheit steht: Und wenn sie nicht gestorben sind, dann leben sie noch heute.
In Island leben sie noch immer in einem Märchen. Das Künftige ist ein Spiel der Wolken am aufgerissenen Himmel – dunkelschwarze Insel vor rosa Hintergründen mit weißen Schleiern, die blitzschnell verwehen in violetter Bewegung. Nichts bleibt an diesem Himmel, wären nicht Augenzeugen dieser ständigen Veränderung, Augenzeugen des Himmels voller Würde, der Erhabenheit allen Wechsels.

Nichts vergeht, alles wird aufgehoben in Wiederkehr, wird berichtet, weitergesagt. Nichts wird vergessen und niemand. Einer erinnert sich immer: Es war einmal . . . Und was einmal war – bleibt.

In Island kann man es sich nicht leisten, Menschen zu verachten. Man braucht jeden. Ein Land ohne Klassenkampf, Rassenkrieg, Religionszwist – ein Land der elementaren Zugehörigkeit zum Menschengeschlecht. Dort kann man erleben, was Menschen möglich ist, die nicht mit der Weltgeschichte beschäftigt sind, sondern mit dem Wetter.

Es gibt fast kein Getier, spärlich nur Bäume und Pflanzen und mithin kaum Vögel, aber auch keine Schlangen, kein Ungeziefer. Frische zum Atmen, Weite. Inmitten des Atlantiks eine kleine Insel im Schweigen des Weltalls. Es braucht viel Phantasie, um dort zu glauben, daß es irgendwo Europa gibt. Oder Amerika und gar Asien!

Aber das Wenige bekommt sein Gewicht, das Geringe hat Wert, jede Nachricht wird bedacht. Der einzelne Mensch, mag er noch so krumm sein und nichtig, ist groß wie nirgends sonst, weil er dein Nächster ist. Einer der wenigen, die mit dir sind, um Erfahrungen zu teilen, Hoffnungen zu wecken, Enttäuschungen zu widerlegen. Eine Welt der Neugier für den anderen, ohne die Langeweile von Sensationen, von Ereignissen, die überall sonst die Menschen hinter Zäunen, Mauern, Grenzen und verschlossenen Türen halten. Keine Beherrschten, aber erst recht keine Herrschenden – jeder sein eigener Herr.

Das Land ist hart fürs Leben, aber gut zu den Menschen. Es bringt sie zusammen, um das bißchen Sonne, das karge Aufblühen miteinander zu teilen. Denn die Sommer sind kurz, man muß vorsorgen für die mächtigen Nächte. Einige Wochen nur haben die Pflanzen, um zu gedeihen. Dann aber kommt die lange Zeit, und es kommen die langen Geschichten.

Die Übersetzung der isländischen Literatur in andere Sprachen bleibt wohl für immer ein Problem. Auch Halldór Laxness' Beziehungen zu Deutschland sind davon überschattet. So viele verschiedene Verlage hat er in der ganzen Welt nicht gehabt wie in Deutschland, die alle vergeblich versucht haben, seine Werke herauszubringen. Aber die Deutschen nahmen damals nicht viel Notiz von ihm, jene Deutschen, die in Westdeutschland wohnten, denn Laxness galt als Sozialist, und noch dazu schrieb er seine Bücher hoch oben im Nordischen. Das war uns zu arisch nunmehr, das klang nach Blut und Boden, nach Scholle, richtig fischig, die Edda stand im Wege mit Richard Wagner im Arm, und Halldór Laxness mußte darunter leiden, daß er gar nichts damit zu tun hatte. Aber er paßte nicht in unsere beflissene re-education.

Seine Bücher kamen beim Aufbau-Verlag in Ostberlin heraus, in hohen Auflagen. Da stand keine Edda im Wege, vor allem aber gab es drüben einen Übersetzer, Bruno Kress, der außer Isländisch auch noch Deutsch beherrschte, dieweil Laxness in den westdeutschen Ausgaben ein gerappelt Maß an Übersetzungsfehlern auf jeder Seite entdeckte.

Deshalb ist an dieser Stelle Dank zu sagen an Jón Laxdal, einen isländischen Schauspieler in Zürich, der dieses Buch ins Deutsche gebracht hat. Auch diese Übersetzung gibt nicht die Sprachgewalt von Halldór Laxness wieder, aber sie verfälscht nicht den Sinn dessen, was er geschrieben hat. Ist es Mut, ist es Bescheidenheit, für nur wenige, die die gleiche Sprache sprechen, zu schreiben in der Hoffnung, es gäbe noch andere draußen in der Welt, die einen verstehen? Gottfried Benn hat einmal behauptet, das wirklich Dichterische in einer Literatur definiere sich schlechthin als das Unübersetzbare. Liegt hierin die Kraft zum Überleben einer Sprache von so wenigen? Wenn eine Sprache nichts Schöpferisches mehr beinhaltet, etwas, das in keiner anderen Sprache so wie in dieser Sprache auszudrücken ist, kann man sie wegwerfen wie Bohnenstroh.

In seiner Laudatio sagte Professor Elias Wessén zu Halldór Laxness: »Den meisten Schriftstellern, die den Nobelpreis erhalten, bleibt eine solche Prüfung erspart, weil sie nicht Schwedisch verstehen und es daher nicht nötig haben, sich das Gerede anzuhören. Bei Ihnen liegt der Fall anders. Leider gibt es mehr Isländer, die Schwedisch verstehen, als Schweden, die dasselbe von der isländischen Sprache behaupten können. Immerhin gibt es viele, Schweden und andere, die Isländisch gelernt haben ausschließlich zu dem Zweck, Ihre Werke in der Originalsprache lesen zu können.« Ein deutscher Übersetzer scheint leider bislang nicht darunter gewesen zu sein.

Die Isländer haben zwei Himmel, einen in den Wolken und einen im Meer. Deshalb gehören sie wohl auch mehr dem Himmel zu als der Erde. Aber sollte die Erde einmal untergehen, möchte man sich die Gesellschaft von Isländern wünschen und den Schwarzen Tod, wie sie ihren Schnaps nennen. Ich bin überzeugt, man kommt mit ihnen auf der anderen Seite der Welt wieder heraus. Sie werden nicht untergehen. »Denn Fische trinken nie Wasser«, wie Halldór Laxness sagt.

Namensverzeichnis